놀이를 적용한
초등 영어 수업

준비에서 마무리까지 학생 모두 참여하는 영어 수업 활동의 모든 것!

놀이를 적용한 초등 영어 수업

제1판 제1쇄 인쇄 2023년 01월 30일
제1판 제1쇄 발행 2023년 02월 10일

지은이 김영미
펴낸이 조헌성 **펴낸곳** (주)미래와경영
ISBN 978-89-6287-227-9 03370 값 19,000원
출판등록 2000년 03월 24일 제25100-2006-000040호
주소 (08590) 서울특별시 금천구 가산디지털 1로 84, 에이스하이엔드타워 8차 1106호
전화번호 02) 837-1107 **팩스번호** 02) 837-1108
홈페이지 www.fmbook.com **이메일** fmbook@naver.com

준비에서 마무리까지 학생 모두 참여하는
영어 수업 활동의 모든 것

놀이를 적용한 초등 영어 수업

김영미 지음

- 바로 가져다 쓰는 영어 학습 놀이 자료 제공
- 수준차를 고려한 영어 듣기, 말하기, 읽기, 쓰기 활동 소개
- 배움 중심, 과정 중심 수업을 실천할 수 있는 방법 제시

미래와경영

프롤로그

고등학교 다닐 때 문과생이었지만 '영포자'나 마찬가지였습니다. 모의고사를 보면 수학은 다 맞아도 영어에서 많이 틀렸습니다. 특히 듣기평가에서부터 4~5개 틀리는 게 기본이라 담임선생님께서는 저를 보면 항상 안타까워하셨지요. 야간자율학습 시간에는 라디오 EBS 영어 방송이 여기서 잘 터진다면서 저를 교실 구석으로 불러내 귀에 이어폰을 꽂아주기도 하셨습니다.

영어 시험에서 매번 좌절감을 맛보았더니 나중에는 그러려니 하게 되었습니다. 교육대학에 진학 후 원어민 교수가 들어와 영어로 수업하는 시간에는 도대체 무슨 말을 하는지 모른 채 그냥 앉아 있을 뿐이었습니다. 교원임용시험에서 토익 700점을 넘기면 가산점 3점을 더 얻을 수 있음에도 아예 시도조차 하지 않았습니다. 성적이 오르지 않는 영어에 매달리느니 임용 과목에 집중하는 게 전략적으로 낫다고 판단해서입니다.

다행히 임용고시에 합격했고 학교에 발령받아서 영어를 가르치지 않는 1학년 담임을 맡게 되었습니다. 다음 해에는 6학년 담임이었지만 영어는 교과전담 선생님께서 도맡아 가르쳐주니 영어 수업을 하지 않아도 됐습니다. 그렇게 초등 영어와 저는 인연이 없을 줄 알았습니다.

저는 이명박 정부가 시작되던 2008년에 발령을 받았습니다. 그쯤부터 '영어 몰입식 교육'이니 '어륀지교육'이니 하는 말이 맴돌았고, 각 학교에 어마어마한 영어 교육 예산이 쏟아졌습니다. 영어 수업 시수가 늘어남에 따라 영어 회화 전문강사 고용이 시작되었고, 원어민 영어 보조교사가 거의 모든 학교에 배치되었습니다. 그래도 저와는 무관하다고 생각했습니다. 영어 수업은 교과전담이 해줄 테니 정책이 아무리 바뀌어도 괜찮을 것이라고 생각했습니다.

인생은 뜻대로 계획대로 흘러가지 않았습니다. 결혼해서 아이를 낳고 육아휴직 없이 출산휴가만 쓰고 복직했는데 처음으로 교과전담을 하게 되었습니다. 나름 큰 학교였고 학년별로 교과전담이 배치되어 그 학년만 가르칠 수 있었습니다. 과목만 정해지면 해당 학년의 한 교과를 거의 전담해서 가르치니 담임으로서 전 과목을 가르치는 것과 비교할 때 나름으로 의미 있는 경험이라 설렜습니다.

문제는 마음대로 전담할 교과를 정할 수가 없다는 것이었습니다. 보통 해당 학년의 담임선생님들이 정해준 과목을 교과전담이 하게 됩니다. 제가 맡은 학년에서는 교과전담이 '영어, 과학'을 가르치기로 정했습니다. 그런데 대뜸 옆에 계신 선배 선생님께서 자신이 과학에 관심이 있어서 과학 교담을 하고 싶다 하셨습니다. 어쩌겠어요. 그렇게 제 과목은 영어로 정해졌습니다.

영어 과목을 받아들고 머리가 하얘졌습니다. 영어를 잘하지도 못하는데 어떻게 가르친다는 말인지. 영어를 그냥 가르치는 것도 아니고 '몰입식 교육'이니 'TEE'니 하는 말이 인기 있을 때라 영어를 영어로 가르치는 게 대세였습니다.

흉내라도 내고 싶어 당시 유명했던 '교실 영어' 책을 사서 보았고, 지도서에 있는 교수용 영어 표현을 교과서에 옮겨 적기도 하였습니다. 반마다 들어가 수업을 하면서 옮겨 적은 표현을 읊었습니다. 초등교사 커뮤니티인 인디스쿨을 뒤져서 각종 놀이와 게임 관련 파워포인트를 내려받았습니다.

살면 살아진다고 그렇게 하다 보니 어찌어찌 영어 수업 시간이 흘러갔습니다. 그렇게 시작한 영어 교과전담을 여덟 해에 걸쳐서 하게 되었고, 어쩌다 보니 영어 센터에서도 2년을 근무하게 되었습니다.

이 책은 그간 초등영어교사로 근무하면서 제가 고민해왔던 것들에 대한 기록입니다. 이런저런 영어 관련 강좌 및 영어 수업 연수를 들으면서 답을 구하려고 했던 저처럼 누군가에게 도움이 되었으면 좋겠습니다.

이 책의 내용은 7가지로 구성했습니다. 초등영어교담을 하면서 가졌던 7가지 고민에 대한 경험적 해답입니다.

1. 영어 수업, 어떻게 시작할까요?
2. 영어 쓰기 교육, 어떻게 지도할까요?
3. 모두가 참여하는 영어 학습 게임은 없을까요?
4. 교과서 대본, 재미있게 연습할 수 없을까요?
5. 고학년 Song과 Chant, 어떻게 지도할까요?
6. 진도가 맞지 않는 반, 어떻게 할까요?
7. 어떻게 하면 영어 교사로 살아남을 수 있을까요?

7가지 고민에 저의 경험과 생각을 덧붙였습니다. 정답은 없습니다. 하나의 방법 제시이고 제 경험적 해답일 뿐입니다.

저는 학습자와 교사 간의 궁합이 있다고 생각합니다. 학습자의 학습 유형과 교사의 교수 유형은 분명 존재합니다. 교수 유형과 학습 유형이 잘 맞닿을 때 시너지 효과를 발휘할 수 있습니다.

제가 제시하는 경험적 해답은 제 교수법 유형에 국한된 이야기일 수도 있습니다. 그래도 이 책이 초등영어교사로 살아남기 위해 고군분투 중인 누군가에게 도움이 되었으면 좋겠습니다. 그런 바람으로 이 책을 썼습니다.

저처럼 영어를 싫어하던 사람도 해냈으니 이 책을 읽는 여러분도 할 수 있습니다. 영어 한번 잘 가르쳐봅시다.

김영미

책에서 소개한 자료 내려받기

책에 있는 모든 자료는 아래의 링크 주소에 접속하면 내려받을 수 있습니다. 내려받아 개인 소장하면서 수업에 활용하는 것은 대환영이지만, 저자 허락 없이 어딘가에 재배포, 혹은 일부 수정 재배포하는 것은 금합니다.

<책에서 소개한 자료 내려받기>

1. 짧은 주소:
   https://c11.kr/englishteacher
2. 긴 주소:
   https://drive.google.com/drive/folders/1XB0tGWuC6Ef9513QaNNckzqv-P5uCqQ2?usp=sharing

※ 내려받기에 문제가 있을 때는 reborn02@naver.com으로 문의주세요.

※ 최신 영어 수업 기록과 자료는 제 블로그에 있습니다.
블로그 : 초등영어교사생존기
https://blog.naver.com/reborn02

차례

Chapter 03 모두가 참여하는 영어 학습 게임은 없을까요?

Chapter 01

영어 수업, 어떻게 시작할까요?

01 반짝반짝 눈빛으로 환영받는 첫 단계 : 교사 소개

처음 만난 학생들에게 교사를 소개하는 일은 해마다 반복됩니다. 그냥 말로 하기보다 재미있는 게임을 이용하면 학생들의 흥미를 돋울 수 있고 교사에 대한 호기심을 증폭시켜 호감도를 향상할 수 있습니다.

교사를 소개하는 방법으로 'Get to Know Me Bingo'와 'Lie Detector'를 추천합니다. 'Get to Know Me Bingo'는 말 그대로 교사를 알아가면서 빙고의 줄을 완성해 나가고, 'Lie Detector'는 교사와 관련된 2가지 진실과 1가지 거짓말을 소개하고 학생들이 어떤 것이 거짓인지 맞히는 활동입니다. 흔히 말하는 '진진가' 활동의 다른 표현입니다.

<Get to Know Me Bingo>

① Get to Know Me Bingo를 할 PPT 파일과 빙고지를 준비한다.

② 교사와 관련된 단어들이 필요하다. 16칸 빙고라면 교사의 삶과 관련된 16개의 단어를 준비한다.

1. 자녀 수	2. 나이	3. 처음 교사가 된 해	4. 가장 친한 친구
5. 태어난 도시	6. 사는 곳	7. 이름	8. 생일
9. 좋아하는 과일	10. 좋아하는 영화	11. 좋아하는 색	12. 시력
13. 좋아하는 음식	14. 좋아하는 게임	15. 좋아하는 TV 프로그램	16. 좋아하는 과목

(교사와 관련된 제시 단어의 예)

③ 빙고지를 나눠준다. 학생들은 1부터 16까지의 숫자를 빙고 칸에다 무작위로 적는다.

④ 1부터 16번까지 교사와 관련된 단어를 파워포인트로 보여준다.

⑤ 학생들은 단어가 의미하는 바를 손을 들고 말한다. 예를 들어 "16번! 선생님이 좋아하는 과목이요."라고 했을 때 교사가 의도한 의미와 일치하면 모든 학생은 자신의 빙고판 16번에 X 표시를 한다.

⑥ '⑤' 활동을 반복하면서 번호를 지워나가다가 가로, 세로, 대각선 중에서 3줄이 만들어지면 "빙고!"

를 외친다.

⑦ 빙고를 외친 학생들에게 보상 티켓을 준다. 가장 먼저 처음 3줄을 완성한 학생들은 3장, 두 번째로 완성한 학생들은 2장, 그다음부터는 1장씩 준다.

⑧ 모든 학생이 빙고를 외쳤을 때 게임을 종료한다.

<Lie Detector(= 2 Truths 1 Lie)>

① 파워포인트로 2개의 사실과 1개의 거짓말을 준비한다. 교사와 관련된 문장이면 무엇이든지 좋다. 학생들이 '설마?' 하는 재미를 가질 수 있도록 흥미로운 이야기를 준비한다.

② 학생들에게 활동 방법을 설명한다.

③ 2개의 사실과 1개의 거짓말 문장을 보여준다.

④ 학생들은 탐정이 되어 교사에게 여러 질문을 한다. 이때 교사는 사실은 사실대로 답하고, 거짓 문장에 대해서도 태연하게 사실처럼 답한다.

⑤ 학생들에게 생각할 시간을 1분 정도 준 후 거짓이라고 생각하는 문장에 손을 들게 한다.

⑥ 교사는 거수를 세서 칠판에 적고 정답을 공개한다.

⑦ 정답과 함께 세 문장에 얽힌 이야기를 들려주고 마무리한다.

02 공부 의욕 불러일으키기 : Why English?

동기부여는 성공적인 학습의 출발점입니다. 첫 시간에 해야 할 내용 중 하나가 영어 공부하는 이유를 알려주는 것입니다. 주된 이야기의 흐름은 다음과 같습니다.

학생들의 생각 듣기

학생들의 이야기를 먼저 들어봅니다. 작은 종이 또는 포스트잇을 한 장씩 나눠주고 영어 공부하는 이유를 적게 합니다. 시간은 짧게 줍니다. 종이를 걷어서 학생들의 생각을 읽어 줍니다. 외국에 가려고, 대학에 가려고, 유학 가려고 등의 의견이 나옵니다. 모두 수용하고 고개도 끄덕여줍니다. 그런 다음 이렇게 말합니다.

"지금까지 여러분의 생각을 들어보았으니 선생님의 생각도 들어주세요. 선생님이 생각하는 영어 공부하는 이유를 말해볼게요."

영어 공부하는 이유 알기(영어를 공부하면 좋은 점 구체적인 사례로 나열)

공부하기 싫은 학생들은 영어 공부를 왜 해야 하냐고 물을 때가 많습니다. "영어는 세계에서 가장 힘이 센 언어입니다."는 제가 가장 많이 하는 말입니다. 학생들에게 '힘이 셉니다.'라는 표현은 나중에 구구절절 말할 이유보다 먼저 와닿습니다.

세계에서 모국어로 제일 많이 쓰이는 언어는 중국어(만다린어)입니다. 전 세계 약 12%의 학생들이 모국어로 중국어를 배우며 자랍니다. 그렇다면 그다음이 영어일까요? 아닙니다. 스페인어가 약 6%로 그 뒤를 잇습니다. 영어는 약 5%로 세 번째입니다. 즉, 전 세계 인구의 95%는 모국어가 영어가 아닌 셈입니다.

모국어 비율은 낮지만 많은 국가가 영어를 공용어로 지정하여 사용하고 있습니다. 모국어로 사용하는 주요 4개국인 미국, 영국, 캐나다, 뉴질랜드를 포함하여 55개 국가는 영어가 공용어이고, 20개의 국가는 주요 언어는 아니지만 공식 언어로 사용하고 있습니다. 정리하면 70여 개 국가가 영어를 공문서나 일상생활에서 사용하고 있습니다. 인구 비율로 따졌을 때도 영어 사용자의 비율이 1등입니다.

또한 인터넷 내용 60% 이상이 영어입니다. 구글에서 한국어보다 영어로 검색할 때 더 많은 정보가 나온다는 것을 의미합니다. 4차 산업사회, 정보가 힘인 사회에서 더 많은 정보를 습득한다는 것은 의미가 큽니다. 이를 초등학생이 이해할 수 있게 "인터넷 검색으로 숙제할 때 영어를 잘하면 더 많은 정보를 얻어서 빠르고 훌륭하게 해낼 수 있습니다."라고 말해줍니다.

유튜브도 마찬가지입니다. 유튜브 주요 채널의 66%는 영어 기반입니다. 10년 전에는 연예인을 꿈꿨던 학생들이 이제는 유튜브 제작자를 꿈꿉니다. "미래에 유튜브 제작자로 성공하려면 영어를 잘해야 합니다."라는 말로 영어 공부 의욕을 끌어냅니다. 실제로 맞는 말입니다. 한국인만을 대상으로 하는 유튜브보다 전 세계인을 대상으로 하면 구독자 및 '좋아요' 수를 늘리는 데 효과적이기 때문입니다.

영어 공부에 성공한 사람들 보여주기(세계적인 한국 스타들 영어 인터뷰 영상 시청)

유튜브에서 우리나라의 유명인이 영어로 인터뷰하는 영상을 쉽게 찾을 수 있습니다. 해마다 김연아 선수의 대회 직후 인터뷰는 꼭 보여줍니다. 물론 요즘에는 BTS의 인터뷰 영상도 보여주고 있습니다. 학생들이 좋아하는 스포츠 스타 영상도 좋습니다. 이러한 영상은 초반에 보여줘도 좋지만, 가끔 영어 학습 동기가 희미해질 때 보여주는 것도 좋습니다. 보여준 후에 어떤 내용이었는지 물어보고 "여러분들도 이 정도는 할 수 있습니다."라고 자신감을 심어줍니다.

긍정적인 기대감 심어주기

다른 일에서도 마찬가지지만 영어 학습도 자기 효능감에 영향을 많이 받습니다. "여러분도 할 수 있습니다. 이제 선생님이랑 같이 즐겁게 영어를 배울 겁니다. 여러분의 영어 실력은 반드시 올라갈 겁니다."라고 말해줍니다. 수업에 대한 기대가 있어야 집중을 잘하고 원만하게 배움의 과정으로 옮겨갈 수 있습니다.

03 수없이 반복할 규칙

담임이라면 당연히 학생들과 함께 규칙을 만들어가야 하지만, 영어 교과전담교사라면 현실적으로 어렵습니다. 규칙은 핵심 중의 핵심만 골라 5가지 정도로 안내합니다. 규칙을 설정하거나 안내할 때 다음과 같은 점을 고려합니다.

간단하게

규칙은 5가지 내외로 간단히 만듭니다. 기억하기 쉽도록 문장을 짧게 만들고 초등학생이 이해할 수 있는 단어로 구성합니다. 정말 필요한 규칙인지 생각하고 기본 중의 기본으로만 선정합니다.

긍정어로

규칙은 꼭 긍정어로 만듭니다. 'Don't'가 아니라 'Do'의 형식으로 짧게 만듭니다. 전략 커뮤니케이션 전문가 사이몬 사이넥(Simon Sinek)에 따르면 사람의 뇌는 부정의 개념을 이해하지 못한다고 합니다. 뭔가를 하지 말라고 하면 하지 말아야 하는 행위를 뇌에 더 강조할 뿐이라 합니다.
예를 들어 "코끼리를 생각하지 마세요."라고 말한 순간부터 우리 뇌는 코끼리만 생각하게 되는 것입니다. 이를 수업 규칙에 적용해서 부정문인 "떠들지 마세요."가 아니라 긍정문인 "선생님 말씀에 귀 기울여요."로 바꾸는 것입니다.
(참고 https://www.youtube.com/watch?v=W05FYkqv7hM How to Stop Holding Yourself Back)

반복해서

한번 만든 규칙은 반복합니다. 학년 초에 한 번 안내한 것으로는 부족합니다. 반복해서 자주 말해줘야 합니다. 보통 3월에는 수업 시작할 때마다 규칙을 읽게 합니다. 3월이 지난 후에는 1주에 한 번, 2주에 한 번으로 줄여갑니다.

수업 시간에도 수시로 반복합니다. 문제 행동이 발생할 때 "Rule number 2!"라고 번호만 외치거나 "Rule number 2, listen to your teacher!" 하면서 규칙을 되새겨줍니다.

동작과 함께

말로만 하지 않고 규칙을 나타내는 동작을 함께합니다. 예를 들어 'Raise your hand.'가 규칙이라면 손을 들어 올리고, 'Be quiet!'를 말할 때는 검지를 입에 가져다 댑니다. 이를 반복해서 학생들에게 알려주다가 수업 중 3번 규칙인 'Be quiet!'을 어겼다면 교사가 "Rule number 3!"라고 말한 후 해당 동작을 취하는 방식으로 수업 관리를 합니다.
동작을 만들 때 참고할 만한 것으로 미국식 수화 사이트 'www.handspeak.com'이 있습니다. 우리가 미국 영어를 주로 배우고 있기에 미국식 수화도 한번 배워보자고 하면서 같이 따라 하게 합니다. 사이트에서 quiet, pay attention, speak, English, clean up, sit, polite, stop 등 규칙에 사용할 단어를 검색해보세요.

04 상벌 제도 : Lotto System과 Y.Y.R. Penalty

교사 중 일부는 '내적 동기'를 중요시하기 때문에 '외적 동기'를 유발하는 다양한 보상 제도를 거부하기도 합니다. 내적 동기가 중요한 것은 누구나 아는 사실이지만 쉽게 발현하지 못할 때가 많습니다. 이때 필요한 안전장치가 외적 동기를 자극할 보상 제도입니다.
'이걸 왜 하지? 해도 안 되네. 영어가 시시해.' 등으로 영어 학습의 권태기가 왔을 때, '아! 그래도 티켓을 받으면 간식이라도 먹을 수 있잖아.'라고 생각하며 마음을 다질 수 있습니다. 혹은 일종의 또래 압력입니다. 또래들이 보상을 받기 위해 노력하는 모습을 보면서 동화되는 것입니다.
보상 제도는 교사의 성향을 따라갑니다. 꼼꼼한 교사들은 칭찬 통장과 같은 점수제나 촘촘하게 잘 짜인 방법을 사용합니다. 저는 단순한 것을 선호할뿐더러 교과전담이란 제한적 상황에서 활용해야 하기에 'Lotto System'으로 수업을 운영합니다.

(로또 티켓)

<Lotto System 운영 방법>

① 학기 초 학생들에게 보상 제도를 설명한다.

② 교사가 정한 규칙에 따라 로또 티켓을 수시로 배부한다.

③ 발표 1회에 1장, 게임을 이겼을 때 2장과 같은 식으로 학년 초에 정한 규칙에 따라 로또 티켓을 배부한다. 수업 중간에 줄 수도 있지만, 어수선함을 줄이기 위해 수업 마지막에 배부한다. 자신이 받아야 할 로또 티켓의 수는 학생들이 잘 알고 있다. 더불어 주변 학생들이 시키지 않아도 감시자 역할을 톡톡히 하므로 거짓 없이 정직하게 받는다.

④ 학생들은 로또 티켓에 자신의 이름을 써서 학급 주머니에 넣는다.

⑤ 한 달에 한 번 'Lotto Draw'의 날을 정해 추첨을 하여 선물을 준다. 선물은 학용품이나 먹을 것을 준비한다. 학급 인원에 따라 선물 개수를 적절히 준비하여 교탁 위에 펼쳐 두고 먼저 당첨이 된 학생부터 선물을 골라간다. 맨 처음에는 교사가, 그다음부터는 당첨된 학생이 추첨하는 릴레이 형식으로 이어간다. 연달아 같은 학생의 이름이 나오면 1회만 인정하고 다른 학생을 추첨한다.

⑥ 추첨이 끝난 후 모든 로또 티켓은 학생들이 재사용할 수 없게 꼼꼼하게 정리하여 파기한다. 월별로 다른 모양의 로또 티켓을 사용하면 좋다.

Lotto System은 한 달에 한 번이므로 로또 티켓을 남발한다고 해서 예산이 추가로 더 많이 들지 않습니다. 게다가 제도가 단순하여 운영이 쉽습니다. 점수제는 몇 점이 되면 무엇을 주어야 하고, 칭찬 스티커나 도장은 몇 개 모았을 때 무엇을 준다는 등의 규칙이 있어야 하지만, 이 보상 시스템에는 몇 장을 모아야 한다는 규칙이 없습니다. 로또 티켓을 1장이라도 받아서 집어넣기만 하면 됩니다. 운이 작용하므로 느린 학습자도 끝까지 포기하지 않습니다.

보통 느린 학습자라면 상대적으로 수준이 높은 학습자보다 로또 티켓을 덜 받게 됩니다. 로또 티켓을 많이 받은 학생들의 당첨 확률이 높아지는 것은 사실이지만, 그렇다고 해서 무조건 당첨된다는 보장이 없습니다. 1~2장을 넣었는데도 운이 좋아 당첨될 때가 있으므로 느린 학습자도 끝까지 포기하지 않고 기대하게 됩니다.

상이 있다면 벌도 있어야겠죠. 'Y.Y.R. Penalty' 제도로 이름 지어서 운영하는데, Y는 Yellow Card, R은 Red Card입니다. 학생들에게 익숙한 축구 규칙에서 가져왔습니다.

수업 시간 중 문제 행동에 대해 Yellow Card, Yellow Card, Red Card를 차례로 받게 되면 'OUT'이라고 이해하기 쉽게 안내합니다. 아웃이 된 학생들은 '따봉'을 하게 됩니다. 따봉은 따듯한 봉사의 줄임말입니다. 따봉의 종류는 주로 친구나 선생님을 돕는 내용으로 구성하는데, 교실 내 쓰레기 5개 줍기, 선생님 심부름하기 등입니다.

05 첫 숙제 : 영어로 이름 쓰기

한글을 배울 때 자기 이름을 읽고 쓰는 연습을 먼저 하듯 영어도 마찬가지입니다. 최소한 자기 이름을 영어로 읽고 쓸 줄 알아야 합니다. 국립국어원 홈페이지의 한국어 어문 규범에서 국어의 '로마자 표기법'을 찾아 정리해 아래와 같이 출력해서 나눠줍니다.

1. 자음

ㄱ	ㄴ	ㄷ	ㄹ	ㅁ	ㅂ	ㅅ	ㅇ	ㅈ	ㅊ	ㅋ	ㅌ	ㅍ	ㅎ
a, k	n	d, t	r, l	m	b, p	s	ng	j	ch	k	t	p	h
ㄲ	ㄸ	ㅃ	ㅆ	ㅉ									
kk	tt	p	ss	jj									

※ 밑받침이 'o'일 때만 ng를 씁니다.
밑받침이 아닐 때는 모음에서 골라 쓰면 됩니다.

2. 모음

ㅏ	ㅑ	ㅓ	ㅕ	ㅗ	ㅛ	ㅜ	ㅠ	ㅡ	ㅣ	ㅐ	ㅒ	ㅔ	ㅖ
a	ya	eo	yeo	o	yo	u	yu	eu	i	ae	yae	e	ye
ㅘ	ㅙ	ㅚ	ㅝ	ㅞ	ㅟ	ㅢ							
wa	wae	oe	wo	we	wi	ui							

학생들은 로마자 표기법을 보면서 자신의 이름을 공책에 영어로 적어봅니다. 아울러 이름의 첫 글자는 반드시 대문자여야 하고, 이름은 다음의 3가지 타입으로 쓸 수 있다는 것도 알려줍니다.

Kim Yeong Mi / Kim Yeongmi / Kim Yeong-mi

영어로 이름 쓰는 것을 배웠다면 최소한 영어 시간에 내주는 각종 학습지에는 한글 대신 영어로 이름을 적도록 지도합니다.

Chapter 02

영어 쓰기 교육, 어떻게 지도할까요?

01 영어 쓰기 활동 방향 : 쓰고 싶게, 쉽게, 친절하게

언어의 4가지 기능 '말하기, 듣기, 읽기, 쓰기' 중에서 말하기, 듣기, 읽기는 게임으로 반복 훈련이 가능하고 관련 영어 게임도 많습니다. 하지만 쓰기 영역을 게임으로 가르치면 '단어 쓰기' 위주로 흘러갈 때가 많고, 학생들의 삶에 밀접한 문장, 더 나아가 글로 쓰는 데 한계가 있습니다.

이런 한계를 극복하려고 영어 쓰기 수업에 '책 만들기 활동'(북아트, 메이킹북 등)을 접목했습니다. 여러 차례 시도한 결과 제한된 시간 40분이 걸림돌이었습니다. 예쁘게 꾸미고 색칠하는 시간이 길어질 때면 영어 수업을 하고 있는지 미술 수업을 하고 있는지 헷갈리기도 했습니다. 물론 담임이라면 교과 간 통합교육이라고 생각할 수도 있습니다.

짧은 시간 내에 모든 것을 마무리해야 하니 늘 시간이 부족하고 '영어 쓰기 능력 향상' 효과도 의문이었습니다. 그래서 40분 동안 할 수 있는 활동을 고안하게 되었고, 여기에 소개하게 된 쓰기 활동이 그 결과물입니다. 이 책에 나오는 쓰기 활동은 대부분 A4용지를 절반으로 접어서 하는 책 만들기의 형태입니다.

초등 고학년 영어 교실에는 선행학습을 많이 한 학생과 해당 학년의 기초 영어 단어조차 익히지 못하는 학생이 공존합니다. 한 교실 내 수준별 격차는 공교육의 특징이기도 합니다. 이런 현실 속에서 초등 영어 쓰기 활동은 어떤 모습이어야 할까요?

영어 쓰기 활동에 대한 저의 경험적 기준을 다음과 같이 제시합니다.

쓰고 싶게 만들어야 한다

어떻게 하면 학생들이 쓰고 싶어질까요? 그것도 영어로 말이죠. 답은 간단합니다. 쓰기 주제가 매력적이면 됩니다. 효과적인 영어 쓰기 주제는 2가지 범주로 나뉩니다. 첫째, 흥미로우면서 학생들의 상상력을 자극하는 주제와 둘째, 학생들의 삶과 밀접해서 할 말이 많은 주제입니다.

첫 번째는 학생들의 실생활과 크게 관련은 없지만 흥미롭게 쓸 수 있는 주제입니다. 로또에 당첨되면 뭐할까?, 내가 나라를 만든다면?, 내가 상상할 수 있는 가장 독특한 행동은?, 지구가 30년 후에 멸망한다면? 등의 주제가 이에 해당합니다.

두 번째는 학생들의 삶과 밀접해서 잘 알고 있는 주제에 해당합니다. 잘 아는 주제가 나오면 편하게 이야기할 내용도 많습니다. 주로 자기 소개하기, 나의 하루 쓰기, 내가 좋아하는 것 쓰기, 나의 인생곡선 쓰기 등의 주제를 꼽을 수 있습니다.

주제 선정이 어려울 때는 구글링을 해봅니다. 'kids writing topics' 또는 'kids writing worksheet' 등으로 검색하면 많은 아이디어를 구할 수 있습니다.

쉬워 보여야 한다

쓰고자 하는 의욕을 불러일으켜야 하므로 쓰기 활동은 쉬워 보여야 합니다. 물론 쉬워 '보이는' 것이 핵심입니다. 실제로는 보통 수준, 또는 도전 가능한 정도의 난이도여야 합니다. 겉으로 볼 때도 쉬워 보여야 합니다.

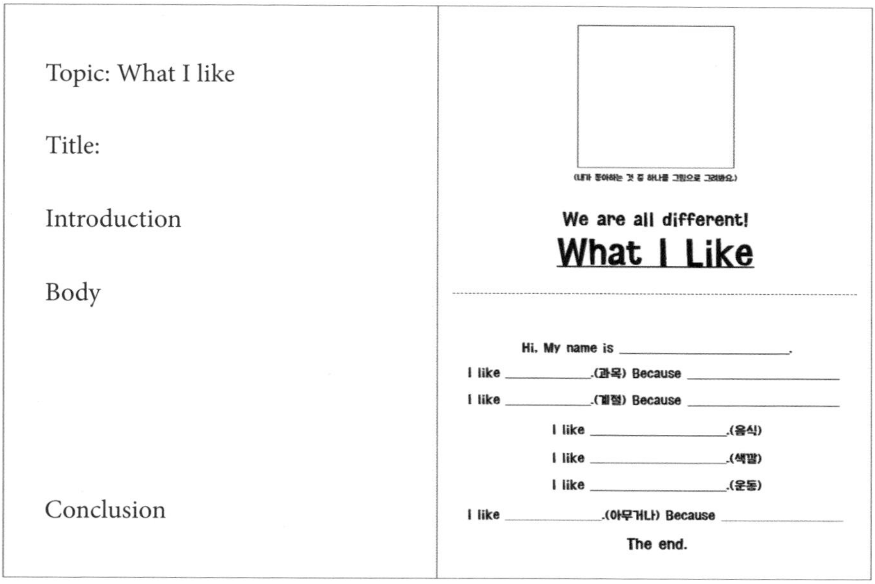

Topic: What I like

Title:

Introduction

Body

Conclusion

(내가 좋아하는 것 중 하나를 그림으로 그려봐요.)

We are all different!

What I Like

Hi. My name is ______________.

I like __________.(과목) Because ______________

I like __________.(계절) Because ______________

I like ______________.(음식)

I like ______________.(색깔)

I like ______________.(운동)

I like __________.(아무거나) Because ______________

The end.

(백지 같은 쓰기 활동지 vs 쉬워 보이는 쓰기 활동지)

따라서 쓰기 활동은 백지로 하지 않습니다. 어른도 아무것도 없는 종이를 주고 글을 써보라고 하면 거부감이 듭니다. 형식이 있는 구조화된 쓰기 활동지를 제시해야 합니다. 초고부터 시작해서 수정을 거듭하여 한 편의 멋진 글(Final Draft)을 완성하면 좋지만, EFL 초등 교실 내에서의 영어 쓰기 활동이므로 현실을 고려해서 계획합니다.
다만 수준이 높은 학생들에게는 자신의 실력을 발휘할 수 있도록 빈 줄을 학습지에 추가하거나 여백에 문장을 더 쓰게끔 허용합니다.

친절해야 한다

최대한 친절하게 쓰기 활동을 계획해서 학생들의 정서적 부담을 줄여야 합니다. 쓰기 수업 때 예시 자료, 참고할 수 있는 표현 목록, 그리고 사전이나 교사의 도움을 적극적으로 제공합니다. 한 번으로 끝나지 않고 지속 가능한 쓰기 활동으로 이어져야 하기 때문입니다.

① 예시 자료

쓰기 작품 중 괜찮은 것을 추려서 보관했다가 다음 해의 학생들에게 예시 자료로 보여줍니다. 여건이 안 된다면 인터넷 검색 결과로 예시 자료를 찾거나 교사가 직접 제작합니다. 예시 자료를 본 것과 안 본 것에는 확연히 차이가 납니다. 쓰기 결과물의 질이 다릅니다. 예시 자료를 보고 나서 쓰기 활동을 시작한 학생들은 예시 자료 이상의 성과를 낼 때가 많습니다. 못해도 예시 자료만큼은 해냅니다.

② 참고할 수 있는 표현 목록

학생들에게 '참고 표현' 목록을 제공합니다. A5 크기 양면 1장 정도에 초등학생이 궁금해할 만한 표현으로 가득 채워서 줍니다. 아이디어가 샘솟고 영어 어휘를 많이 알고 있는 학생도 있겠지만, 대다수는 그러지 못하므로 참고 표현 목록이 도움이 됩니다. 참고 표현을 제공하느냐 아니냐에 따라 학생들의 정서적 부담감도 달라집니다.

③ 사전이나 교사의 도움

교사가 제공한 참고 표현 목록만으로는 충분하지 못할 수 있습니다. 학생들이 더 다양한 표현을 찾아볼 수 있도록 장치를 마련해둡니다. 가능하다면 도서 구매의 기회가 있을 때

한영사전을 1인당 1권씩 볼 수 있도록 사둡니다. 한영사전으로 원하는 표현을 찾아보는 것도 영어 쓰기 활동에 큰 도움이 됩니다.

패드나 태블릿이 준비된 학교라면 사전 앱을 미리 내려받아 스스로 검색해서 궁금한 표현을 찾아보도록 합니다. 학생들을 신뢰할 수 있고 이탈 행위가 충분히 관리 가능한 범주 안이라면, 학생 개인이 소지한 스마트폰에 사전 앱을 깔아서 검색하는 것을 허용해도 좋습니다. 이때는 학생과 교사 간 스마트폰 사용에 대한 약속이 부가적으로 따라와야 합니다.

스스로 사전이나 사전 앱에서 필요한 표현을 찾지 못하는 학생들은 교사가 순회 지도로 1:1 맞춤형 도움을 제공합니다. 쓰기 활동의 시작부터 끝까지 순회 지도를 하면서 티 나지 않게 느린 학습자들을 찾아다녀야 합니다. 스스로 하지 못하는 학생 중 교사의 도움이 +1이라도 주어지면 그다음은 잘 해내는 학생이 많습니다. 이러한 학생들을 위해 쓰기 활동 중에는 부지런히 움직이면서 적시에 교사의 도움을 제공합니다.

02 영어 쓰기 활동 순서 7단계

그렇다면 '쓰고 싶고, 쉬워 보이고, 친절한' 쓰기 학습지로 어떻게 학생들과 쓰기 활동을 할까요? 쓰기 활동은 보통 7단계로 이루어집니다. 활동 순서는 초등 수업 시간 40분에 맞춰서 변형될 수 있습니다. 모든 과정을 다 거치기 힘들다면 축소하거나 2차시에 걸쳐서 할 수도 있습니다.

① 단어 브레인스토밍(Brainstorming)하기

먼저 학생 스스로 쓰기 '주제'와 관련한 영어 단어를 생각하도록 지도합니다. 빈 종이에 스스로 브레인스토밍을 해낸다면 더할 나위 없이 좋겠지만, 초등학생이므로 교사의 주도하에 브레인스토밍을 함께합니다. 목표는 학생들이 이미 알고 있는 단어를 그들의 입으로 말하게 하는 것입니다. 물론 부족한 단어들은 교사가 소개합니다.

학생들은 자신의 노트에 칠판에 있는 내용을 함께 옮겨 적습니다. 주제와 관련한 단어를 생각하면서 배경지식을 활성화하고 내가 무엇을 쓸지를 고민하게 됩니다. 다만 실제 수업 시간 40분 이내에 단어 브레인스토밍을 넉넉히 하고 쓰기 활동으로 넘어가면 시간 내에 마무리되지 않을 수 있습니다. 학생 수준, 상황 등을 고려하여 앞 차시 수업에서 브레인스토밍하거나 숙제로 내줘도 좋습니다. (브레인스토밍을 할 때 비판 엄금, 질보다 양, 자유분방, 결합과 개선이라는 4대 원칙을 꼭 기억하세요)

② 쓰는 과정 설명하기

쓰는 과정은 표지부터 쓰기 내용까지 파워포인트로 차례차례 자세히 설명합니다.

③ 예시 작품 보여주기

학생 작품 중 괜찮은 것을 보관했다가 다음 해에 만나는 학생들에게 예시 작품으로 보여줍니다. 보관이 여의치 않다면 사진으로 남겨뒀다가 화면으로 보여줘도 좋습니다. 실물 자료로 학생들에게 예시 작품을 듬뿍 보여주면 동기유발에 더 효과적입니다.

④ 쓰기 학습지와 함께 '참고 표현' 목록 제공하기

제한된 시간 내에서 해결하기 위해 '참고 표현' 목록을 제공합니다. 이 목록에는 주제와 관련한 표현을 열거하고, 학생들이 많이 물어본 표현 위주로 작성합니다. 학생들이 미리 숙제로 '써야 할 문장'을 적어온다면 생략해도 될 부분이지만, 부담을 덜기 위해 숙제로 내주는 것은 피합니다.

쓰기 수업을 하다 보면 교사는 바빠집니다. 이 단어는 영어로 무엇인지, 이 표현은 영어 문장으로 어떻게 나타내야 하는지 곳곳에서 질문이 쏟아집니다. "선생님!" 부르는 소리가 메아리칩니다. 한영사전을 주고 파파고 웹사이트를 켜놓아도 교사에게 매달리곤 합니다. 쓰기 수업을 할 때 초반에는 이로 인해 두렵기도 합니다. 그래서 필요한 것이 '참고 표현' 목록입니다. 학생들이 궁금해하는 표현은 돌고 돕니다. 그 표현을 모아서 참고 표현 목록을 주제별로 만들어 제공합니다.

주제 관련 표현뿐만 아니라 학생들이 흔히 하는 행동이나 그들 수준에서 생각해낼 수 있는 내용도 많이 담습니다. 그런데도 생각지 못한 표현이 또 등장합니다. 이런 표현을 추가로 넣고 수정해서 다음 수업 학습자 또는 내년 학습자에게 제공합니다. 참고 표현 목록을 먼저 확인한 후 거기에 없는 표현만 질문하게 하면 영어 표현에 관한 단순한 질문이 줄어듭니다. 그 덕분에 교사에게는 학생들의 영어 문법을 점검하고 느린 학습자를 개별 지도할 시간이 생깁니다.

⑤ 쓰기 활동하기(교사의 순회 지도)

이제 학생들은 학습지에 쓰기 시작합니다. 쓰기 활동을 하는 동안 교사는 학생들을 순회 지도하면서 질문에 답해주거나 느린 학습자를 적극적으로 돕습니다. 순회 지도를 할 때 포스트잇과 펜은 필수품입니다. 순회 지도를 하는 동안에 많은 학생이 교사에게 단어의 철자나 영어 표현을 질문합니다. 이때 포스트잇과 펜이 있다면 바로 적어줄 수 있습니다. 포스트잇을 갖추지 못했다면 교과서나 학습지의 빈 여백을 활용하여 표현을 적어줍니다.

간혹 꾸미기에 몰입한 학생들이 시간 내에 학습지를 완성하지 못하는 일이 생깁니다. 제한된 시간 내에 작품을 완성할 수 있도록 시작할 때 반드시 '글을 모두 완성'한 후에 꾸미기를 하도록 지도합니다.

⑥ 돌려 읽기

쓰기 활동 다음 시간에는 돌려 읽기를 합니다. 남에게 자신의 글을 보이는 것은 일종의 출판 행위와 같습니다. 내 글을 다른 친구들이 볼 것이란 사실은 더 나은 글을 쓰게 하는 동기로 작용합니다. 다른 친구들의 글을 돌려 읽으며 더 많은 표현을 익히기도 합니다.

작품의 뒷면에는 코멘트(comment)를 달 수 있는 공간을 만듭니다. 코멘트는 라벨지에 정리하여 출력 후 나눠주어 붙이게 합니다.

(코멘트 스티커)

학생마다 8~9개의 스티커를 주고 돌려 읽기를 하면서 마음에 드는 작품에다 코멘트를 하나씩 붙이게 합니다. 이렇게 하면 직접 코멘트를 쓰지 않고 붙이므로 돌려 읽는 시간이 절약됩니다. 코멘트에 있는 표현을 반복 학습하는 효과도 있습니다. 그리고 학생들의 부정적인 행위(놀리거나 기분 나쁜 말을 하는 등)를 방지할 수 있습니다.

돌려 읽기를 하면서 코멘트 스티커를 붙이는 활동은 그 자체가 평가입니다. 이런 방식의 평가가 간혹 인기투표로 흘러갈 때가 있습니다. 이를 방지하기 위해 쓰기 작품에 이름을 쓰지 않게 하거나 스티커가 붙어 있지 않은 학생들의 작품에도 골고루 붙이게 지도합니다. 교사가 슬쩍 붙여주는 방법도 좋습니다.

칭찬을 받으면 이로 인해 다음 활동에 의욕을 갖게 됩니다. 내용이 좀 부족하더라도 코멘트가 최소 몇 개 이상은 붙어 있을 수 있게 세심한 지도가 필요합니다.

(돌려 읽기를 하면서 코멘트를 붙인 모습)

⑦ 전시하기

작품을 모아 왼쪽 귀퉁이에 펀치로 작은 구멍을 내고 고리를 걸어 묶습니다. 맨 앞에는 표지를 한 장 만들어 끼우는데, 색지에 간단히 쓰기 활동의 주제만 적습니다. 한 학년에 3반 정도면 묵직한 책 한 권 같은 느낌으로 묶어집니다. 만약 학급 수가 많다면 2~3개로 나눠서 묶습니다. 같은 주제에 대해 2~3개의 묶음이라면 소설책 시리즈처럼 번호를 매깁니다. 이 작품 모음집을 영어 교실 내부의 사물함 또는 자료함 위에 올려두면 학생들이 오고 가며 친구들의 작품을 살펴보게 됩니다. 만약 영어 교실이 따로 없다면 반별로 묶어서 각 반 교실 뒤편에 올려두는 방식으로 전시합니다.

전시는 최대한 빠르고 간단하게 합니다. 빨라야 학생 간 피드백이 활발하게 이루어지고, 간단해야 교사의 업무 부담이 줄기 때문입니다. 작품 전시로 고민하고 게시판을 교체하는 등 일을 많이 만들수록 부담스러워져서 다음 쓰기 작품 전시는 생략할 가능성이 큽니다.

쓰기 활동, 언제 해야 할까?

언어는 듣기, 말하기, 읽기, 쓰기 등 4가지 기능이 복합적으로 학습됩니다. 따라서 쓰기 활동만 분절해서 '이때' 해야 한다고 구분 짓기는 어렵습니다.

초등학교 영어 교과서는 출판사가 다양하고 각 단원의 차시 구성도 제각기 다릅니다. 언제 쓰기 활동을 할 것인지는 각 교과서의 구성 및 교육과정을 재구성하는 교사의 재량에 따라 다릅니다. 여기에서 소개하는 쓰기 활동은 주로 단원의 마지막 시간에 이루어집니다. 쓰기 활동을 통해 하나의 글(작품)을 만들기에 단원을 마무리한다는 느낌으로 합니다.

왜 Guided Writing일까?

본 쓰기 활동에는 문장을 주고 빈칸(밑줄)을 채우는 형식의 'Guided Writing'이 많습니다. 성인이라 할지라도 백지를 주고 쓰라고 하면 어려움을 겪는데 어린 학생들은 두말할 것도 없습니다.

모국어인 국어 교과서에서 쓰기 영역은 단계를 밟아가면서 하나의 글을 완성합니다. 영어 쓰기도 마찬가지입니다. 친절한 단계가 필요하고 자세한 설명이 곁들어져야 어린 학습자들이 끝까지 포기하지 않고 글을 완성해 나갈 수 있습니다.

국어는 영어보다 교과 시간도 2배 이상 많지만, 영어는 그렇지 못하므로 공립초등학교 영어 수업을 기준으로 할 때 Guided Writing 위주로 쓰기 활동을 구성했습니다.

참고로 영어 쓰기는 'Modeled Writing → Shared Writing → Interacitve Writing → Guided Writing → Independent Writing' 순으로 이어집니다.

03 [나의 나라] My Country

- 나만의 나라를 만들어서 설명하기
- 영어 표현 : I'm from ________.

출신지를 묻고 답하는 표현으로 학생들은 여러 나라의 이름과 문화를 배웁니다. 수업에서 여러 나라의 이름을 익히며 출신지 묻고 답하는 표현을 배웠다면, 이 쓰기 활동에서는 상상 속 자신의 나라를 만들어 설명합니다. 구체적으로 나라 이름, 인구수, 면적, 문화, 날씨 등을 직접 써보게 됩니다.

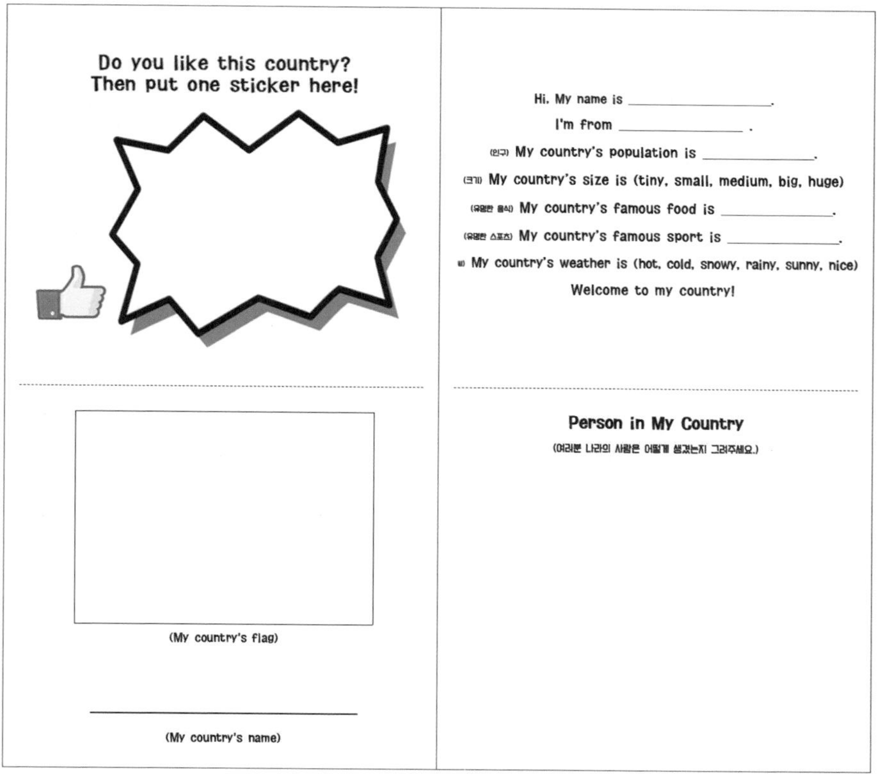
Do you like this country?
Then put one sticker here!

(My country's flag)

(My country's name)

Hi. My name is ________.
I'm from ________ .
(인구) My country's population is ________.
(크기) My country's size is (tiny, small, medium, big, huge)
(유명한 음식) My country's famous food is ________.
(유명한 스포츠) My country's famous sport is ________.
My country's weather is (hot, cold, snowy, rainy, sunny, nice)
Welcome to my country!

Person in My Country
(여러분 나라의 사람은 어떻게 생겼는지 그려주세요.)

('나의 나라' 쓰기 학습지)

활동 방법

① 학습지를 절반으로 접는다.

② 표지에 나라 이름을 적고, 국기는 나중에 그리도록 안내한다. 나라 이름은 학생 이름을 넣거나 좋아하는 과일 이름으로 만들어도 상관없다.

▶ **지도 시 주의할 점** : 표지 그림에 몰두하다가 제한된 시간 내에 작품을 마치지 못하고 숙제로 해오는 일을 피하기 위해 그리기 활동은 맨 마지막에 하도록 안내합니다.

('나의 나라' 학생 작품)

② 표지를 열어 학생 이름, 나라 이름, 인구수, 나라의 크기, 유명한 음식과 스포츠, 날씨 등을 적는다.

<스포츠>

테니스 tennis	축구 soccer	배드민턴 badminton	피구 dodge ball
티볼 T-ball	야구 baseball	요가 yoga	줄넘기 jumping rope
태권도 taegwondo	농구 basketball	수영 swimming	볼링 bowling
스케이트 skating	스키 skiing	스노보드 snowboard	
인라인스케이트 in-line skating		레슬링 wrestling	배구 volleyball
골프 golf	당구 pool	유도 judo	합기도 hapkido
씨름 ssireum	에어로빅 aerobics	체조 gymnastics	

<음식>

김밥 gimbab	수프 soup	토스트 toast	후라이드 치킨 fried chicken
돈가스 fork cutlets	핫도그 hot dog	케밥 kebab	스테이크 steak
스파게티 spaghetti	오믈렛 omelette	국수 noodles	카레 curry
햄버거 hamburger	초밥 sushi	밥 rice	아이스크림 ice cream
볶음밥 fried rice	감자튀김 french fries	야채볶음밥 vegetable fried rice	
피자 pizza	샐러드 salad	치킨 샐러드 chicken salad	
샌드위치 sandwich	타코 taco	파이 pie	생선가스 fish cutlets
치즈 케익 cheese cake		쿠키 cookies	브라우니 brownies
바베큐 barbeque	와플 waffle	팬케이크 pancake	떡 rice cake
구운 치킨 roasted chicken		라면 ramen	만두 dumpling

('나의 나라' 참고 표현 문구)

③ 인구수는 숫자로 쓰고, 나라의 크기와 날씨는 해당 단어에 동그라미를 그린다. 주로 빈칸을 채우는 활동으로 구성되어 있어서 빠르게 문장을 완성할 수 있다.

Hi. My name is ____________.

I'm from ____________.

My country's population is ____________.

My country's size is (tiny, small, medium, big, huge).

My country's famous food is ____________.

My country's famous sport is ____________.

My country's weather is (hot, cold, snowy, rainy, sunny, nice).

Welcome to my country!

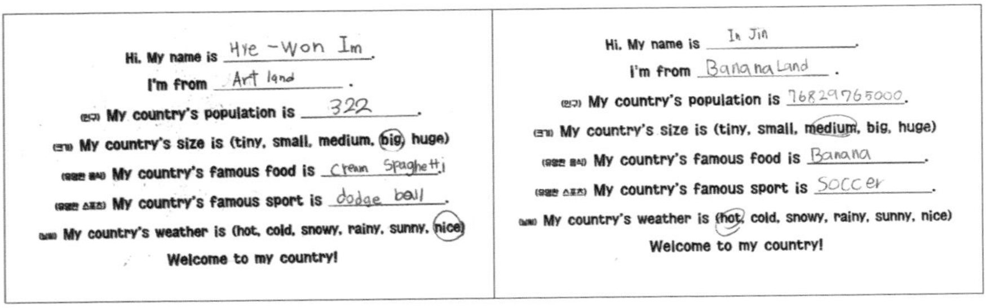

('나의 나라' 학생 작품)

④ 글 아래에 자신만의 나라에 거주하는 사람을 그린다.

⑤ 표지에 국기를 창의적으로 그린다. 연필로 그려도 되고 색을 칠해도 좋다. 제한된 시간 안에 완성하여 숙제로 가져가는 부담이 없도록 시간 관리를 당부한다.

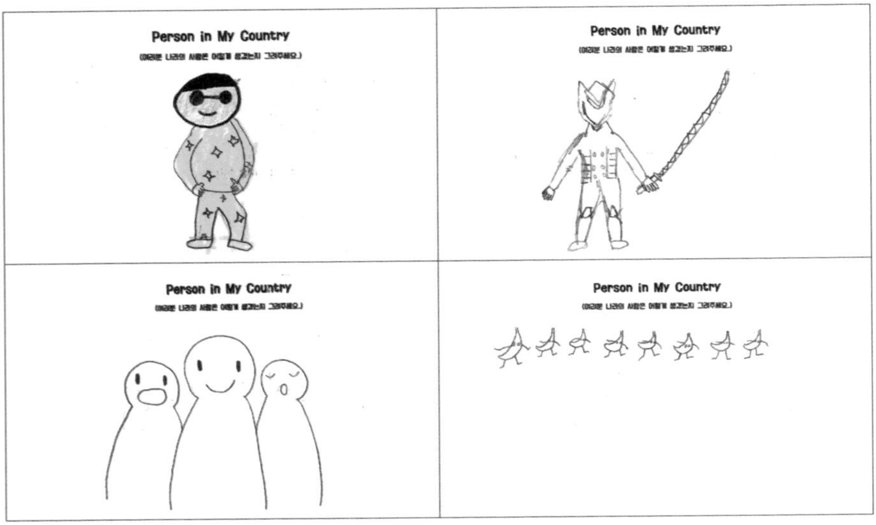

('나의 나라' 학생 작품)

04 [나의 하루] My Daily Routine

- 하루의 일과를 설명하는 문장 쓰기
- 영어 표현 : I get up at ________. I go to school at ________.

하루의 일과를 써보는 활동입니다. 몇 시에 일어나서 몇 시에 학교에 오는지, 몇 시에 학원에 가고 잠자리에 드는지 자기 경험을 써보는 과정으로 학생들은 평상시 삶과 밀접한 영어 쓰기 활동을 경험하게 됩니다.

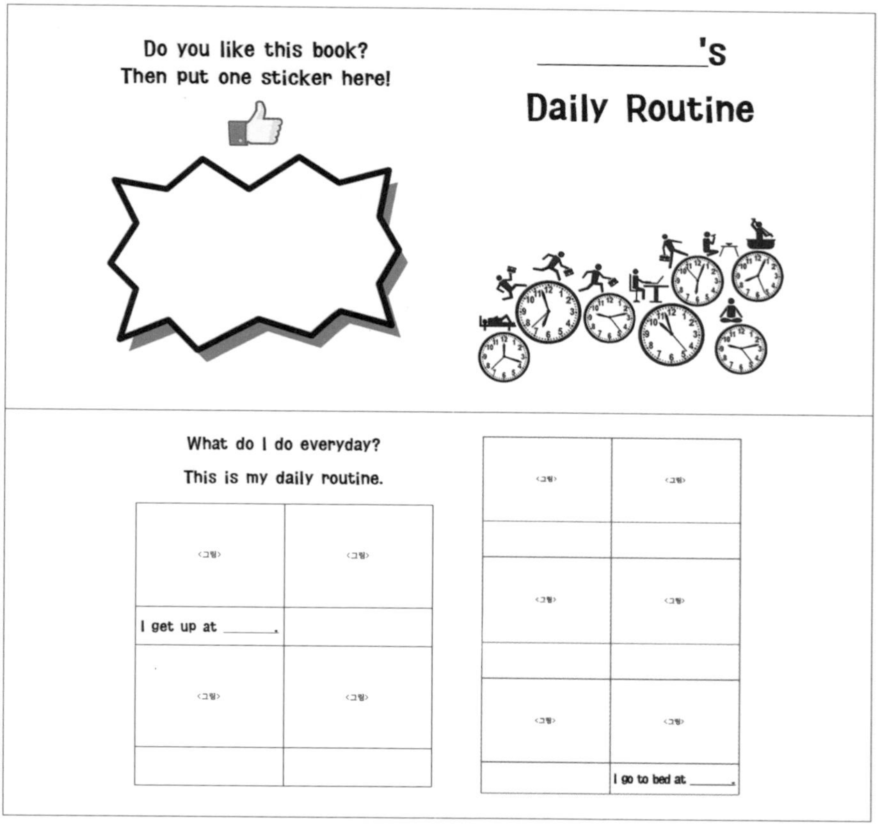

('나의 하루' 쓰기 학습지)

활동 방법

① 학습지를 절반으로 접어 표지에 자신의 이름을 적는다.

▶ **지도 시 주의할 점 :** 표지를 꾸미는 것은 쓰기 활동이 다 끝난 후에 하도록 안내합니다.

② 표지를 열면 크기가 큰 칸이 10개, 작은 칸이 10개 있는데, 시간 순서대로 큰 칸에는 그림을 붙이거나 그리고 작은 칸에는 문장을 적게 한다.

③ 맨 처음에는 'What do I do everyday? This is my daily routine.'이라고 소개하는 글이 있고, 학생들의 이해를 돕기 위해 첫 번째 칸과 마지막 칸에는 빈칸 채우기 문장이 있다. 첫 번째 칸에는 'I get up at ______.'이, 마지막 칸에는 'I go to bed at ______.'이라고 되어 있어서 빈칸에 시각만 적으면 된다. 나머지 칸에는 학생들이 일어나서 잠들기까지 하루 동안 하는 일을 시간 순서대로 자유롭게 적게 한다.

▶ **지도 시 주의할 점 :** 글을 먼저 쓴 후 그림 칸을 완성하도록 지도합니다. 그림에 몰두하다가 제한된 시간 내에 작품을 마치지 못하고 숙제로 가져가는 일이 종종 있기 때문입니다. 활동하는 동안 교사는 느린 학습자를 순회 지도하여 돕습니다.

<동작>

일어나다 get up	세수하다 wash my face	옷을 입다 get dressed
샤워하다 take a shower(= have a shower)		목욕하다 take a bath
이를 닦다 brush my teeth	아침밥을 먹다 have breakfast	학교에 가다 go to school
머리를 빗다 brush my hair(= comb my hair)		머리를 말리다 dry my hair
침대를 정리하다 make my bed	화장실에 가다 go to the bathroom	
점심을 먹다 have lunch	우유를 마시다 drink milk	수업을 받다 have classes
방을 청소하다 clean my room	저녁을 먹다 have dinner	
학원에 가다 go to cramschool(= go to academy)		
피아노 수업을 받다 have a piano lesson(태권도 taegwondo, 미술 art, 수학 math)		
집에 오다 get home(= come home)		축구를 하다 play soccer
숙제를 하다 do my homework	TV를 보다 watch TV	공부를 하다 study
영어 공부를 하다 study English	컴퓨터 게임을 하다 play computer games	
나가 놀다 go out to play	잠을 자다 go to bed(= go to sleep)	
운동하다 exercise	간식을 먹다 have snacks	

('나의 하루' 참고 표현 문구)

④ 문장 쓰기를 모두 마친 학생들은 교사가 예시로 출력해온 그림을 오려서 그림 칸에 붙이거나 직접 그려서 꾸민다.

⑤ 교사는 순회 지도를 하면서 문장 쓰기를 완성하지 못한 학생들을 적극적으로 돕고, 그림 그리기 활동에 몰두하여 제한 시간 내에 마치지 못할 가능성이 있는 학생들에게 속도를 내도록 독려한다. 만약 시간 내에 완성하지 못했다면 과제로 해오도록 안내한다.

▶ **지도 시 주의할 점 :** 그리기를 싫어하는 학생들의 거부감을 줄이고 작품 완성의 속도를 높이기 위해 예시 그림을 제공합니다. 학생들은 교사가 출력해준 그림을 그대로 오려 붙여도 되고, 창의적으로 본인의 그림을 그려도 됩니다. Google에서 daily routine image 또는 image 대신 animation, cartoon을 검색하면 많은 그림을 찾을 수 있습니다. 여러 종류의 그림을 적절한 크기로 출력하여 제공합니다.

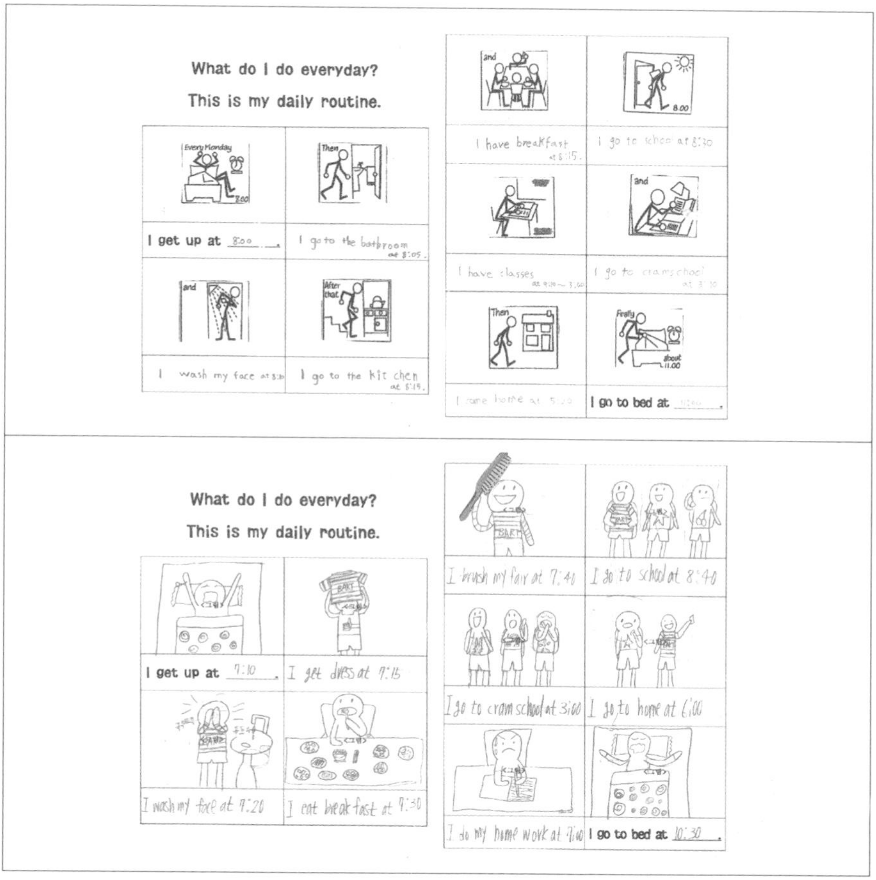

('나의 하루' 학생 작품)

05 [내가 좋아하는 것] What I Like

- 내가 좋아하는 것 쓰기
- 영어 표현 : I like ________. Because ________.

동사 'like'를 사용하여 좋아하는 것과 그 이유를 쓰는 활동입니다. 주어가 'I'로 시작하므로 자기 자신을 이야기하는 활동이라고 할 수 있습니다. 학생들은 자기가 좋아하는 것이 무엇인지 찾아가며 자신에 대한 정체성을 확인할 수 있습니다.

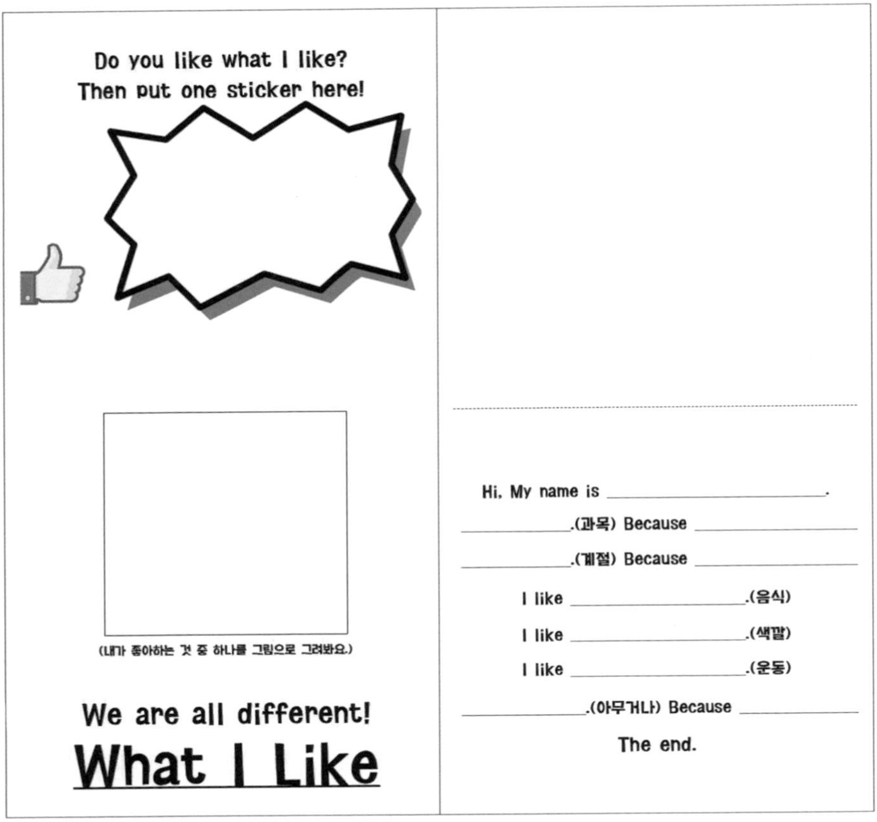

Do you like what I like?
Then put one sticker here!

(내가 좋아하는 것 중 하나를 그림으로 그려봐요.)

We are all different!

What I Like

Hi, My name is ________________.

________.(과목) Because ________

________.(계절) Because ________

I like ________________.(음식)

I like ________________.(색깔)

I like ________________.(운동)

________.(아무거나) Because ________

The end.

('내가 좋아하는 것' 쓰기 학습지)

활동 방법

① 학습지를 절반으로 접는다.

② 표지는 건너뛰고 바로 쓰기 활동을 시작한다. 맨 윗줄에는 이름을 적고, 그 아래 다섯 개의 줄은 좋아하는 과목, 계절, 음식, 색깔, 운동을 이유와 함께 적는다. 마지막 줄에는 무엇이든 상관없이 좋아하는 것을 적는다.

<과목>

국어 Korean	수학 math	사회 social studies	도덕 ethics
음악 music	영어 English	과학 science	한자 Chinese character
컴퓨터 computer		체육 P.E.(=physical education)	
실과 home ec(=home economic)			미술 art

<계절>

봄 spring	여름 summer	가을 fall	겨울 winter

<음식>

피자 pizza	치킨 chicken	쥬스 juice	콜라 coke
떡볶이 tteokbokki	햄 ham	김치 Kimchi	비빔밥 bibimbap
떡 ricecake	타코 taco	또띠아 tortilla	불고기 bulgogi
스테이크 steak	짜장면 jajangmyeon	생선 fish	라면 ramen
핫도그 hot dog	카레 curry	과일 fruit	바나나 banana
오렌지 orange	키위 kiwi	망고 mango	딸기 strawberry
사과 apple	배 pear		

<색깔>

빨강 red	파랑 blue	노랑 yellow	주황 orange
녹색 green	남색 navy	보라색 violet	분홍 pink
검정 black	흰색 white	갈색 brown	회색 gray
연두색 yellow green	청록색 blue green	자주색 purple	카키색 khaki
하늘색 sky blue	민트색 mint	코발트 블루 cobalt blue	

<운동>

테니스 tennis	축구 soccer	배드민턴 badminton	피구 dodge ball
티볼 T-ball	야구 baseball	썰매 sleigh	요가 yoga
줄넘기 jumping rope	태권도 taegwondo	농구 basketball	수영 swimming
볼링 bowling	스케이트 skating	스키 skiing	스노보드 snowboard

<이유>

축구를 좋아해서 I like soccer. 달리기를 잘해서 I'm good at running.
재미있어서 It is fun. 맛있어서 It is delicious. 따뜻해서 It is warm.

시원해서 It is cool. 눈을 좋아해서 I like snow.
눈사람을 만들 수 있어서 I can make a snowman.
눈싸움을 할 수 있어서 I can have a snowball fight.
내 생일이 ~ 계절에 있어서 My birthday is in (계절). 잘생겨서 They are handsome.

('내가 좋아하는 것' 참고 표현 문구)

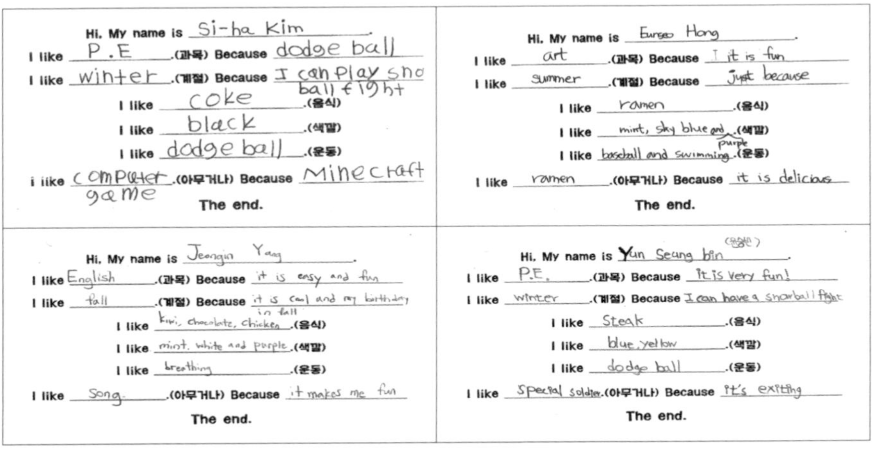
Hi. My name is Si-ha Kim.
I like P.E.(과목) Because dodge ball
I like winter.(계절) Because I can play snow ball fight
I like coke.(음식)
I like black.(색깔)
I like dodge ball.(운동)
I like computer game.(아무거나) Because Minecraft
The end.

Hi. My name is Eunseo Hong.
I like art.(과목) Because I it is fun
I like summer.(계절) Because Just because
I like ramen.(음식)
I like mint, sky blue and purple.(색깔)
I like baseball and swimming.(운동)
I like ramen.(아무거나) Because it is delicious
The end.

Hi. My name is Jeongin Yang.
I like English.(과목) Because it is easy and fun
I like fall.(계절) Because it is cool and my birthday in fall
I like kiwi, chocolate, chicken.(음식)
I like mint, white and purple.(색깔)
I like breathing.(운동)
I like Song.(아무거나) Because it makes me fun
The end.

Hi. My name is Yun Seung bin (윤승빈).
I like P.E.(과목) Because It is very fun!
I like winter.(계절) Because I can have a snowball fight
I like Steak.(음식)
I like blue, yellow.(색깔)
I like dodge ball.(운동)
I like Special soldier.(아무거나) Because It's exiting
The end.

('내가 좋아하는 것' 학생 작품)

③ 쓰기 활동을 모두 마친 학생들은 표지를 꾸민다. 표지의 가운데 네모 칸에 자신이 좋아하는 것 중 하나를 그린다.

▶ **지도 시 주의할 점 :** 표지에 'We are all different!'라고 적혀 있습니다. 서로 좋아하는 것이 다를 수 있고, 다름이 틀림이 아님을 언급해주면 좋습니다.

('내가 좋아하는 것' 학생 작품)

06

[로또에 당첨되면] If I Win the Lottery

- 로또에 당첨되면 하고 싶은 일 쓰기
- 영어 표현 : I want to ________.

동사 'want'는 의사 표현을 할 때 많이 쓰는 단어입니다. 하고 싶은 일이나 하고 싶지 않은 일을 말할 때 주로 쓰입니다. 로또 당첨이라는 상상만 해도 신나는 가상의 상황을 설정하여 자기가 하고 싶은 일을 써봅니다.

Do you like this card?
Then put one sticker here!

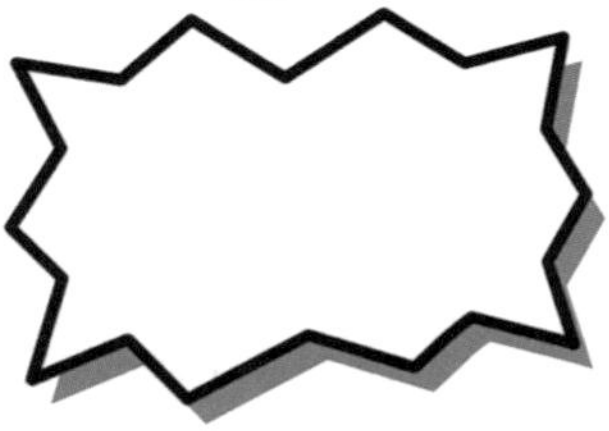

If I win the lottery,
what do I want to do?

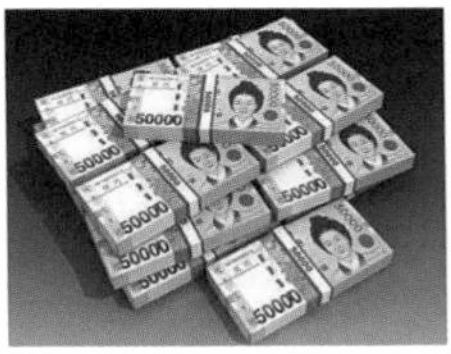

The lottery prize money :

____

What do I want to do?

First, I want to ________________

Second, I want to ________________

Third, I want to ________________

Fourth, I want to ________________

Last, I want to ________________

('로또에 당첨되면' 쓰기 학습지)

활동 방법

① 학습지를 절반으로 접는다.

② 표지 아래 빈칸에 받고 싶은 로또 당첨금을 적는데, 단위는 한국 돈 '원'이다.

('로또에 당첨되면' 학생 작품)

③ 표지를 열면 왼쪽에는 'What do I want to do?'라는 질문이 있다. 우측에 하고 싶은 일을 5가지 적는다.

④ 5가지 문장을 적은 후 더 쓰고 싶은 학생은 마지막 줄 Last를 지우고, Fifth를 대신 적은 후 그 아래에 연결해서 쓴다.

▶ **지도 시 주의할 점 :** want to 구문을 연습하는 쓰기 활동이므로 want to 다음에는 동사가 와야 한다고 한 번 더 강조합니다.

<동사>

사다 buy	뛰다 jump	달리다 run	저금하다(저축하다) save	
인출하다 withdraw	가다 go	투자하다 invest	사냥하다 hunt	
살다 live	오르다 climb	수영하다 swim	놀다 play	먹다 eat
만나다 meet	주다 give	돕다 help	여행하다 travel	
기부하다 donate	배우다 learn	되다 become	방문하다 visit	

<여러 가지 행동>

집을 사다 buy a house	비싼 차를 사다 buy a luxury car
주소를 바꾸다 change my address	전화번호를 바꾸다 change my phone number
변호사를 고용하다 hire a lawyer	

가족들에게 잘하다 treat my family well	전 세계를 여행하다 travel all around the world
미국을 여행하다 travel around America	아프리카에 가다 go to Africa
아시아를 여행하다 travel around Asia	유럽을 여행하다 travel around Europe
6개의 대륙을 방문하다 visit six continents	사장이 되다 be a boss
소설을 쓰다 write a novel	유학을 가다 study abroad
가난한 사람들을 돕다 help poor people	큰돈을 기부하다 make a big donation
돈을 벌다 earn money	고급 레스토랑에서 먹다 eat in a fancy restaurant
지구를 탈출하다 escape the Earth	행복한 가정을 가지다 have a happy family
좋아하는 스타를 만나다 meet my favorite star	스카이다이빙을 해보다 try sky-diving
세계의 축제를 경험해보다 experience some world-festival	
직업을 얻다 get a job	우주선을 만들다 make a spaceship
로켓을 만들다 make a rocket	학원에 가다 go to academy
대학교에 다니다 go to a university	캠핑을 가다 go camping
남자 친구를 사귀다 have a boyfriend	여자 친구를 사귀다 have a girlfriend
결혼하다 get married	편지를 쓰다 write a letter
집에 있다 stay at home	콘서트에 가다 go to a concert
생일파티를 하다 have a birthday party	야구장에 가다 go to a baseball stadium

('로또에 당첨되면' 참고 표현 문구)

⑤ 쓰기 활동을 모두 마친 학생들은 학습지의 빈 여백에 그림을 그리거나 꾸며본다.

⑥ 교사는 순회 지도로 어려워하는 학생들을 도와준다. 참고 표현에 없는 단어를 함께 찾거나 학생들이 쓰고 싶어 하는 문장을 한국말로 듣고 이를 영어로 포스트잇 등에 써준다.

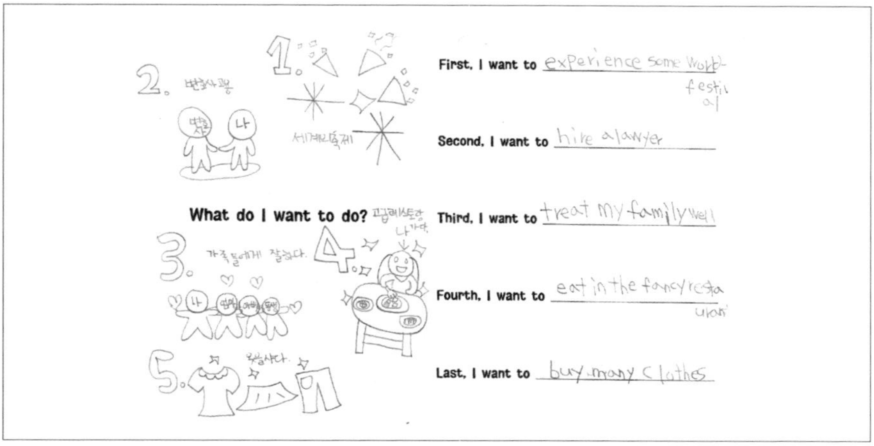

('로또에 당첨되면' 학생 작품)

07

[지구가 멸망한다면] Before the World Ends in 30 Years

- 지구가 멸망한다고 설정하여 나는 무엇을 할지 쓰기
- 영어 표현 : I will ________.

5~6학년 영어 교과서에 단골로 등장하는 조동사가 있습니다. 바로 'will'입니다. 막연한 미래에 할 일을 넘어 의지를 표현하는 이 단어를 학습하려고 가상의 상황을 만들었습니다. 30년 후에 지구가 멸망한다고 설정하여 나는 무엇을 할 것인지 will 동사를 활용해 다양한 문장 만들기를 합니다.

Do you like this book?
Then put one sticker here!

<안에 관련 그림을 그려보세요.>

The world will end by ________.

Before the world ends in 30 years I will……

This weekend ________.

Next year ________.

In 10 years ________.

In 20 years ________.

In 30 years ________.

('지구가 멸망한다면' 쓰기 학습지)

활동 방법

① 지구가 어떻게 멸망할지 상상해보고, 표지의 문장을 빈칸만 채워 완성하게 한다.

The world will end by ____________.

('지구가 멸망한다면' 학생 작품)

② 지구가 멸망하기 전 무엇을 할지 적는다. 이번 주말부터 내년, 10년 후, 20년 후, 30년 후에 하고 싶은 일에 대해 will을 써서 문장을 만든다. 글쓰기를 하다 보면 학생들이 무엇에 관심이 있는지, 어떤 가치를 우선하는지 알 수 있다.

▶ **지도 시 주의할 점 :** 조동사 will은 미래에 할 일을 말하기 위한 단어지만 의지를 포함한다고 설명합니다.

Before the world ends in 30 years I will …
This weekend ____________. / Next year ____________.
In 10 years ____________. / In 20 years ____________. / In 30 years ____________.

<지구 멸망의 다양한 원인>

자연재해 nature disaster	전쟁 war	핵전쟁 nuclear war
핵폭탄 nuclear bomb	세계 3차대전 World War III	방사능 radioactivity
인공지능 artificial intelligence	원자력발전소 nuclear power pant	지진 earthquake
홍수 flood	신 god	화산 volcano
화산분출(폭발) volcanic eruption	바이러스 virus	
심각한 전염병 a serious infection	지구온난화 global warming	로봇인간 human-robot
좀비들 zombies	터미네이터 Terminator	
해양오염 sea contamination	방사능오염 radioactive contamination	
오염 pollution	대기오염 air pollution	
수질오염 water pollution	블랙홀 black hole	운석 meteorite
운석 충돌 collision of meteorite	인간 human	쓰나미 tsunami
외계인의 침공 invasion of aliens		

('지구가 멸망한다면' 참고 표현 문구)

③ 문장 쓰기를 모두 마친 학생들은 표지 그림을 그리고 작품을 완성한다.

▶ **지도 시 주의할 점 :** 그리기 수업이 아니라 영어 수업이므로 문장을 잘 썼는지 검토해보고 글쓰기를 마친 학생들만 그림을 그리도록 지도합니다. 교사는 느린 학습자를 순회 지도하고 과제를 어려워하는 학생에게는 희망 문장을 포스트잇에 영어로 써서 따라 적을 수 있도록 도와줍니다.

Before the world ends in 30 years I will······	Before the world ends in 30 years I will······
This weekend I will quit my school.	This weekend I will buy a computer.
Next year I will travel all around the world.	Next year I will quit my school.
In 10 years I will escape the earth.	In 10 years I will travel all around the world
In 20 years I will die peacefully.	In 20 years I will get married.
In 30 years I will try sky-diving.	In 30 years I will die peacefully.

('지구가 멸망한다면' 학생 작품)

08

[길 안내 쓰기 1. 기본] How About Visiting My Shop?

- 길 안내하는 기본 문장을 활용하여 가게로 가는 길 설명하기
- 영어 표현 : Go straight. Turn right/left. It's on your right/left.
  How about visiting ________?

교과서에는 길 안내하는 표현이 5, 6학년에 걸쳐 연속으로 나옵니다. 직진, 좌회전, 우회전 등의 쉽고 간단한 표현에서 좀 더 복잡한 표현으로 심화합니다. '길 안내 쓰기 1'은 5학년 대상의 활동입니다. Go straight, turn right, turn left 등의 간단한 표현을 사용합니다. 이 쓰기 활동은 자신의 가게를 홍보하고 가게에 오는 방법을 설명하는 일종의 광고 글입니다.

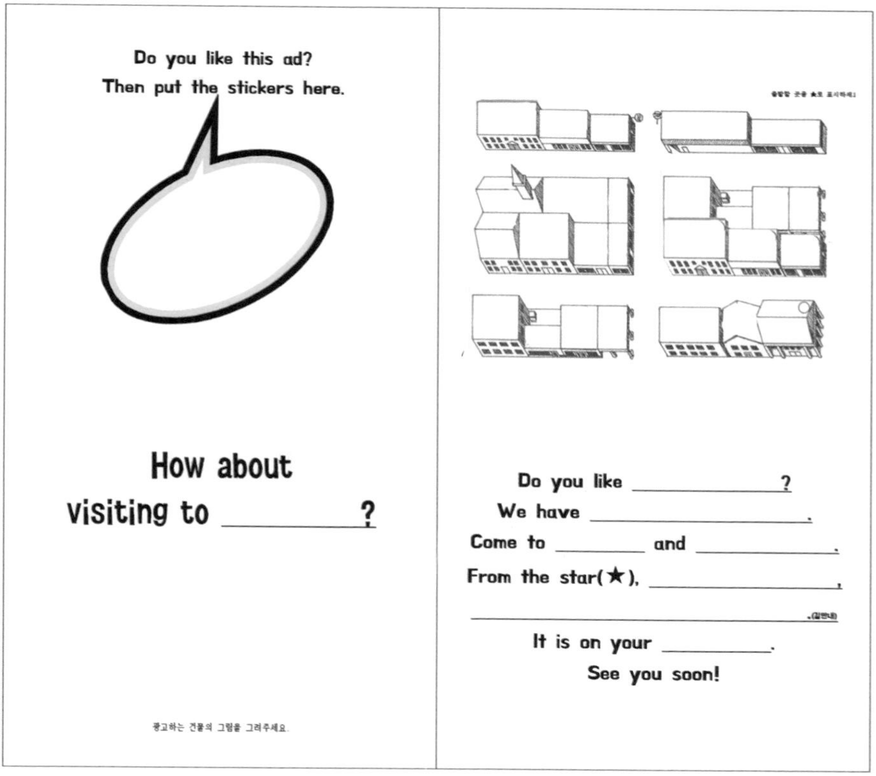

('길 안내 쓰기 1' 학습지)

활동 방법

① 학습지를 절반으로 접는다.

② 표지에는 "How about visiting to ____________?"라고 적혀 있는데, 빈칸에 자신의 가게 이름을 적는다. 가게 이름의 첫 글자는 대문자로 쓰도록 안내하며, 두 개 이상의 단어일 경우에는 각 단어의 첫 글자를 대문자로 쓰게 한다.

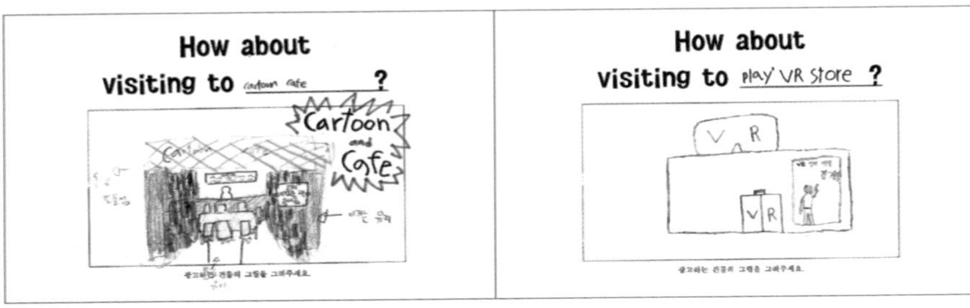

('길 안내 쓰기 1' 학생 작품)

③ 표지를 열어 그림 속 건물 중에서 자신의 가게가 위치한 곳에 가게 이름을 적는다.

④ 출발 지점을 ★로 표시한다. 출발 지점이 가까우면 한 문장으로 끝날 수 있으므로 길 안내 표현이 2문장 이상 가능하게 ★을 그린다.

▶ **지도 시 주의할 점 :** 건물 그림들을 꾸미고 싶어 하는 학생들이 있는데, 쓰기 활동이 우선이므로 글을 다 적은 후에 하도록 합니다.

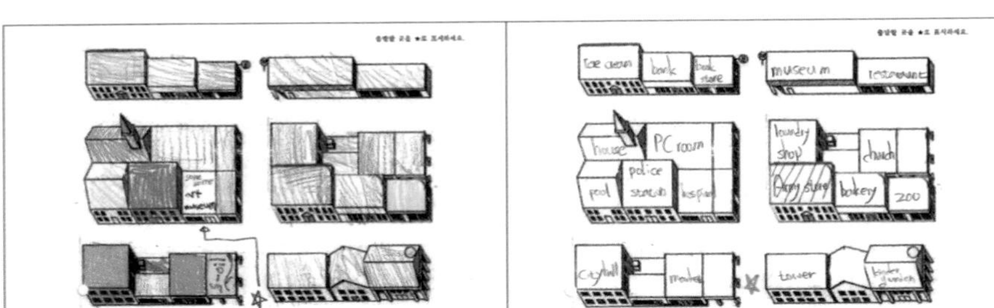

('길 안내 쓰기 1' 학생 작품)

⑤ 문장은 총 6개로 앞부분은 가게에 대한 설명이다. 가게의 특성에 맞게 빈칸을 채운다.

⑥ 'From the star(★)' 부분부터는 길 안내 표현이다. 이 단원에서 배운 길 안내 표현을 써보는데 주로 go straight, turn right/left, it's on your left/right 등의 표현을 사용한다.

▶ **지도 시 주의할 점 :** 교과서별 길 안내 표현의 기본/심화가 다르므로 전 시간 수업 내용을 반영해서 쓰도록 안내합니다.

<건물>

우체국 post office	소방서 fire station	학교 school	슈퍼 supermarket
박물관 museum	미술관 art museum	아이스크림가게 ice cream store	
경찰서 police station	병원 hospital	은행 bank	서점 bookstore
공원 park	식당 restaurant	공항 airport	도서관 library
빵집 bakery	동물원 zoo	지하철역 subway station	
시청 city hall	백화점 department store		집 house
약국 pharmacy	세탁소 laundry shop	애견샵 pet shop	주유소 gas station
미용실 hair salon	유치원 kindergarten	주차장 parking lot	기차역 train station
극장 theater	장난감 가게 toy shop	대학교 university	수영장 pool
문구점 stationery shop	교회 church	시장 market	자전거 가게 bike shop
자동차 가게 car shop	타워 tower	PC방 PC room, internet cafe	

<길 안내>

1블럭 직진해라. Go straight one block.
2블럭 직진해라. Go straight two blocks.
3블럭 직진해라. Go straight three blocks.
오른쪽으로 돌아라. Turn right.
왼쪽으로 돌아라. Turn left.
그것은 너의 오른쪽에 있다. It's on your right.
그것은 너의 왼쪽에 있다. It's on your left.

('길 안내 쓰기 1' 참고 표현 문구)

Do you like BTs **?** **We have** BTS Potograph card **.** **Come to** Yoon's BTS potograph shop (가게이름) **and** give you BTS potograph card.(가게에서 할 수 있는 일) **From the star(★),** Go straight two blocks **,** and turn right .(길안내) **It is on your (right / left).**(두 개 중 동그라미) **See you soon!**	**Do you like** horrible things **?** **We have** many horrible foods **.** **Come to** Horrible Restaurant (가게이름) **and** eat strange fools .(가게에서 할 수 있는 일) **From the star(★),** go straight two blocks **,** and Turn left .(길안내) **It is on your (right / left).**(두 개 중 동그라미) **See you soon!**

('길 안내 쓰기 1' 학생 작품)

⑦ 글을 모두 완성하면 표지에 자신의 가게 그림을 그린다.

09

[길 안내 쓰기 2. 심화] Visit My Store

- 길 안내하는 심화 문장 활용하여 가게 가는 길 설명하기
- 영어 표현 : It's behind/next to/in front of ________. It's between A and B.

'길 안내 쓰기 1'보다 심화한 내용입니다. behind, next to, in front of, between A and B 등의 전치사 표현을 배웠다면 본 쓰기 활동을 합니다. 학습지의 양식은 같고 내용만 다릅니다. 역시 일종의 광고 글이라고 할 수 있습니다. 자신만의 가게를 하나 설정하고 그 가게를 홍보하며 찾아오는 길을 안내하면 됩니다.

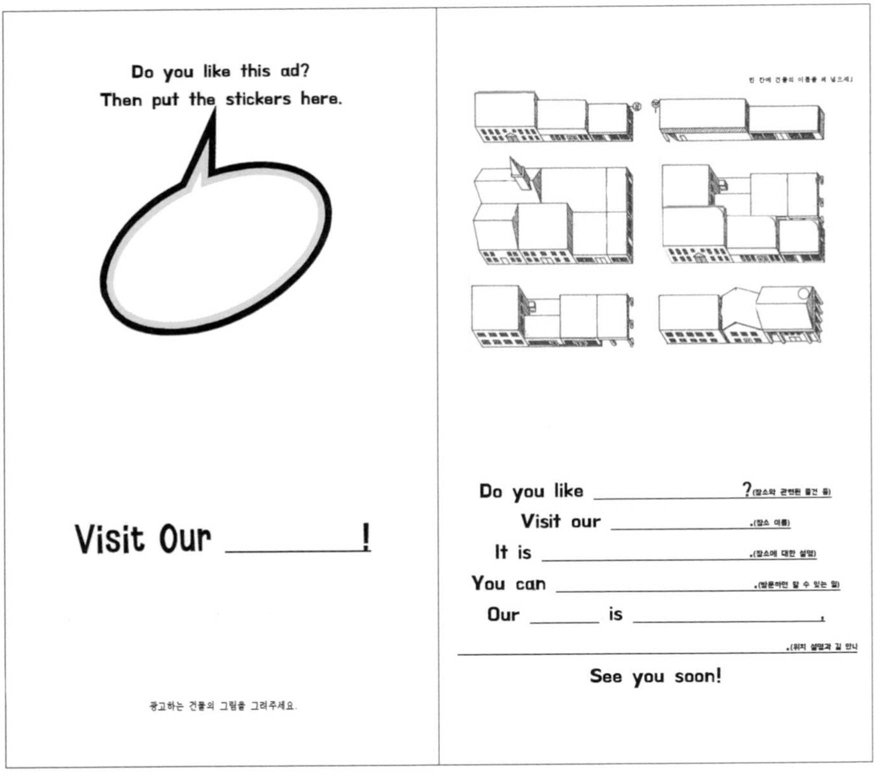
Do you like this ad?
Then put the stickers here.

Visit Our ________!

광고하는 건물의 그림을 그려주세요.

빈 칸에 건물의 이름을 써 넣으세요.

Do you like ________?(장소와 관련된 물건 등)
Visit our ________.(장소 이름)
It is ________.(장소에 대한 설명)
You can ________.(방문하면 할 수 있는 일)
Our ______ is ________,
________.(위치 설명과 길 안내
See you soon!

('길 안내 쓰기 2' 학습지)

활동 방법

① 학습지를 절반으로 접고, 표지에 가게 이름을 적는다. 가게가 아니라 도서관, 학교, 소방관, 경찰서 등의 공공기관의 이름을 적어도 된다.

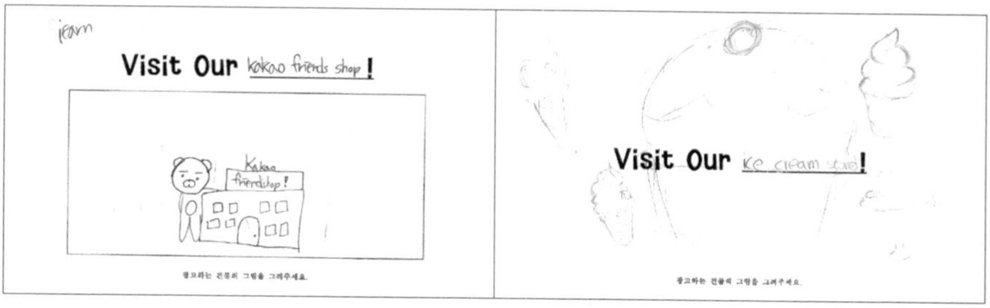

('길 안내 쓰기 2' 학생 작품)

② 표지의 빈칸에 가게 이름을 적는다.
③ 광고할 건물의 위치를 정해서 지붕에 건물의 이름을 적는다. behind, next to, in front of, between A and B 등의 전치사를 사용해서 자신의 건물 위치를 설명할 예정이므로 주변 건물의 지붕에도 이름을 적는다.
④ 총 6문장을 쓴다. 이 중 5문장은 빈칸을 채우는 방식이다.
⑤ 첫 번째 줄에는 장소와 관련된 물건을 적는다. 도서관을 홍보한다면 책을, 아이스크림 가게를 홍보한다면 아이스크림을 적는다.
⑥ 두 번째 줄에는 장소의 이름을 적는데 표지에 적은 이름과 똑같이 한다.
⑦ 세 번째 줄에는 장소에 대한 설명을 쓴다. 장난감 가게라면 장난감을 파는 곳이라 적고, 프랑스 식당이라면 맛있는 프랑스 음식을 판다고 적는다.
⑧ 네 번째 줄에는 방문하면 할 수 있는 일을 적는다. 게임을 하는 곳이라면 게임을 체험해볼 수 있고, 쿠키 가게라면 쿠키를 맛볼 수 있다.
⑨ 마지막으로 장소의 위치를 설명한다. behind, next to, in front of, between A and B 등의 표현을 사용한다.

Do you like ______________________? (장소와 관련된 물건)
Visit our ______________________. (장소 이름)
It is ______________________________. (장소에 대한 설명)
You can ______________________________. (방문하면 할 수 있는 일)
Our ____________ is ______________________,
____. (위치 설명과 길 안내)
See you soon!

<길 안내>

□가 ♥앞에 있다. □is in front of the ♥.
□가 ♥뒤에 있다. □is behind the ♥.
□가 ♥옆에 있다. □is next to the ♥.
□가 ♥와 ♡사이에 있다. □is between the ♥ and the ♡.

직진해라. Go straight.
2블럭 직진해라. Go straight two blocks.
오른쪽으로 돌아라. Turn right.
그것은 너의 오른쪽에 있다. It's on your right.
1블럭 직진해라. Go straight one block.
3블럭 직진해라. Go straight three blocks.
왼쪽으로 돌아라. Turn left.
그것은 너의 왼쪽에 있다. It's on your left.

('길 안내 쓰기 2' 참고 표현 문구)

⑩ 쓰기 활동을 마치면 표지에 자신이 광고하는 건물의 모습을 그린다. 안쪽 건물들의 그림에 색칠하거나 건물을 꾸밀 수도 있다.

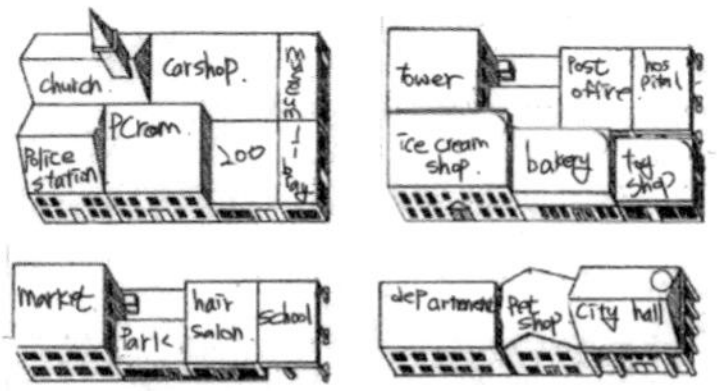

Do you like ice cream ?(장소와 관련된 물건 등)
Visit our ice cream store.(장소 이름)
It is delicious ice cream .(장소에 대한 설명)
You can eat alot of icecream.(방문하면 할 수 있는 일)
Our shop is next to the bakery ,
nd behind the departement store.(위치 설명과 길 !
See you soon!

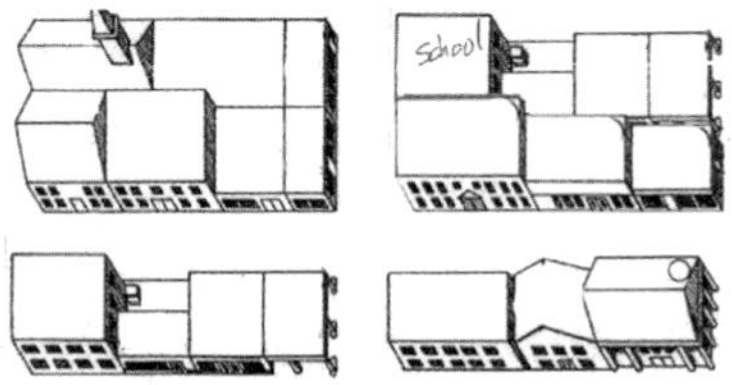

Do you like kakao friends ?(장소와 관련된 물건 등)
Visit our friends shop .(장소 이름)
It is wide shop .(장소에 대한 설명)
You can buy cute kaka-o charaters(방문하면 할 수 있는 !
Our shop is next to Ice cream sto
and behind the school .(위치 설명과
See you soon!

('길 안내 쓰기 2' 학생 작품)

10

[페이스북 프로필] My Facebook Profile

- 페이스북에 프로필을 만든다고 설정하여 좋아하는 것 쓰기
- 영어 표현 : My favorite subject is ________. Because ________.

오래전에 다모임, 싸이월드가 있었고, 카카오스토리를 거쳐 지금은 페이스북과 인스타그램이 있습니다. 이후에는 어떤 것이 유행할지 모르지만, 현재까지 많이 사용하는 페이스북의 프로필을 꾸민다는 설정으로 이 쓰기 활동을 만들었습니다. 학생들은 형용사 'favorite'을 사용하여 자신이 가장 좋아하는 것에 대해 말하는 영어 표현을 복습할 수 있습니다.

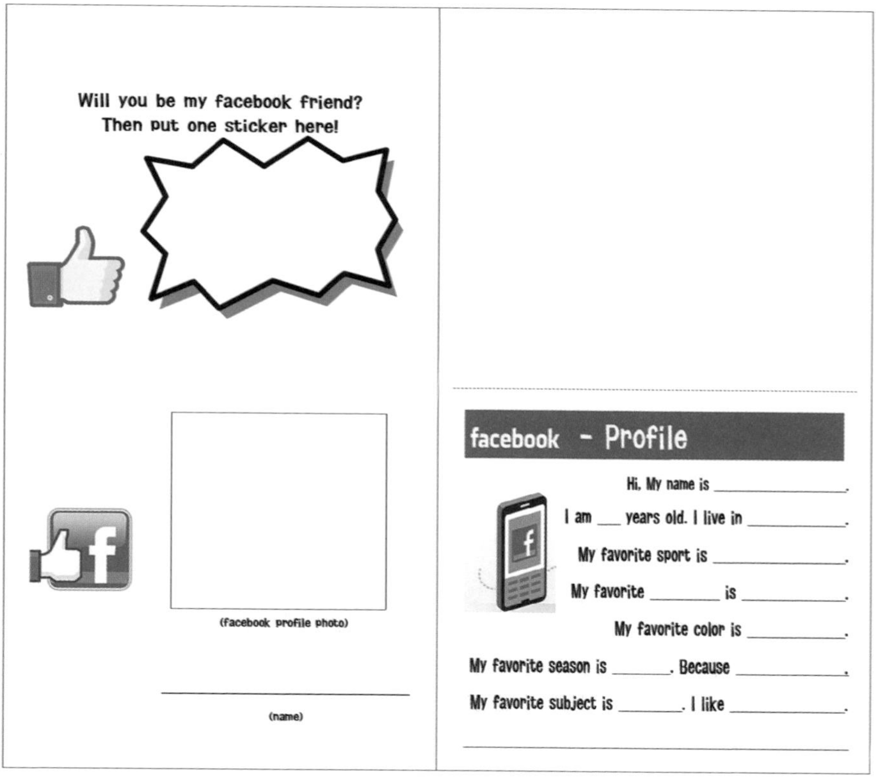

('페이스북 프로필' 쓰기 학습지)

활동 방법

① 학습지를 절반으로 접고, 표지에는 자신의 이름을 쓴다. 로마자 표기법에 맞게 쓰거나 별명을 써도 좋다.

('페이스북 프로필' 학생 작품)

② 표지를 열어 자신의 이름, 나이와 사는 곳 등 프로필을 적는다.
③ 자신이 가장 좋아하는 운동, 색깔, 계절, 과목을 적는다. 계절과 과목은 좋아하는 이유까지 쓴다.
④ 네 번째 문장은 자신이 좋아하는 것을 아무것이나 적는다.
⑤ 마지막 문장은 쓰고 싶은 학생들만 원하는 것을 적도록 안내한다.

Hi. My name is ____________.

I am ____________ years old. I live in ____________.

My favorite sport is ____________.

My favorite ____________ is ____________.

My favorite color is ____________.

My favorite season is ____________. Because ____________.

My favorite subject is ____________. I like ____________.

______________________________.

Be my friend!

<지역>

광주 Gwangju	서울 Seoul	전주 Jeonju	부산 Busan	인천 Incheon
대전 Daejeon	제주 Jeju	캐나다 Canada	인도 India	영국 England
미국 America	아프리카 Africa	일본 Japan	중국 China	프랑스 France
독일 Germany				

<내가 가장 좋아하는 OO>

가수 singer　스타 star　운동선수 sports person　음식 food　물건 thing
장소 place　컴퓨터 게임 computer game　스마트폰 게임 smart phone game
친구 friend　사람 person

('페이스북 프로필' 참고 표현 문구)

⑥ 글을 완성한 학생들은 표지에 프로필 사진을 꾸민다. 좋아하는 가수의 얼굴이나 게임의 캐릭터를 그려도 된다. 자신을 표현하는 프로필이므로 하고 싶은 것으로 꾸민다.

▶ **지도 시 주의할 점 :** 교사는 느린 학습자 위주로 순회 지도하면서 적극적으로 돕습니다. 제한된 시간 안에 쓰기 활동을 마침으로써 하나의 작품을 완성했다는 성취감을 느낄 수 있도록 지도합니다.

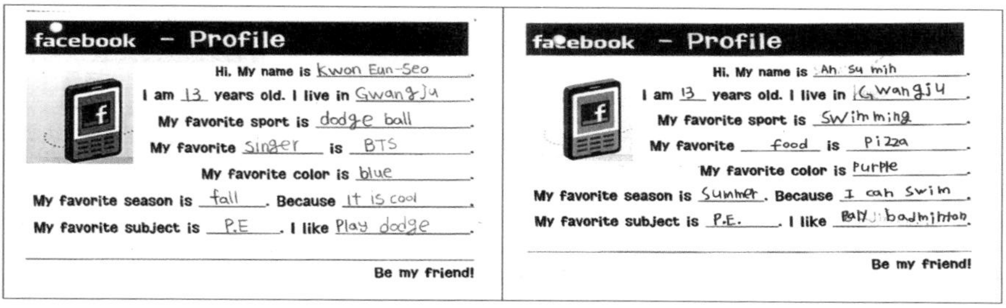
facebook - Profile

Hi. My name is Kwon Eun-Seo.
I am 13 years old. I live in Gwangju.
My favorite sport is dodge ball.
My favorite singer is BTS.
My favorite color is blue.
My favorite season is fall. Because it is cool.
My favorite subject is P.E. I like Play dodge.
Be my friend!

facebook - Profile

Hi. My name is Ah su min.
I am 13 years old. I live in Gwangju.
My favorite sport is Swimming.
My favorite food is Pizza.
My favorite color is Purple.
My favorite season is Summer. Because I can swim.
My favorite subject is P.E. I like badminton.
Be my friend!

('페이스북 프로필' 학생 작품)

11 [인생곡선] My Life Graph

- 과거형 표현 활용하여 다양한 문장 만들기
- 영어 표현 : I learned the alphabet. I entered elementary school.

동사의 기본형을 익히다가 점차 과거형을 공부하게 됩니다. 과거에 있었던 일을 쓰는 글 중에 쉽고 흔하게 할 수 있는 것이 일기 쓰기입니다. 일기란 하루의 일과 중 인상 깊거나 나름대로 의미가 있었던 일에 대해 자기 생각과 느낌을 적은 것입니다. 영어로 일기를 쓰면 동사의 과거형을 공부하는 데 많은 도움이 됩니다.

하지만 공립초등학교에서 영어 일기 과제를 내주고 매번 검사하기란 쉽지 않습니다. 그래서 고안해낸 방법이 '인생곡선(Life Graph)' 만들기입니다. 직접 자신의 인생곡선을 그리고 그 위에 과거형 동사를 사용한 문장을 쓰게 합니다. 학생들의 실생활과 밀접한 쓰기 활동이면서 과거형 표현을 연습하기에 좋습니다.

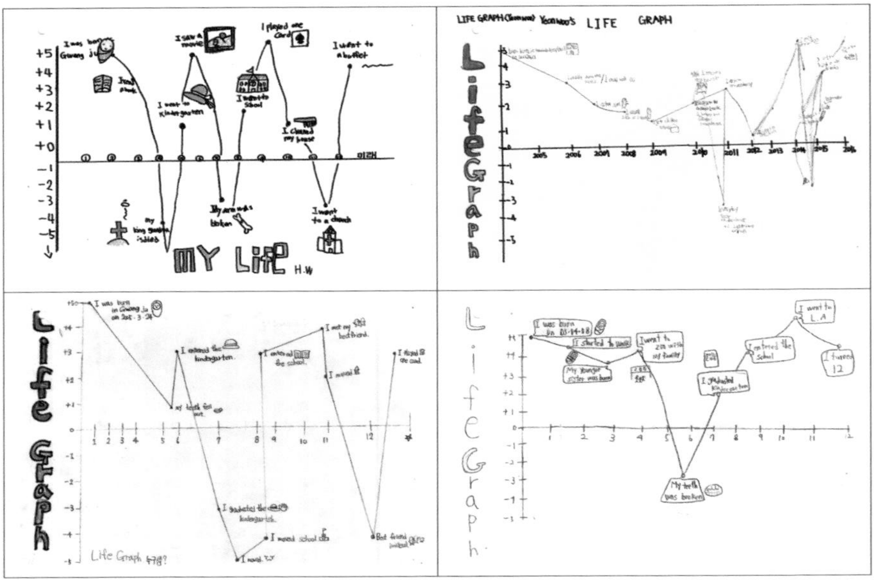

('인생곡선' 학생 작품)

활동 방법

① 다양한 A4색지 중 마음에 드는 색상을 고른다.
② 가로선과 세로선을 큼직하게 그린다. 가로선은 나이를, 세로선은 점수를 나타낸다.
③ 나이는 0부터 시작하여 학생들의 현재 나이까지 쓰는데, 미래를 나타내는 문장을 구사할 수 있는 학생은 미래의 나이까지 적도록 한다.
④ 세로선의 점수는 학생 마음대로 정한다. 점수의 폭은 제각각이지만 보통은 -10점 ~ +10점까지 적는다.
⑤ 그래프 위에 과거의 기억나는 순간들을 되새기며 점을 찍는다. 점은 해당 나이 위에 점수를 생각하며 찍는다. 좋았던 일은 + 점수에, 좋지 않았던 일은 - 점수 위치에 점을 찍는다.
⑥ 점을 다 찍으면 점들을 이어서 '꺾은선 그래프' 모양이 되도록 한다. 점은 학생 수준에 따라 다르지만 5~10개 사이가 적당하다.
⑦ 각 점 위에 과거형 동사를 사용하여 문장으로 적는다. '처음 걸음마를 했다, 처음으로 두발자전거를 탔다.' 등 과거의 의미 있었던 순간들이 그래프 위에 새겨진다.

내가 태어났다. I was born ~. (on 날짜, in 장소 또는 연도)
나는 2003년에 태어났다. I was born in 2003.
유치원에 갔다. I went to kindergarten.
주사를 맞았다. I had a shot.
다리를 다쳤다. I got an injury in my leg.
보트를 탔다. I rode a boat.
할아버지 생신 잔치 grandfather's birthday party
집들이를 했다. I had a housewarming party.
TV를 봤다. I watched TV.
책을 읽었다. I read a book.
나는 먹었다. I ate
많은 음식을 먹었다. I ate a lot of food.
과일을 먹었다. I ate fruit.
트램펄린에서 놀았다. I played on the trampoline.
컴퓨터 게임을 했다. I played computer games.
친구들과 놀았다. I played with my friends.
사촌이랑 놀았다. I played with my cousin.
축구를 했다. I played soccer.
야구를 했다. I played baseball.
스마트폰을 가지고 놀았다. I played on the smart phone.
친구네 집에서 놀았다. I played at my friend's house.
운동장에서 놀았다. I played in the playground.
그림을 그렸다. I drew a picture.
나는 잤다. I slept.

나는 방문했다. I visited.
수술을 받았다. I had surgery.
다리가 부러졌다. My leg was broken.
아팠다. I was sick.
자전거를 탔다. I rode a bike.
생일 파티를 했다 I had my birthday party.
김치를 만들었다. I made a lot of Kimchi.
영화를 봤다. I watched a movie.
많은 책을 읽었다. I read many books.
삼겹살을 먹었다. I ate pork belly.
피자를 먹었다. I ate pizza.
집을 청소했다. I cleaned my house.
롤을 했다. I played League of Legends.
개랑 놀았다. I played with my dog.
피아노를 쳤다. I played the piano.
티볼을 했다. I played T-ball.
원 카드를 했다. I played one card.
집에 있었다. I stayed home.

결혼식장에 갔다. I went to a wedding ceremony.
순천만에 갔다. I went to Suncheon bay.
서울에 갔다. I went to Seoul.
시골에 갔다. I went to the countryside.
홈플러스에 갔다. I went to Homeplus.
피시방에 갔다. I went to a PC room(internet cafe).
엄마랑 쇼핑을 했다. I went shopping with my mom.
낚시를 했다. I went fishing.
뷔페에 갔다. I went to a buffet.
스케이트를 타고 볼링을 했다. I went skating and played bowling.
도서관에 갔다. I went to a library.
전주 전통마을에 갔다. I went traditional Korean village in Jeonju.
무등산을 등반했다. I hiked Mt.Mudeung.
씨름을 했다. I did ssireum(Korean wrestling).
열심히 공부했다. I studied hard.
게임 캐쉬를 샀다. I bought game cash.
나는 ~ 수업을 들었다. I took a ___ lesson.
태권도 수업을 들었다. I took a taegwondo lesson.
나는 마셨다. I drank.
나는 노래를 불렀다. I sang a song.
남동생이 태어났다. My younger brother was born.

부여에 갔다. I went to Buyeo.
교회에 갔다. I went to a church.
과학관에 갔다. I went to Science Museum.
지리산에 갔다. I went to Jiri mountain.
시내에 갔다. I went downtown.
캠핑을 갔다 I went camping.
계곡에 갔다. I went to a valley.
숙제를 했다. I did my homework.
몇 과목을 공부했다. I studied some subjects.
나는 샀다. I bought.
나는 봤다. I saw.
나는 만났다. I met.
나는 수영했다. I swam.

('인생곡선' 참고 표현 문구)

⑧ 그래프의 세로선 왼쪽에 제목을 적는다. Life Graph라고 단순하게 적어도 좋고 다른 이름을 붙여도 된다.

⑨ 시간이 남으면 제목과 그래프를 꾸민다.

12 [나의 식당] My Restaurant

- 나만의 레스토랑 메뉴를 디자인하고 음식 주문 표현 쓰기
- 영어 표현 : May I take your order? I'd like some ________.

음식 주문하는 표현은 학생들이 즐겁게 배웁니다. 아마도 먹고 싶은 음식을 상상하면서 배우기 때문이겠죠. 음식을 주문할 때 사진이 함께 있는 메뉴판이라면 어떤 음식인지 쉽게 파악할 수 있습니다. 사진이 없다면 영어로 적혀 있는 메뉴판을 읽을 수 있어야 합니다. '나의 식당' 쓰기 활동은 식당 메뉴를 만들어 보고, 음식 주문하는 표현도 짤막하게 쓰도록 구성했습니다. 음식과 관련된 활동이라 영어 학습 수준에 상관없이 학생들이 흥미를 느끼고 적극적으로 참여합니다.

Do you like my restaurant?
Then put one sticker here!

<레스토랑 이름을 지어주세요.>

________ Restaurant

What would you like to have?
This is our menu.

〈Food〉

<그림>	<그림>
1.________…______₩	2.________…______₩
<그림>	<그림>
3.________…______₩	4.________…______₩

〈Drinks〉

<그림>	<그림>
1.________…______₩	2.________…______₩
<그림>	<그림>
3.________…______₩	4.________…______₩

〈Dialogue〉

A : May________________?
B : Yes, please. I'd like ________(음식)
and ________.(음료)

('나의 식당' 쓰기 학습지)

활동 방법

① 학습지를 절반으로 접고, '나만의 식당' 이름을 정해서 표지에 적는다.

▶ **지도 시 주의할 점 :** Restaurant라고 하면 학생들은 고급 패밀리 레스토랑이나 양식을 취급하는 식당만 떠올릴지도 모릅니다. 김밥과 떡볶이를 파는 곳도 식당(restaurant)이고, 중식이나 돼지갈비를 팔 수도 있다고 안내합니다.

② 표지를 열어 메뉴판 위에 음식과 음료 이름을 영어로 적는다.
③ 가격은 아라비아 숫자로 쓴다. 단위는 '원'이다. 달러로 바꿔도 된다.

▶ **지도 시 주의할 점 :** 메뉴판의 각 칸에 음식과 음료의 그림을 붙이거나 그립니다. 쓰기 활동을 마치고 가장 마지막에 메뉴판을 꾸미도록 지도합니다.

<음식>

김밥 gimbab	수프 soup	후라이드 치킨 fried chicken	
토스트 toast	돈가스 cutlets	핫도그 hot dog	케밥 kebab
스테이크 steak	스파게티 spaghetti	오믈렛 omelette	국수 noodles
카레 curry	햄버거 hamburger	초밥 sushi	밥 rice
아이스크림 ice cream	볶음밥 fried rice	야채볶음밥 vegetable fried rice	
감자튀김 french fries	피자 pizza	샐러드 salad	
치킨 샐러드 chicken salad		샌드위치 sandwich	타코 taco
생선가스 fried fish	파이 pie	치즈 케익 cheese cake	쿠키 cookies
브라우니 brownies	바베큐 barbeque	와플 waffle	팬케이크 pancake
떡 rice cake	구운 치킨 roasted chicken		라면 ramen
만두 dumpling			

<음료>

주스 juice	사과 주스 apple juice	딸기 주스 strawberry juice
레몬 주스 lemon juice	망고 주스 mango juice	와인 wine
토마토 주스 tomato juice	맥주 beer	코코넛 주스 coconut juice
핫초코 hot chocolate	콜라 coke	다이어트콜라 diet coke
사이다 sprite	물 water	아이스티 ice tea
두유 soy milk	허브차 herbal tea	홍차 black tea
녹차 green tea	밀크티 milk tea	생강차 ginger tea
자스민차 jasmine tea	카모마일차 camomile tea	아메리카노 americano
카푸치노 cappucinno	카페라떼 caffe latte	

('나의 식당' 참고 표현 문구)

④ 메뉴판의 마지막 <Dialogue> 부분에 음식 주문받는 표현을 적고, 메뉴판에 있는 음식이나 음료를 골라서 쓴다.

A : May ____________?
B : Yes, please. I'd like ____________(음식) and ____________(음료).

▶ **지도 시 주의할 점 :** 음료를 주문할 때 'a glass of milk, a cup of coffee' 등의 표현도 가능하지만 초등학생이므로 이에 대해 지도는 하지 않습니다. 물론 필요하다면 지도할 수도 있습니다. 예를 들어 커피를 두 잔 달라고 하거나 음료의 용량을 구체적으로 말하고 싶을 때입니다.

⑤ 쓰기 활동을 마친 후 자신의 메뉴판을 꾸민다. 메뉴판의 각 칸에 그림을 붙이거나 직접 그린다.

▶ **지도 시 주의할 점 :** 그리기가 부담스러운 학생들을 위해 음식 및 음료 그림을 모아 출력해서 나눠줍니다. 구글에서 food illustration, 또는 food drawing으로 검색하면 사진이 아니라 '음식 그림'을 찾을 수 있습니다. 자유롭게 꾸미되 제한 시간 내에 마칠 수 있도록 안내합니다.

⑥ 메뉴판 꾸미기가 모두 끝나고 시간이 남는 학생들은 표지를 꾸민다. 표지에 자신의 식당, 간판 등을 그려도 좋다.

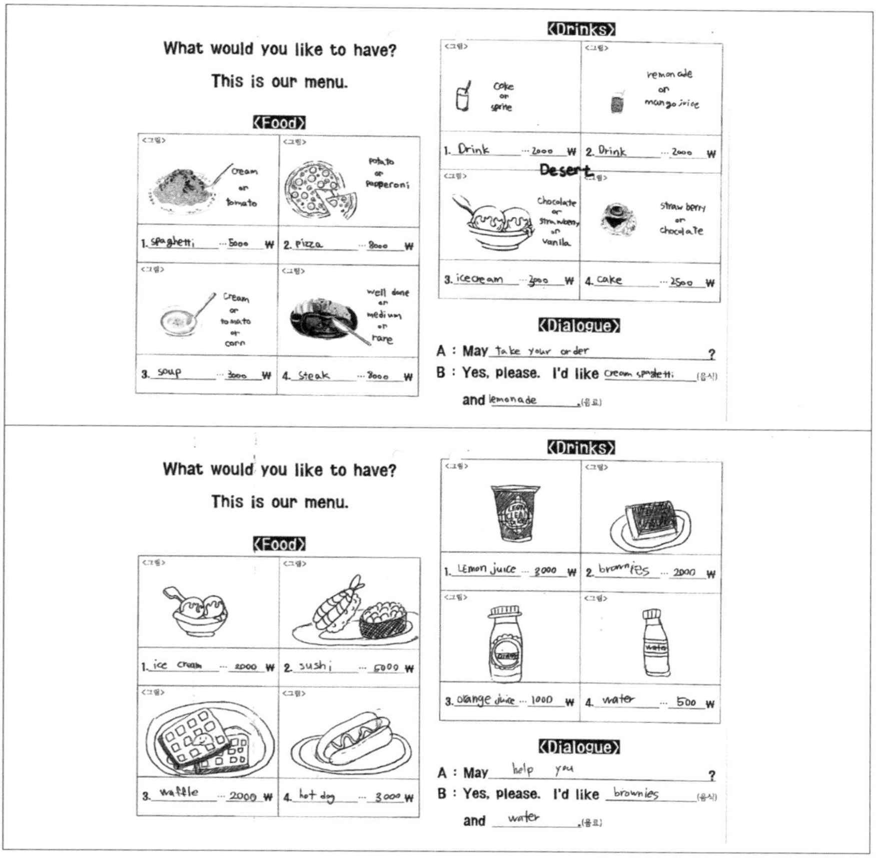

('나의 식당' 학생 작품)

13 [설문조사 보고서] Survey Report

- 설문조사하고 보고서 쓰기
- 영어 표현 : How often do you ________? I exercise twice a week.

'설문조사 보고서'는 시간은 좀 걸리지만, 학생들이 즐겁게 하고 쓰기 결과물도 흥미로운 활동입니다. 특히 작품 완성 후 돌려 읽는 시간이 가장 재미있습니다. 자신이 정한 주제로 조사하는 활동이라 교사가 동기유발을 할 필요 없이 수업이 활발하게 흘러갑니다.
'How often do you ~?'로 시작하는 질문에 'once/twice/three times … a day/week/month/year' 등으로 답하면서 빈도를 나타내는 표현을 익히게 됩니다.

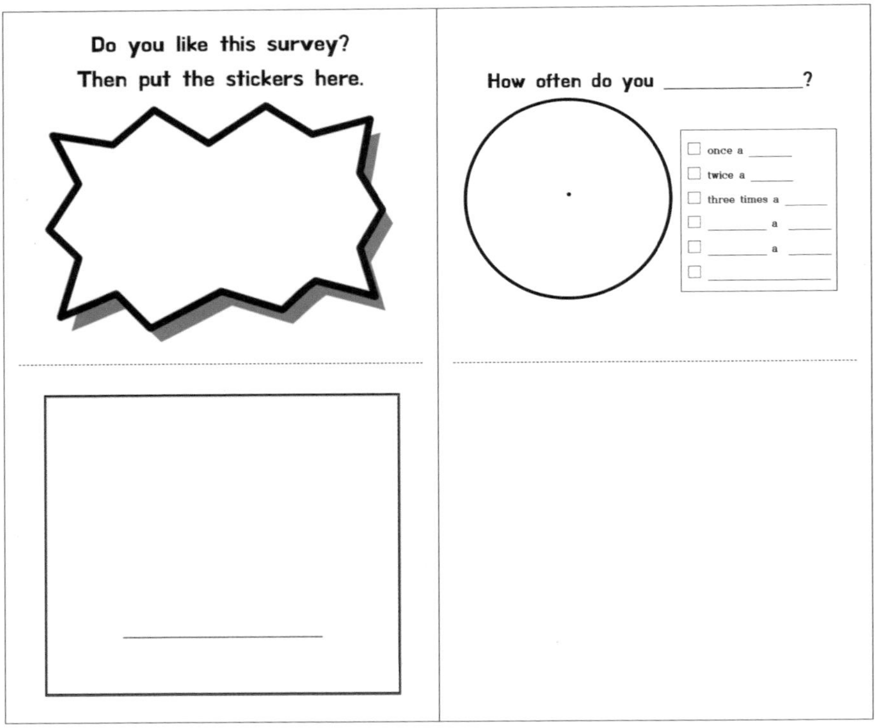

('설문조사 보고서' 쓰기 학습지)

활동 방법

① 설문조사 학습지(Questionnaire)를 나눠준다. 각자 주제를 정하는데, 1인 1주제가 기본이지만 학생들의 수준이 낮으면 조별이나 짝 활동으로 한다.

② 주제가 정해지면 조사하기 표의 맨 위에 질문을 완성한다.

How often do you ____________?

▶ **지도 시 주의할 점 :** 설문조사 학습지의 맨 왼쪽 이름 칸에는 각 반 학생들의 명부를 참조하여 적습니다. 한 학생에게 똑같은 설문을 하지 않기 위한 배려입니다. 교과전담이라면 학급 명렬표를 활용해서 반마다 다르게 설문조사 학습지를 만듭니다.

< Questionnaire >

How often do you eat ramen a week ?

	once	twice	three times	four times	five times	six times	extra
1. 김OO	O						
2. 김OO		O					
3. 김OO					O		
4. 김OO	O						
5. 박OO							never
6. 박OO							never
7. 박OO							never
8. 박OO					O		
9. 박OO				O			
10. 박OO							never
11. 원OO		O					
12. 이OO	O						
13. 이OO	O						
14. 이OO			O				
15. 이OO		O					
16. 이OO	O						
17. 정OO				O			
18. 조OO		O					
19. 최OO	O						
20. 하OO							never
21. 김OO	O						
22. 김OO							never
23. 민OO							never

('설문조사 보고서' 학습지)

③ 제한 시간 안에 교실을 돌며 반 친구들에게 자신이 만든 질문을 하고, 답을 얻으면 표의 해당 칸에 표시한다.

④ 모든 학생을 조사하지 않아도 된다. 시간은 15분 내외가 적당한데 각 반 상황이나 학생의 수준에 맞게 조절한다.

⑤ 조사 결과를 정리할 때 빈도별로 학생의 수를 기록한다. 원그래프를 그리긴 하지만 정확하지 않아도 되므로 비율을 계산할 필요는 없다.

⑥ 설문조사 보고서 학습지를 나눠준다.

⑦ 학습지를 절반으로 접어 표지에 제목을 쓴다. 자신이 조사한 주제에 맞게 적는다.

⑧ 표지를 열어 맨 위에 실제 조사하며 사용했던 질문을 적는다. 그다음 범주를 채워 넣는데, 빈도의 단위가 day라면 once a day, twice a day, three times a day … 순으로 쓰고, month라면 once a month, twice a month, three times a month … 순으로 쓴다. 그다음 원그래프를 완성한다.

▶ **지도 시 주의할 점 :** 수학 시간이 아니므로 정확하지 않아도 됩니다. 적당히 시각적으로 많고 적음이 보일 수 있게 그리도록 지도합니다.

⑨ 하단 여백에 빈도별로 문장을 적는다. 문장의 구조는 다음과 같다.

(숫자) students (조사 주제와 관련한 동작) (빈도) .

예를 들어 조사 결과 하루에 한 번 양치질하는 학생이 3명이라면 '3 students brush their teeth once a day.'라고 문장을 적는다. 빈도별로 문장을 모두 쓰는데, 첫 문장을 잘 썼다면 나머지 문장들은 반복되는 구조이므로 쉽게 쓸 수 있다.

⑩ 표지에 조사 주제에 맞는 그림을 그리거나 원그래프에 색을 칠하는 등 꾸미기 활동을 한다.

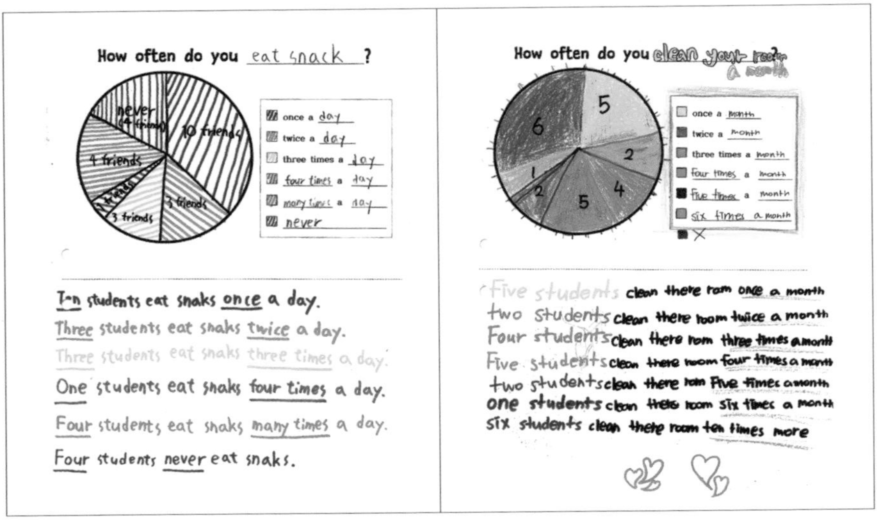

('설문조사 보고서' 학생 작품)

14 [외모 묘사하기]
What Does She Look Like?

- 외모 묘사하며 사람/캐릭터 설명하기
- 영어 표현 : What does she/he look like?
  She has long hair. He is wearing glasses.

B4 크기 종이를 이용한 8쪽짜리 책 만들기 활동입니다. 각 페이지를 넘길수록 점점 얼굴이 완성되어 가는 흥미로운 책입니다. 물론 각 페이지에는 묘사 대상의 특징을 영어 문장으로 적습니다.

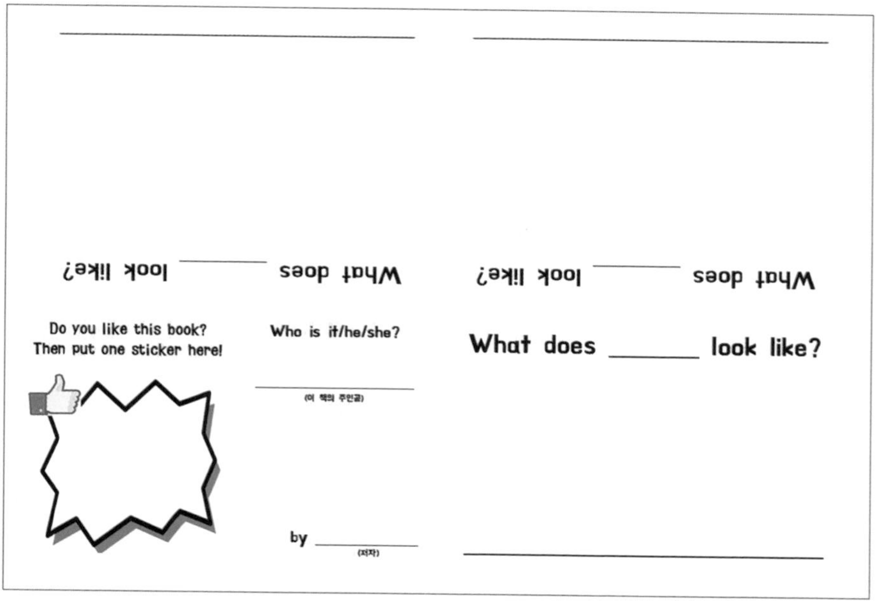

('외모 묘사하기' 쓰기 학습지)

활동 방법

① B4 크기의 학습지를 나눠준다. 파워포인트를 보면서 교사의 지도에 따라 8쪽짜리 책을 만든다.

② 표지 맨 위에 'What does it/she/he look like?'라고 적혀 있다. 묘사 대상이 남자라면 he에, 성별을 알 수 없는 캐릭터를 묘사한다면 it에 동그라미를 그린다.

③ 표지에 묘사할 대상의 이름을 적는다. 묘사의 대상은 학생일 수도, 게임이나 만화 속의 캐릭터일 수도 있다.

▶ **지도 시 주의할 점 :** 친구를 놀리기 위해 묘사하는 행동은 학교폭력임을 명시하고 절대 하지 않도록 지도합니다. 설사 좋은 의도로 그릴지라도 묘사 대상이 되는 친구의 허락을 받았을 때만 할 수 있게 합니다.

④ 표지의 맨 아래에 자신의 이름을 적는다. 자신이 작가라고 생각하며 필명을 적어도 괜찮다.

('외모 묘사하기' 학생 작품)

⑤ 페이지마다 내용을 글과 그림으로 채운다. 총 3페이지에 질문과 답의 형식으로 문장을 6개 적는다. 먼저, 각 페이지 맨 위에는 'What does she/he/it look like?'라고 반복해서 적는다. 묘사 대상에 따라 she/he/it 부분이 달라진다.

⑥ 각 페이지 맨 아래에 묘사하는 문장을 적는다. 그녀가 짧은 머리 스타일을 했다면 'She has short hair.'라고 적고, 또는 그가 안경을 썼다면 'He is wearing glasses.'라고 쓴다. 문장에 따라 그림이 달라지므로 주의한다.

그녀/그는 어떻게 생겼니? What does she/he look like?

<신체 부위>

코 nose　입 mouth　눈 eye　귀 ear　머리카락 hair　발 foot
다리 leg　허리 waist　등 back　머리 head　눈썹 eyebrow
속눈썹 eyelash　손가락 finger　손 hand

<모양>

큰 big　작은 small　긴 long　짧은 short　거친 wild　털이 많은 hairy, furry
귀여운 cute　키가 큰 tall　예쁜 pretty　매력적인 attractive　날카로운 sharp

<생김새>

수염 whisker　부리 beak　뿔 horn　사슴의 가지 진 뿔 antler　눈 eye
비늘 scales　이빨 teeth　지느러미 fin　더듬이 antennae　낙타봉 humps
날개 wing　깃털 feathers　발톱 claws　발 paws　다리 leg　목 neck
팔 arm　털 fur　점무늬 spots　줄무늬 stripes　빨판 tentacles　코끼리 코 trunk
껍데기(등딱지) shell　꼬리 tail　엄니 tusk　사자의 갈기 mane
송곳니 fang　발굽 hoof (여러 개는 hooves)

<기타>

검은 눈 dark eyes　어두운 피부 dark skin　대머리 bald　금발 blond

('외모 묘사하기' 참고 표현 문구)

('외모 묘사하기' 학생 작품)

⑦ 3장에 걸쳐 그림이 점점 완성되는 형식으로 그린다. 예를 들어 첫 번째 장에서 머리 스타일을 언급하고 두 번째 장에서는 눈이 크다고 묘사, 세 번째 장에 입이 작다고 묘사했다면, 인물의 머리 스타일(첫 번째 장) → 인물의 눈(첫 번째 장의 그림에 눈을 추가하여 두 번째 장에 그리기) → 인물의 입(두 번째 장의 그림에 입을 추가하여 세 번째 장에 그리기) 순으로 그림을 완성해간다.

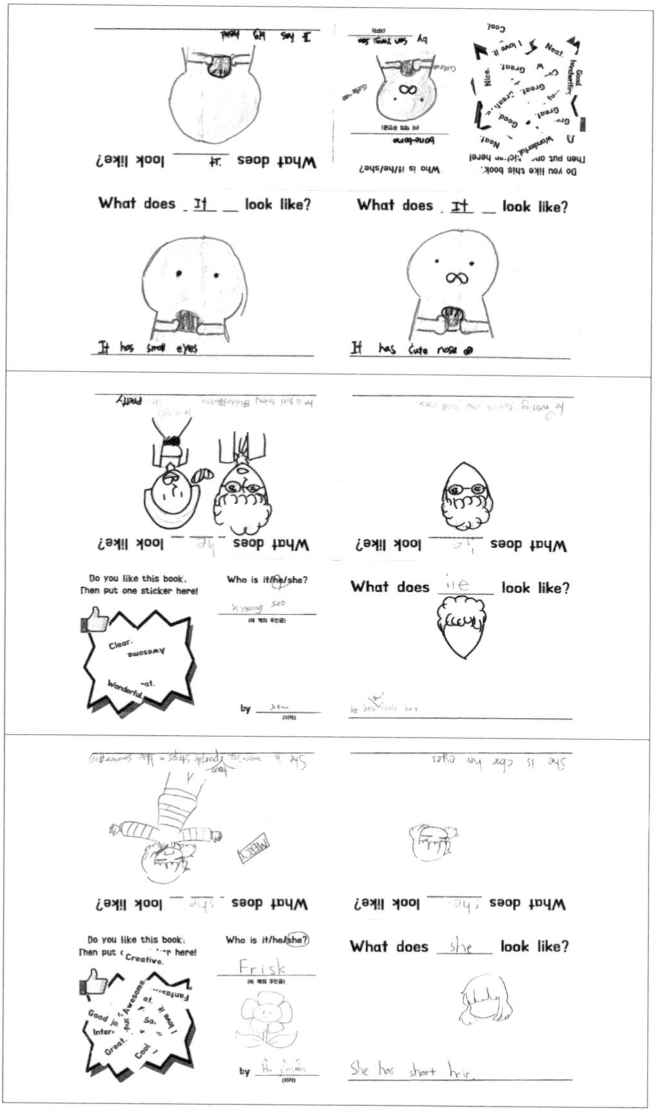
What does It look like?
It has small eyes
What does It look like?
It has cute nose
Do you like this book.
Then put one sticker here!
Who is it/he/she?
Kyeong soo
by
What does he look like?
What does she look like?
Who is it/he/she?
Frisk
by
She has short hair.

('외모 묘사하기' 학생 작품)

⑧ 그림을 모두 그리고 시간이 남으면 표지까지 꾸민다.

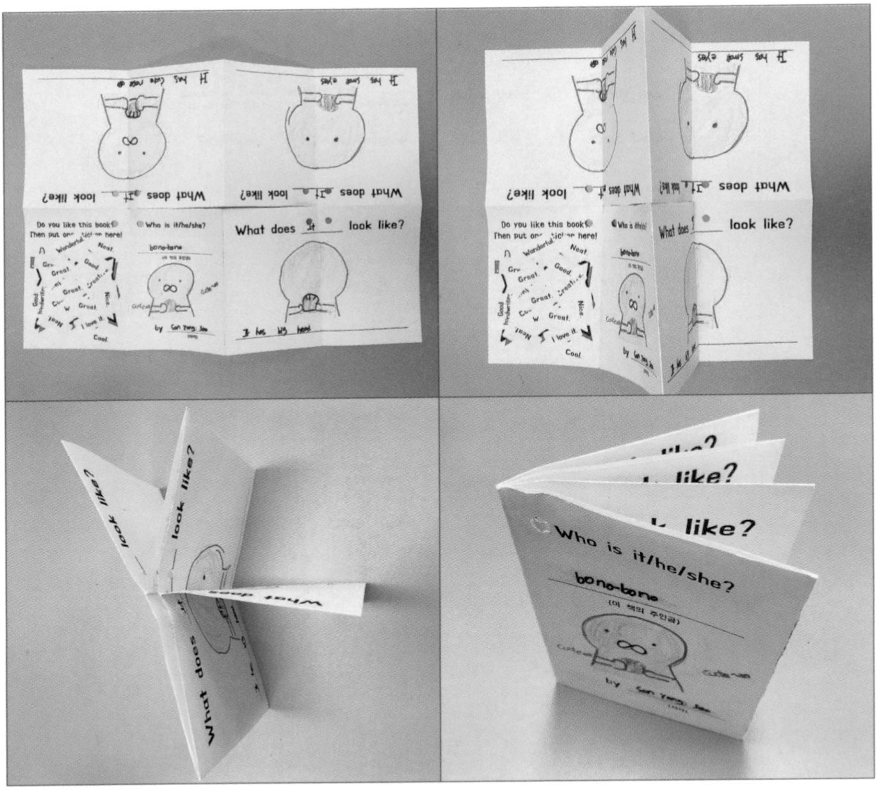

('외모 묘사하기' 학생 완성품)

15 [만화] My Cartoon

- What's wrong? / What's the matter? 활용하여 말풍선에 문장 쓰기
- 영어 표현 : I have a stomachache. I have a cold.

만화는 성별, 나이를 가리지 않고 많은 사람이 좋아합니다. 물론 초등학생도 예외는 아니죠. 그러나 만화를 직접 그리라고 하면 몇몇 학생을 제외하고 나머지는 부담스러워합니다. 이런 점을 고려하여 'My Cartoon' 활동을 고안했습니다.

이 활동에서는 완성된 만화의 말풍선에 내용만 채워 넣습니다. 만화의 어느 순서든 상관없이 What's wrong?이나 What's the matter? 문장은 필수로 넣게 하고, 나머지 대사는 자유롭게 적게 합니다. 다양한 상황 설정과 함께 적극적인 쓰기 활동이 펼쳐집니다.

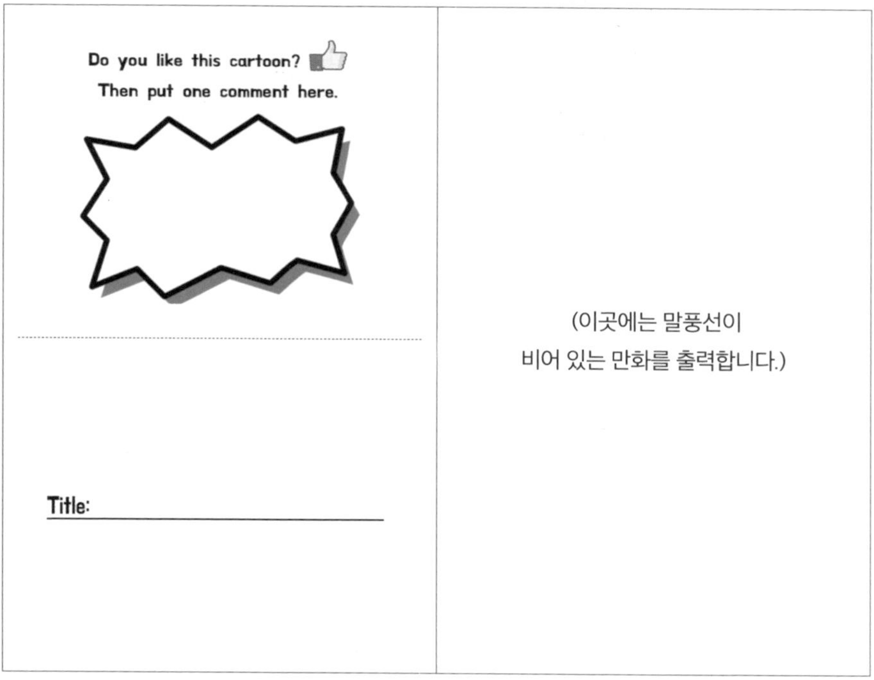

('만화' 쓰기 학습지)

활동 방법

① 나눠줄 쓰기 학습지의 만화는 구글 등을 이용하여 수집한다.

▶ **지도 시 주의할 점 :** 수업 시간 내에 교육적인 목적으로 사용하기에 저작권 문제가 발생하지 않을 확률이 높지만, 혹시 모를 복잡한 저작권 문제에 늘 주의해야 합니다. 구글에서 검색어는 cartoon보다 comics로 넣고, 이왕이면 copyright free를 추가하여 찾습니다. 최대한 다양한 만화를 수집합니다.

② 그림판, 포토샵 등의 이미지 편집 프로그램을 활용하여 말풍선 속 대사를 지운다.

③ 말풍선이 비어 있는 만화 이미지를 A4용지에 출력하고, 뒷장에는 표지 및 돌려 읽기 평가란을 출력한다.

④ 교사의 활동 설명이 끝나면 학생들은 마음에 드는 만화가 그려진 학습지를 고른다.

⑤ 학습지를 절반으로 접고 표지에는 만화의 제목을 정해 적는다.

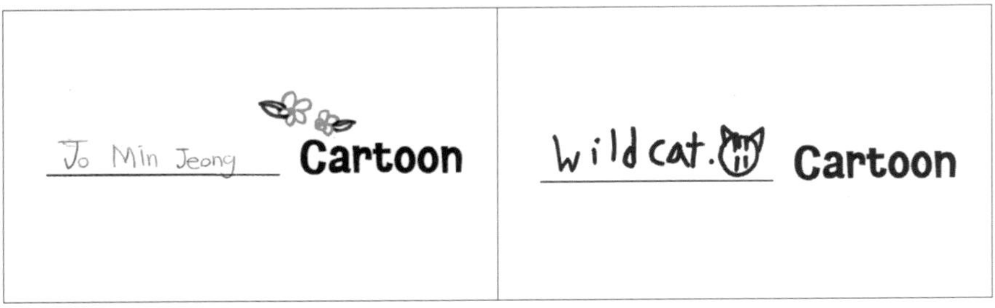

('만화' 표지 학생 작품)

⑥ 뒷장에 출력된 만화 이미지를 보면서 쓸 내용을 구상한다. 만화의 말풍선 어딘가에는 꼭 'What's wrong?'이나 'What's the matter?'이 들어가야 한다. 필수 문장을 포함하여 대사를 적는다.

▶ **지도 시 주의할 점 :** 교사가 적극적으로 순회하며 느린 학습자들을 개별 지도합니다. 어려움을 겪는 학생은 먼저 한글로 대사를 써보게 지도하고 교사가 한글을 영어로 바꿔줍니다. 학습 시 정서적인 측면을 항상 고려해야 하기에 괴로운 시간이 아니라 즐거울 수 있도록 학습을 무리하게 강요하지 않습니다.

<질병>

두통 headache	이통(귀) earache	요통(등) backache	두통 headache
복통(배) stomachache	열 fever	멍든 눈 black eye	
치통 toothache	부러진 다리 broken leg	목 아픔 sore throat	
콧물 runny nose	코피 bloody nose	감기 cold	독감 bad cold
더 심각한 독감 flu	기침 cough	부러진 팔 broken arm	
소화불량 indigestion	암 cancer	똥배 potbelly	치매 dementia
맹장염 typhlitis	사스 SARS	메르스 MERS	
알레르기 allergy	화상 burn	멍(또는 타박상) bruise	

나 치질이 있어. I have piles.
나 변비가 있어. I have constipation.
나 화장실에 가고 싶어. I want to go to the bathroom.
나 똥배가 있어. I have a potbelly.
나 설사해. I have diarrhea.

<조언>

휴식을 취해라. Get some rest. (= Have a rest.)
의사에게 가봐라. Go to see a doctor.
집에 있거라. Stay home.
치과의사한테 가봐라. Go to see a dentist.
집에 가라. Go home.
따뜻하게 샤워해라. Take a hot shower.
따뜻하게 목욕해라. Take a hot bath.
침대에 누워 있어라. Stay in bed.
좀 자라. Get some sleep.
이마에 얼음을 대라. Put some ice on your forehead.
옷을 좀 더 따뜻하게 입어라. (더 걸쳐라.) Put on some more clothes.
약을 먹어라 Take some medicine.
차 좀 마셔라. Drink some tea.
따뜻한 물을 마셔라. Drink some warm water.
물 많이 마셔라. Drink lots of water.
밖에 나가지 마라. Don't go outside.
찬물을 마시지 마라. Don't drink cold water.

<기타>

자장면 black curry noodle		화장 make up	수술 surgery	환자 patient	
의사 doctor	간호사 nurse	병원 hospital	주사 shot	피 blood	고통 pain
미세먼지 fine dust		심장 heart	엉덩이 hip	쌍둥이 twin	위 stomach
기저귀 diaper	삼키다 swallow	식욕 appetite	연고 ointment	구급차 ambulance	
구조하다 rescue		약국 pharmacy	응급(긴급) emergency		링거 ringer
부작용 side effects					

('만화' 참고 표현 문구)

16 [내가 누구? 1] Whose Eye Is This?

- 동물, 사람, 물건 등을 묘사하기
- 영어 표현 : It has four legs. It likes to swim. It can hunt small animals.

외모를 묘사하려면 다양한 형용사와 신체 부위를 표현하는 단어를 알아야 합니다. 이 쓰기 활동은 외모 묘사하는 표현을 사용하여 동물을 묘사하는 활동입니다. 학생 관점에서 Guessing 활동이 될 수 있도록 학습지를 제작했습니다.

학생들은 먼저 동물에 대한 문장을 적습니다. 간혹 동물이 아니라 동생, 친구, 선생님, 아끼는 물건을 쓰는 학생도 있습니다. 대상이 무엇이든지 간에 외모 묘사하는 표현을 실제로 사용해볼 기회가 됩니다.

('내가 누구? 1' 쓰기 학습지)

활동 방법

① 학습지를 절반으로 접는다. 표지 제목에는 'Take a guess! Whose ____________ is this?'라고 적혀 있다. 제목의 빈칸은 맨 마지막에 쓴다.
② 묘사하고자 하는 동물을 정한다. 간혹 동물 대신 동생, 친구, 선생님, 아끼는 물건을 묘사 대상으로 정하기도 한다. 동물 외에 다른 묘사 대상을 정해도 되지만 표지의 문장에 사용된 주어 'It' 대신에 다른 주어를 사용하도록 개별 지도해야 한다.
③ 표지에는 아래의 세 문장을 완성한다.

It has ____________. (외모 묘사)
It likes ____________. (먹이, 행동 특징)
It can ____________. (잘하는 것)

첫 번째 문장에는 외모를 묘사하는 표현을 적는다. 특정 신체 부위의 크기, 색깔, 길이 등이 묘사의 대상이 된다. 두 번째 문장에는 동물이 좋아하는 먹이나 행동을 적는다. 세 번째 문장에는 동물이 잘하는 것을 적는다. 토끼라면 뛰는 것을 잘할 것이고, 상어라면 헤엄을 잘 친다고 적어도 된다.

▶ **지도 시 주의할 점 :** 묘사하고 싶은 대상이 다양해서 참고 표현 목록에 없는 것도 있습니다. 준비해둔 사전을 찾아보게 하고, 거기에 더해 교사가 순회 지도하면서 궁금해하는 표현을 알려줍니다.

<동물>

기린 giraffe	고양이 cat	개 dog	강아지 puppy
양 sheep	낙타 camel	악어 crocodile	북극곰 polar bear
소 cow	말 horse	돼지 pig	곰 bear
코끼리 elephant	거위 goose	수탉 cock	암탉 hen
닭 chicken	여우 fox	늑대 wolf	생쥐 mouse
개구리 frog	캥거루 kangaroo	개미 ant	잠자리 dragonfly
메뚜기 grasshopper	부엉이 owl	사슴 deer	거북이 turtle
벌 bee	무당벌레 ladybug	하마 hippo	지렁이 worm
토끼 rabbit	원숭이 monkey	파리 fly	모기 mosquito
나비 butterfly	오리 duck	치타 cheetah	얼룩말 zebra
호랑이 tiger	사자 lion	고릴라 gorilla	게 crab
백조 swan	고래 whale	독수리 eagle	뱀 snake
달팽이 snail			

<생김새>

수염 whisker	부리 beak	뿔 horn	사슴뿔 등의 가지 진 뿔 antler		눈 eye
비늘 scales	이빨 teeth	지느러미 fin	더듬이 antennae		
낙타 봉 humps	날개 wing	깃털 feathers	발톱 claws	발 paws	다리 leg
목 neck	팔 arm	털 fur	점무늬 spots	줄무늬 stripes	
빨판 tentacles	코끼리 코 trunk	껍데기(등딱지) shell		꼬리 tail	엄니 tusk
사자의 갈기 mane		송곳니 fang	발굽 hoof(여러 개는 hooves)		

<먹이>

식물 plants　작은 곤충 small insects　작은 동물 small animals
죽은 동물 dead animals　물고기 fish　알 eggs　고기 meat
과일 fruits　견과류 nuts　나무 trees　풀 grass　나뭇잎 leaves
꿀 honey

<동사>

뛰다 jump　달리다 run　먹다 eat　사냥하다 hunt　살다 live
오르다 climb　수영하다 swim　놀다 play

<전체적인 인상>

강한 strong　빠른 fast　약한 weak　큰 big　작은 small　긴 long
짧은 short　느린 slow　무서운 scary　못생긴 ugly　무거운 heavy
가벼운 light　영리한 mean　거친 wild　털이 많은 hairy, furry
귀여운 cute　키가 큰 tall　예쁜 pretty　뚱뚱한 fat　매력적인 attractive
공포스러운 horrible　이상한 strange　날카로운 sharp　사악한 evil

('내가 누구? 1' 참고 표현 문구)

④ 학습지를 열어 안쪽에 내용을 적는다.

This is ____________'s.
It is ____________. (전체적 이미지)

첫 번째 문장의 빈칸에는 동물 이름을 적는다. 두 번째 문장에는 동물에 대한 전체적인 이미지를 형용사로 적는다. '강하다, 귀엽다, 공격적이다, 무섭다, 빠르다' 등의 표현들이 가능하다.

⑤ 안쪽에 문장을 썼다면 묘사의 대상이 되는 동물을 그린다. 그림은 종이에 가득 차도록 큼직하게 그린다.

⑥ 표지의 특정 부위에 구멍을 뚫고 그 구멍으로 보이는 동물의 신체 부위를 표지의 제목 빈칸에 적는다. 동물의 입, 귀, 목, 다리, 부리 등 어느 부위든 상관없다.

Take a guess! Whose ____________ is this?

Take a guess!
Whose face is this?
It has handsome face
It likes small animal
It can hurt and run and jump
This is wolf's.
Take a guess!
Whose beak is this?
It has cute wing
It likes seeds
It can walk
This is chick's.
It is cute
Take a guess!
Whose neck is this?
It has long neck
It likes grass
It can sleep standing
This is giraffe's.
It is long neck and tall
Take a guess!
Whose tail is this?
It has tail
It likes play in the mud
It can sleep
This is 's.
It is fat and cute

('내가 누구? 1' 학생 작품)

17 [내가 누구? 2] Who Am I?

- 비교급 표현을 활용해 동물, 학생, 물건 등을 묘사하기
- 영어 표현 : I am faster than __________. I am bigger than __________.

'내가 누구 1'에서는 다양한 형용사를 활용하여 묘사했습니다. '내가 누구 2'는 비교급 표현을 사용합니다. 이미 공부하고 익힌 형용사에 'er'을 붙여 비교급 형용사로 바꾸고, 비교 대상을 찾아내 'than'과 함께 씁니다. 하나의 대상을 설명하려고 여러 가지 대상을 끌어와 비교하는 방식입니다. 쓰기 활동을 모두 마친 후 돌려 읽기를 할 때 표지의 내용을 먼저 읽게 합니다. 그래야 답을 추측하는 재미가 있기 때문입니다. '내가 누구 1'과 마찬가지로 다 쓴 후에 돌려 읽기가 더 재미있는 활동입니다.

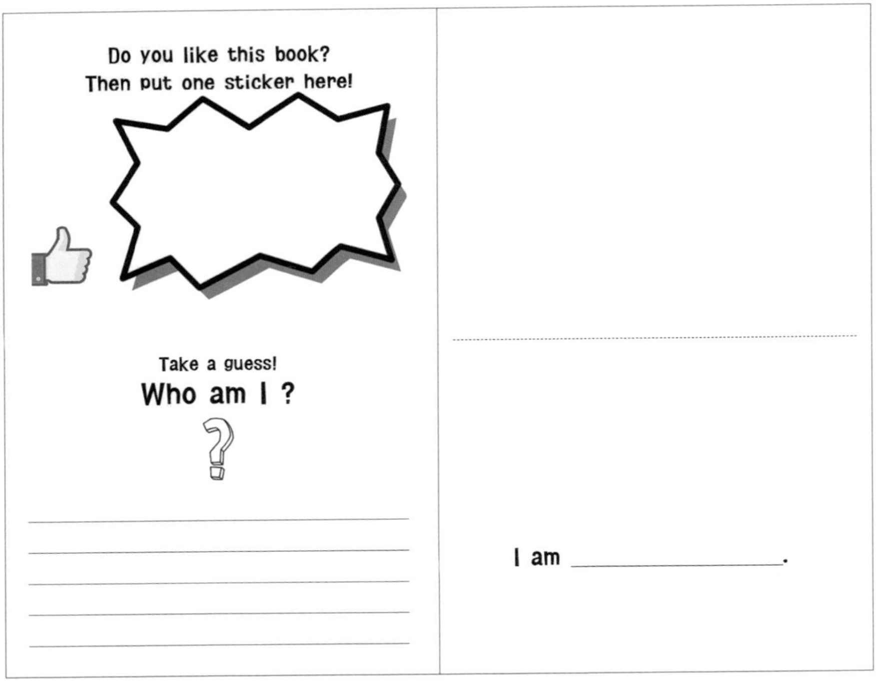

('내가 누구? 2' 쓰기 학습지)

활동 방법

① 학습지를 반으로 접는다. 'Take a guess! Who am I?'라고 적혀 있는 곳이 표지이다.

② 표지를 열어 안을 보면 'I am ______________.' 이라고 적힌 문장이 보인다. 묘사하고 싶은 동물 하나를 골라 적고, 동물 이름 앞에 관사 'a(an)'를 쓴다.

▶ **지도 시 주의할 점 :** 묘사하는 대상이 친구 또는 무생물이어도 되지만, 친구를 놀리기 위한 목적으로 쓰는 것은 금지합니다. 더불어 학생이나 무생물보다는 동물이 비교하는 문장을 쓰기에 수월하다는 점을 강조합니다.

③ 표지에 자신이 고른 동물을 다른 동물과 비교하는 표현을 적는다. 토끼라면 '개보다 귀가 길다.' 등의 문장을 쓸 수 있다. 객관적으로 알 수 있는 내용 외에 무섭게 생겼다든가 귀엽다든가 하는 주관적인 내용을 써도 무방하다.

▶ **지도 시 주의할 점 :** 모든 형용사는 비교급으로 변형하여 사용합니다. 문장의 형태는 'I am 비교급 형용사 than 비교하는 대상.'입니다. 학생 수준에 따라 문장의 수는 달라질 수 있습니다. 최소 3개 이상의 문장을 쓰도록 하고, 수준이 높은 학생들은 5개까지 쓰도록 독려합니다.

<전체적인 인상>

더 강한 strongertrees		더 빠른 faster	더 약한 weaker	더 큰 bigger
더 작은 smaller	더 긴 longer	더 짧은 shorter	더 더러운 dirtier	더 느린 slower
더 무서운 scarier	더 못생긴 uglier	더 무거운 heavier	더 가벼운 lighter	더 거친 wilder
더 영리한(더 교활한) meaner		더 털이 많은 hairier		더 높은 higher
더 귀여운 cuter	더 예쁜 prettier	더 뚱뚱한 fatter	더 키가 큰 taller	
더 매력적인 more attractive		더 공포스러운 more horrible		더 이상한 stranger
더 날카로운 sharper		더 나쁜 worse	더 좋은 better	더 냄새나는 smellier
더 바쁜 busier	더 웃긴 funnier	더 친근한 familiar		더 쉬운 easier
더 어려운 more difficult		더 아름다운 more beautiful		더 행복한 happier
더 위험한 more dangerous		더 똑똑한 smarter		더 깨끗한 cleaner
더 유명한 more famous		더 지루한 more boring		더 시끄러운 noisier
더 단순한 simpler		더 늙은 older	더 어린 younger	
더 예의 바른 more polite		더 비싼 more expensive		

('내가 누구? 2' 참고 표현 문구)

④ 쓰기 활동이 끝나면 다시 안쪽으로 돌아가 문장 바로 위에 설명하는 대상을 간단히 그린다.

Take a guess! **Who am I ?** ? I am Cuter than a rabbit I am Prettier than a cat I am hairier than a crab I am cleaner than a lion I am smarter than a ant	 I am Puppy.
Take a guess! **Who am I ?** ? My ears are bigger than a turtle. I am slower than a turtle. I am not smarter than a turtle. I am fatter than a turtle. I am happier than a turtle.	 I am a rabbit.
Take a guess! **Who am I ?** ? I am slower than a horse. I am cuter than a cat. I am fatter than a mouse. I am more horrible than a rabbit. I am heavier than a mosquito.	 I am baby Pig.

('내가 누구? 2' 학생 작품)

18

[지구를 지키자]
5 Ideas for the Earth

- can 동사를 활용해 다양한 문장 만들기
- 영어 표현 : We can recycle paper. We should save energy.

조동사 'can'을 사용하여 문장을 만들어 보는 활동입니다. 우리가 아픈 지구를 위해 할 수 있는 일에는 무엇이 있을까 생각해보고 말풍선에 적어봅니다. 공익광고처럼 타인을 올바른 방향으로 나아가도록 설득하기 위한 목적으로 만드는 일종의 포스터입니다. 5가지 아이디어를 찾아 적으면서 환경 보호에 대해 생각해보는 시간이 됩니다.

('지구를 지키자' 쓰기 학습지)

활동 방법

① B5용지 크기로 양면 출력하여 학습지를 나눠준다. 용지 크기는 달라질 수 있다.

② 지구를 위해 할 수 있는 일 5가지를 구상한다.

③ 구상한 아이디어는 can 동사를 사용하여 문장으로 만든다. can이 아니라 should, have to, must 등의 의무를 나타내는 표현으로 대체해도 된다. 각각의 말풍선에 문장을 쓴다.

We can~ 우리는 ~ 할 수 있어.
We should~ 우리는 ~ 해야 해.

(지구를 위해 할 수 있는 일)

병을 재활용한다 recycle bottles
종이를 재활용한다 recycle paper
유리를 재활용한다 recycle glass
물을 절약한다 save water
에너지를 절약한다 save energy
학교에 걸어간다 walk to school
대중교통을 이용한다 use public transportation
자전거를 탄다 ride bikes
화학제품을 덜 쓴다 use fewer chemicals
캔을 재활용한다 recycle cans
플라스틱을 재활용한다 recycle plastic
알루미늄을 재활용한다 recycle aluminium
전기를 절약한다 save electricity
태양열에너지(전기)를 쓴다 use solar power
계단을 이용한다 take stairs
버스를 탄다 take buses
종이는 양면을 쓴다 use both sides of paper
분리수거를 한다 separate your garbage
해변을 치우는 자원봉사를 한다 volunteer to clean up beaches
전기를 끈다 turn off the lights
필요 없는 전기를 끈다 turn off unneeded lights
컴퓨터를 쓰지 않을 때는 꺼둔다 turn off computers when not in use
쓰지 않는 제품은 전기 플러그를 뽑아둔다 unplug appliances when not in use
플러그를 모두 뽑는다 unplug everything
나무를 심는다 plant trees
쓰레기를 적게 만든다 produce less waste
충전용 배터리를 산다 buy rechargeable batteries
지구를 구한다 save the Earth
오염을 방지(예방)한다 prevent pollution
비닐봉지 대신 재사용 가능한 가방을 들고 다닌다 bring reusable bags instead of plastic bags
전구로 바꾼다 switch light bulbs to LEDs
샤워를 짧게 한다 shorten your shower time
중고품을 산다 buy second hand
방에 없을 때는 불을 끈다 turn off lights when you are not in the room
머리를 덜 자주 감는다 wash your hair less frequently
청소 봉사활동을 한다 volunteer for cleanups in your community
채식주의자가 된다 be a vegetarian
카풀을 한다 carpool
사지 않고 빌려 쓴다 borrow instead of purchase
지역의 식자재를 산다 buy local food
휴지를 덜 쓴다 use less tissues
고장 난 것을 고친다 fix broken things
고기를 적게 먹는다 eat less meat

<여러 가지 단어>

자연재해 nature disaster
방사능 radioactivity
원자력발전소 nuclear power plant
지구온난화 global warming
오염 pollution
대기오염 air pollution
해양오염 sea contamination
방사능오염 radioactive contamination
수질오염 water pollution
인간 human
예방하다 prevent
보호하다 protect
자연 nature

('지구를 지키자' 참고 표현 문구)

④ 각 칸에 간단한 그림을 그려 마무리한다.

('지구를 지키자' 학생 작품)

19 [나의 달력] My Calendar

- 각 월의 특별한 날짜 설명하기
- 영어 표현 : My birthday is ________. I'll have a pizza party.

월의 명칭, 날짜를 읽는 법(서수) 등을 배운 학생들이 할 수 있는 활동입니다. 학습지를 순서대로 접고 스테이플러로 묶으면 하나의 작은 책이 됩니다. 1월부터 12월까지 의미 있다고 생각하는 날을 적으면서 날짜 쓰는 법을 체득할 수 있습니다.

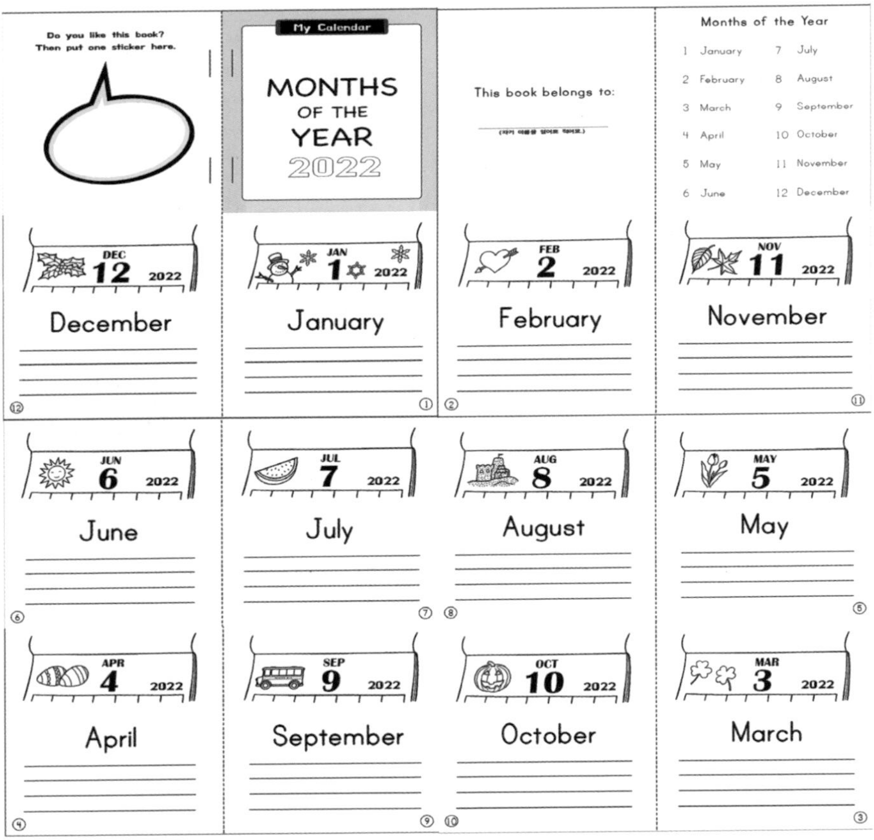

('나의 달력' 쓰기 학습지)

활동 방법

① 학생 수보다 여유 있게 학습지를 출력한다. 바로 겹쳐서 스테이플러로 묶으면 하나의 책이 완성될 수 있도록 학습지를 준비한다. 보통은 A4용지에 4쪽을 인쇄한 후 절반을 자르면 된다.
② 학습지를 받은 학생들은 쪽 번호 순서대로 학습지를 겹쳐놓는다.
③ 겹친 종이 뭉치를 절반으로 접으면 A6 크기의 책처럼 된다. 끝부분을 스테이플러로 두 번 고정한다.

▶ **지도 시 주의할 점 :** 책 만들기부터 어려움을 겪는 학생들이 속출합니다. 미리 도우미 학생들을 가르쳐서 보조교사로 활동하며 돕게 합니다. 도우미 학생을 정하지 못했을 때는 '최대한 완벽하게' 그리고 '빠르게' 책을 완성해오는 학생을 즉석에서 도우미로 임명하여 또래 친구들을 돕도록 독려합니다.

④ 책을 완성한 학생들은 표지를 열어 안쪽에 자신의 이름을 적는다.
⑤ 1월부터 12월까지 월마다 1페이지씩 있다. 월별로 의미 있다고 생각하는 날을 날짜와 함께 적는다. 예를 들어 생일을 쓰고 싶으면 'My birthday is May 7th.'라고 적고, 크리스마스를 쓰고 싶으면 'Christmas is December 25th.'라고 적는다. 월별로 최소 1문장 이상을 쓴다.

▶ **지도 시 주의할 점 :** 수준이 높은 학생은 특별한 날에 자신이 하는 일을 추가로 쓰게 합니다. 예를 들어 생일이 8월 5일이라고 썼다면, '나는 생일 파티를 할 것입니다.'와 같은 문장을 추가로 적습니다.

<특별한 날>

새해 첫날 New Year's Day(1월 1일)	설날 Korean New Year's Day(음력 1월 1일)
발렌타인 데이 Valentine's Day(2월 14일)	삼일절 March 1st Independent Movement(3월 1일)
화이트 데이 White Day(3월 14일)	만우절 Fool's Day(4월 1일)
식목일 Arbor Day(4월 5일)	석가탄신일 Buddha's Birthday(음력 4월 8일)
4.19 혁명 기념일 April 19th Revolution(4월 19일)	
근로자의 날 Labor Day(5월 1일)	어린이날 Children's Day(5월 5일)
어버이날 Parents' Day(5월 8일)	스승의 날 Teachers' Day(5월 15일)
5.18 민주화운동 기념일 May 18th Democracy Movement(5월 18일)	
현충일 Memorial Day(6월 6일)	제헌절 Constitution Day(7월 17일)
광복절 Independence Day(8월 15일)	추석 Korean Thanks Giving Day(음력 8월 15일)
개천절 The Fountain Day of Korea(10월 3일)	한글날 Han-geul Day(10월 9일)
할로윈 Halloween Day(10월 31일)	빼빼로 데이 Paepaero Day(11월 11일)
크리스마스 Christmas(12월 25일)	컴퓨터 게임의 날 Computer Game Day
수영장 파티 Pool Party	간식 파티 Snack Party
통닭 먹는 날 Chicken Day	피자 먹는 날 Pizza Day
영화 보는 날 Movie Day	내 생일 My birthday
삼겹살 먹는 날 Pork Belly Day	고기 구워 먹는 날 Barbecue Day

숙제 없는 날 No Homework Day
학원 없는 날 No Academy Day
그리기 대회 Drawing Contest
영어 대회 English Contest
UCC 대회 UCC Contest
기말고사 Final Exams

<학교 행사일>

입학식 entrance ceremony
학교 시작 날 school beginning day
학급임원 선거 class executive election
전교임원 선거 school official's election
과학의 날(과학 축제) science day (science festival)
운동회 sports day
여름방학식 summer vacation ceremony
개학식 opening ceremony of school
학교 축제(학예회) school festival
겨울방학식 winter vacation ceremony
졸업식 graduation ceremony
개교기념일 our school's birthday

('나의 달력' 참고 표현 문구)

⑥ 쓰기 활동을 다 마친 후 책을 꾸민다. 표지를 장식하고 페이지별로 그림에 색칠하는 등 자유롭게 꾸며본다.

('나의 달력' 표지 학생 작품)

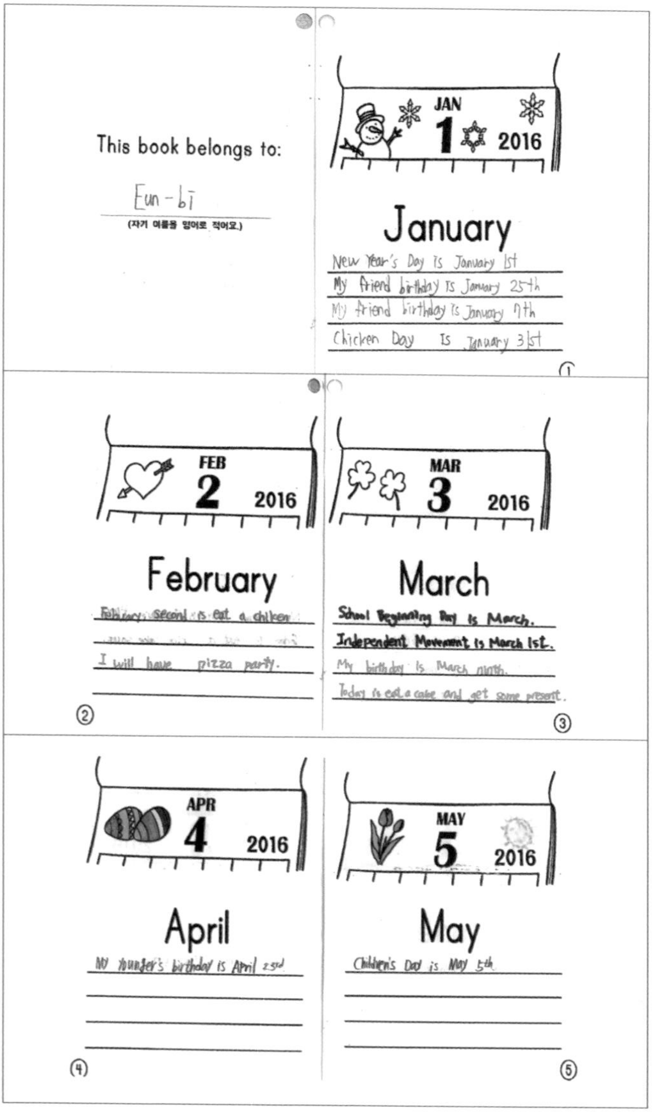

This book belongs to:
Eun-bi
(자기 이름을 영어로 적어요.)
JAN
1
2016
January
New Year's Day is January 1st
My friend birthday is January 25th
My friend birthday is January 7th
Chicken Day is January 31st
①
FEB
2
2016
February
February second is eat a chiken
I will have pizza party.
②
MAR
3
2016
March
School Beginning Day is March.
Independent Movement is March 1st.
My birthday is March ninth.
Today is eat a cake and get some present.
③
APR
4
2016
April
My younger's birthday is April 23rd
④
MAY
5
2016
May
Children's Day is May 5th
⑤

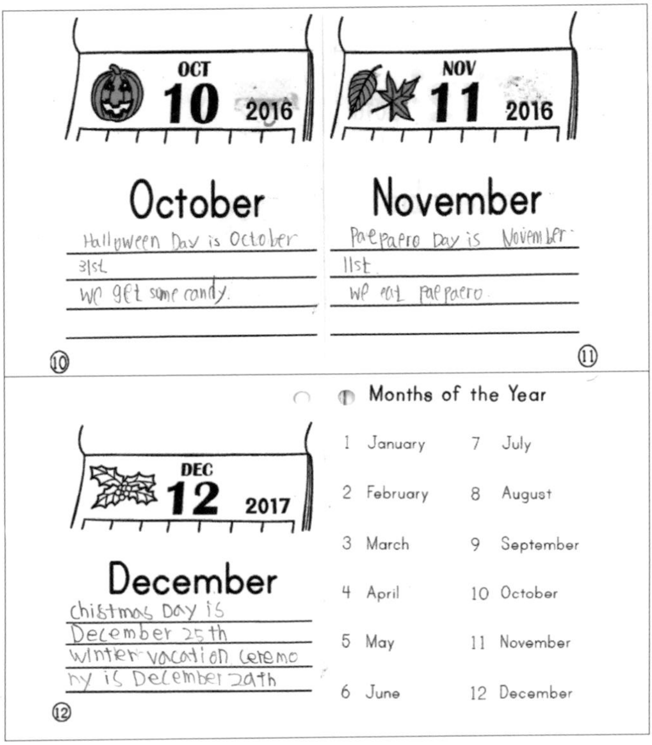
OCT
10
2016
October
Halloween Day is October 31st
we get some candy.
NOV
11
2016
November
Paepaero Day is November 11st
We eat paepaero.
DEC
12
2017
December
Chistmas Day is December 25th
winter vacation ceremony is December 2ath
Months of the Year
1 January
2 February
3 March
4 April
5 May
6 June
7 July
8 August
9 September
10 October
11 November
12 December

(‘나의 달력’ 학생 작품)

20 [전화 메시지] Mobile Message

- 전화 메시지로 친구와 약속 잡기
- 영어 표현 : Can I watch TV at home? Sure, you can.

5~6학년이라면 카카오톡을 이용하여 메시지를 보내봤을 것입니다. 카카오톡으로 메시지를 주고받는 상황을 설정해서 쓰기 활동을 합니다. 친구와 약속을 잡거나 부모님께 허락을 구하는 말을 'Can I ~?' 또는 'May I ~?' 로 표현해봅니다. 학생들이 겪는 다양한 현실을 반영한 문장들이 튀어나오는 것을 볼 수 있습니다.

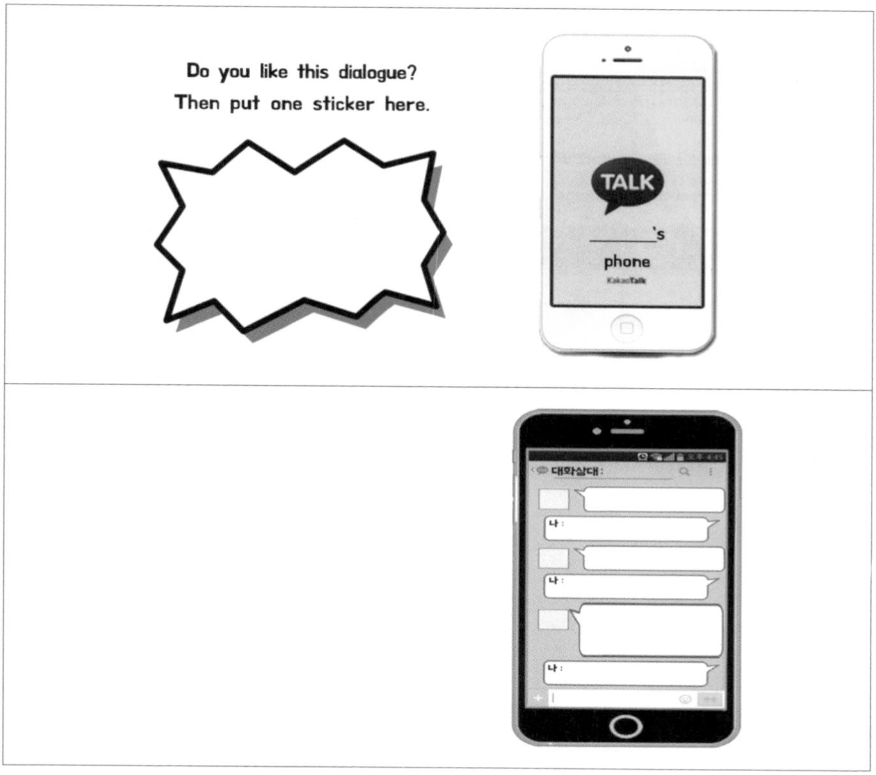

('전화 메시지' 쓰기 학습지)

활동 방법

① 학습지를 반으로 접는다. 표지에는 로마자 표기법에 맞게 자신의 이름을 적는다.

② 메시지를 주고받을 가상의 상대방을 정한다. 친구, 부모님, 형제, 선생님, 또는 자신이 좋아하는 가수가 그 대상이 되기도 한다.

③ 대화의 주제를 정한다. TV를 봐도 되냐고 허락을 구하거나 언니의 물건을 빌리는 상황이어도 된다.

④ 맨 윗줄 '대화상대'에 상대방의 이름이나 호칭을 적고 아래에 메시지를 가득 채운다.

⑤ 메시지를 모두 완성했다면 상대방 프로필 사진을 그리거나 표지를 꾸며도 된다.

('전화 메시지' 학생 작품)

21 [4컷 이야기] 4 Pictures Story

주어진 그림들의 순서를 정해 모둠 친구들과 이야기 쓰기

학생들에게 몇 장의 그림을 주고 순서를 정한 후 글을 쓰는 활동입니다. 그림이 아니라 만화여도 괜찮습니다. 하지만 이야기의 순서가 바로 머릿속에 떠오르지 않도록 장면을 잘 골라야 합니다.

초등학생을 대상으로 하는 수업이므로 주로 창작동화 그림을 사용합니다. 학생들이 많이 읽지 않았을 법한 책을 고르되, 그림이 뚜렷하고 주인공이 무엇을 하는지 알아볼 수 있으면 좋습니다. 쓰기 과정에서 그림 속 사물이나 행동을 나타내는 단어를 브레인스토밍하므로 추상적인 그림은 피합니다. 학생들 수준이 다양하다면 모둠 활동으로 진행하고, 수준이 비슷하면서 중간 이상이라면 1인 활동으로 계획합니다.

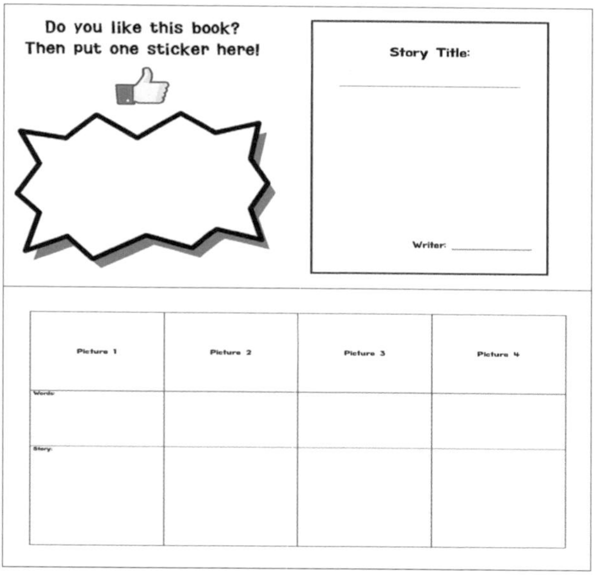

('4컷 이야기' 쓰기 학습지)

활동 방법

① 모둠별로 몇 장의 그림 세트를 나눠준다. 학생들의 수준에 따라 차이는 있지만 주로 4장 정도가 40분 수업 분량으로 적당하다. 동화책 그림을 복사해서 나눠주는데 이왕이면 학생들이 읽어보지 않았을 법한 창작동화의 그림으로 활동을 한다.

▶ **지도 시 주의할 점 :** 타인의 저작물이라 저작권법에 유의해야 합니다. 원칙적으로 대면 수업을 목적으로 타인의 저작물 일부를 수업 자료로 사용하면 문제가 없습니다. 단, 인터넷에 배포하는 등의 행위를 하지 않고 오로지 수업을 위해서 사용해야 합니다.

② 모둠 학생들끼리 그림을 보면서 순서를 마음대로 정한다. 원작의 순서와는 무관하게 학생들의 상상력에 맡긴다.

③ 학생들이 그림의 순서를 정했다면 미리 준비한 학습지에 순서대로 붙이게 한다.

④ 그림 아래 Words 칸에다 그림별로 떠오르는 단어를 적게 한다. 최대한 많이 적는다.

▶ **지도 시 주의할 점 :** 학생들 스스로 단어를 찾아내는 데 어려움이 있다면 전체 활동으로 진행해도 괜찮습니다. 각 그림을 크게 출력해 칠판에 부착하고 그림마다 떠오르는 단어를 함께 적어봅니다.

⑤ 써놓은 단어를 활용하여 이야기를 완성한다. 각 그림당 최소 1~3개의 문장을 적도록 한다. 되도록 긍정적이고 창의적인 이야기를 쓰게 독려한다.

⑥ 이야기가 완성되었다면 이야기에 걸맞은 제목을 표지에 적는다. 시간 여유가 된다면 이야기책의 표지에 그림까지 그린다.

⑦ 다 쓴 이야기는 발표해보고, 다음 시간에 돌려 읽거나 교실 뒤 게시판에 전시한다.

('4컷 이야기' 학생 작품)

Chapter 03

모두가 참여하는 영어 학습 게임은 없을까요?

모든 게임이 영어 학습에 유익한 것은 아닙니다. 어떤 게임은 주객이 전도되어 게임 자체가 목적이 되기도 합니다. 경쟁이 심해져 오히려 영어 학습에 해가 되는 경우도 있습니다. 수업 시간에 이루어지는 학습 게임은 영어 학습에 도움이 되면서 재미있고 경쟁이 심하지 않아야 합니다.

성공적인 학습 게임 규칙 1. 실력과 무관한 승패

만약 교사가 준비한 게임이 단어의 수준이나 회화 능력에 따라 승패가 좌우된다면 상대적으로 '느린 학습자'는 성취감보다는 좌절감을 맛보게 되고, 이로 인해 영어 학습에 흥미를 잃기 쉽습니다. 초등학교 영어 수업은 다양한 수준의 학생들을 만족시켜야 합니다. 따라서 게임을 고르거나 제작할 때 영어 실력과 무관한 '운'에 의해 승패가 결정되도록 의도합니다. 주사위를 굴리거나 무작위 뽑기로 하는 게임들이 이에 해당합니다.

성공적인 학습 게임 규칙 2. 모두에게 책임 부과

2인 1조 또는 4인 1조로 게임을 하면 '느린 학습자'가 도움을 받게 되고 게임과 학습의 두 바퀴가 잘 굴러가는 것처럼 보입니다. 그러나 자세히 들여다보면 느린 학습자가 상대적으로 수준이 높은 학습자에게 무임승차를 하면서 아무 의미 없이 게임을 할 때가 있습니다. 수준이 높든 낮든 간에 모든 학습자에게 책임을 부과해야 합니다.

예를 들어 카드 게임을 할 때 학습자는 같은 수의 카드를 받고 게임을 시작합니다. 수준이 낮다고 해서 카드의 수가 줄어드는 것은 아닙니다. 여기에서 수준차와 상관없는 '책임'이 생깁니다. 해당 카드를 처분하거나 모으는 행위는 온전히 그 학습자의 결정에 달려 있습니다. 만약 게임 규칙상 카드에 적힌 단어나 문장을 읽어야만 처분할 수 있다면 옆 친구나 교사에게 물어서라도 읽으려고 노력할 것입니다. 이 과정에서 자신의 의지로 만든 배움이 발생합니다.

성공적인 학습 게임 규칙 3. 게임 방법은 최대한 쉽고 단순

새로 나온 모바일 게임이라고 스마트폰에 다운을 받았는데 규칙이 어렵다면 쉽게 포기하게 됩니다. 반면에 애니팡, 스도쿠, 네모 로직, 지뢰 찾기 등의 단순한 게임은 익히기도 쉽거니와 게임 자체에 빠르게 몰입하게 됩니다. 수업 시간에 하는 게임도 규칙이 복잡해선

안 됩니다. 최대한 쉽고 단순하게 만들어서 학생들이 익히기 쉬워야 합니다.
게임 규칙을 가르치는 것이 목적이 아니라 게임으로 영어를 학습하게 하는 것이 목적입니다. 물론 게임 규칙 설명을 들으며 영어 듣기 실력이 향상될 수도 있지만 이왕이면 규칙 설명의 시간을 줄이고 게임 시간을 늘려 원활한 배움이 일어나도록 도와야 합니다. 따라서 학습용 게임은 쉽고 단순하게 제작합니다.
이미 제작되어 출시된 게임일지라도 규칙을 얼마든지 바꿀 수 있습니다. 학교나 학생 수준에 맞게 규칙을 단순하게 바꿔서 학습에 적용해보세요. 또는 학습자에게 기회를 줍니다. 모둠원과 함께하는 게임이라면 모둠원 모두의 동의하에 규칙을 조금 바꿔서 게임을 해도 된다고 허용해줍니다.

성공적인 학습 게임 규칙 4. 설명 후 시범

말로만 설명해도 이해가 쉬운 게임이 있습니다. 모든 학습자가 이미 알고 있는 게임이거나 전 시간에 해봤을 때입니다. 이럴 때는 간단히 규칙을 설명하고 게임 시간을 늘려줍니다.
익숙하지 않은 게임에 대해 설명할 때는 보통 파워포인트를 활용합니다. 애니메이션 효과 기능을 사용하거나 슬라이드에 약간씩 변화를 주어 설명합니다.
무엇보다 가장 좋은 방법은 교사가 직접 시범 보이는 것입니다. 파워포인트는 보조 수단으로 활용하고 교사의 몸동작을 곁들여 직접 보여줍니다. 원어민 교사와 함께 시범을 보여주면 더 좋습니다. 말로 듣고 눈으로 보면 규칙을 쉽게 이해할 수 있습니다.

01 (읽기/쓰기) 끝없이 돌아가는 'Sticker Blue Marble'

보드게임은 시작과 끝이 정해져 있습니다. 주로 같은 곳에서 출발해서 가장 먼저 끝에 도달한 학생이 이깁니다. 문제는 게임의 속도가 다 다르고, 한 번 해본 게임을 2~3번 더 하라고 하면 싫증이 난다는 것입니다. 일반적인 학습용 보드게임의 한계를 극복하고자 만든 게임이 바로 'Sticker Blue Marble'입니다.

블루마블은 누구나 아는 부동산 게임입니다. 땅을 사고 건물을 지어 지나가는 사람한테 통행세를 받습니다. 상대방이 파산할 때까지 게임은 계속됩니다. 스티커 블루마블에선 원본 게임의 건물이나 나라 카드 대신 스티커를 사용합니다. 땅따먹기와 블루마블의 혼합으로 생각하면 됩니다.

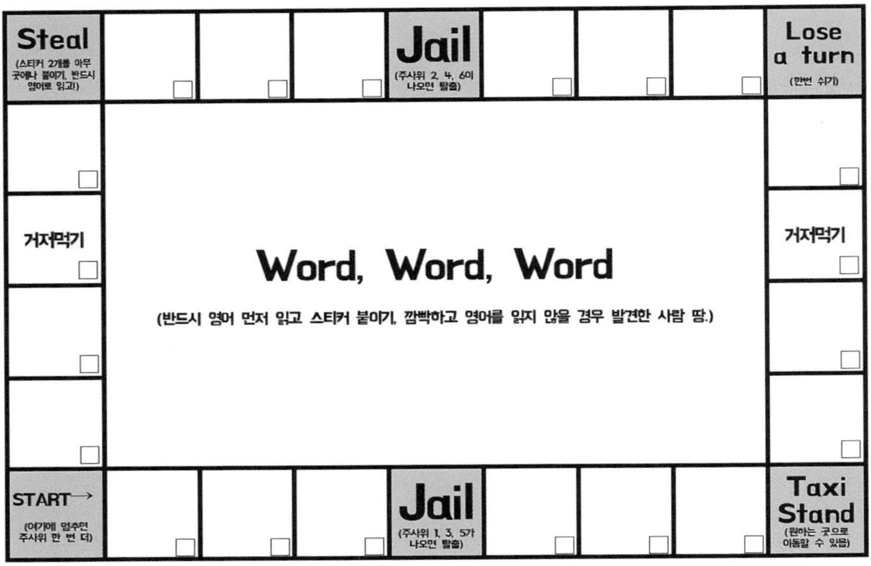

(기본 Sticker Blue Marble 보드)

게임 준비

① 단어 또는 문장을 게임판에 넣어 모둠 수만큼 출력한다. 최소 B4 크기 이상이 적당하다.

② 게임용 말과 주사위, 말의 색상과 일치하는 스티커를 기본 세트로 준비한다. 스티커는 인터넷 검색을 해서 '칼라 분류용 원형 라벨스티커' 중에서 저렴한 것을 이용하길 추천한다. 게임용 말은 EVA폼 사각막대를 색깔별로 구매하여 잘라서 만들면 좋다.

게임 방법

① 각 학생은 게임용 말과 게임판에 붙일 스티커를 선택한다. 말과 스티커 색은 일치하게 한다.

② 게임판의 시작 칸에 모든 말을 올려놓는다.

③ 가위바위보로 순서를 정한다. 이긴 학생부터 시계 방향으로 순서가 돌아간다.

④ 자신의 차례가 되면 주사위를 굴려 눈의 수만큼 이동한다.

⑤ 해당 칸에 있는 영어를 읽고 자신의 스티커를 붙인다.

⑥ 순서대로 돌아가면서 '④~⑤'를 반복한다. 이미 다른 학생이 스티커를 붙인 곳에 도착했다면 그 칸의 영어를 읽고 그 스티커 위에 자신의 스티커를 붙여 덮는다.

- **Jail 칸** : 그 칸의 지시 사항에 따라 다음 자기 차례가 돌아왔을 때 1, 3, 5 또는 2, 4, 6이 나와야 탈출할 수 있다.
- **Taxi Stand 칸** : 원하는 곳으로 갈 수 있다.
- **거저먹기 칸** : 영어를 읽지 않아도 스티커를 붙일 수 있다.
- **Lose a turn 칸** : 다음 순서에서 한 번 쉰다.
- **Steal 칸** : 2칸을 골라 영어를 읽고 자신의 스티커를 붙일 수 있다.
- **Start 칸** : 주사위를 한 번 더 굴릴 수 있다.

⑦ 교사가 "Game stop!"을 외치면 게임판 위에 붙여진 자신의 스티커 개수를 센다. 스티커 개수가 많은 학생이 이긴다.

▶ 이렇게 지도하세요

① 승패가 운에 달려 있으므로 단어를 못 읽는 학생들은 친구 도움을 받을 수 있다고 지도합니다.

② 게임의 끝을 교사가 정합니다. 정해진 시간(15분 정도) 동안 게임을 진행합니다.

③ 순회 지도로 게임 규칙이 잘 지켜지고 있는지 확인합니다.

★ 게임 변형하기

1. 말의 진행 방향 정하지 않기

보통의 보드게임에서는 게임판 위에서 말이 진행하는 방향이 정해져 있습니다. 말의 진행 방향을 정해두지 않고 주사위를 굴린 후 그때그때 오른쪽이나 왼쪽으로 방향을 정하면 게임이 더욱 재미있습니다.

2. 게임판 모양 바꾸기

게임판의 모양을 아래와 같이(또는 다른 방법으로) 변형하여 단순히 한 방향뿐만 아니라 다양하게 갈 수 있도록 합니다.

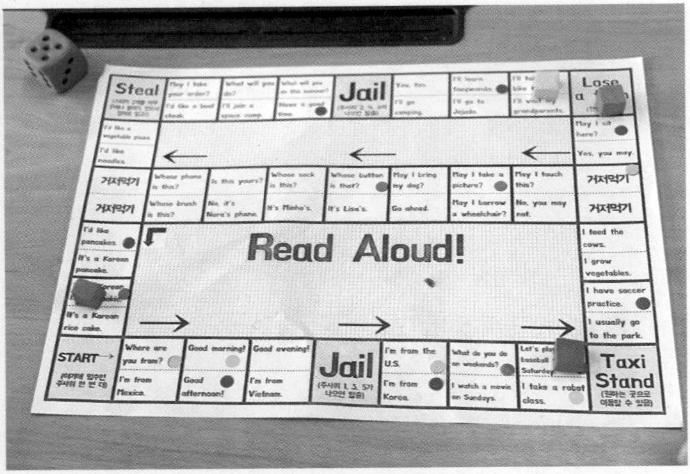

3. 게임판 안의 칸 세밀하게 나누기

게임판의 기본형은 1칸에 단어 1개 또는 문장 1개를 적게 되어 있지만, 스티커를 붙이는 칸을 없애고 칸을 2개 이상으로 나누어 만들어도 됩니다.
아래 예시는 1칸을 4 등분하여 단어 또는 문장을 채운 게임판입니다. 학생들은 해당 칸에 도착하면 4개의 표현 중 하나를 읽고 그 위에 스티커를 붙일 수 있습니다. 또는 아래와 같은 게임판에 스티커 없이 단어나 문장을 읽고 그 위에 자신의 이름을 쓰게 변형해도 좋습니다. 칸이 많이 나누어져 있는 게임판으로 할 때는 다른 학생이 차지한 칸을 뺏을 수 없게 합니다.

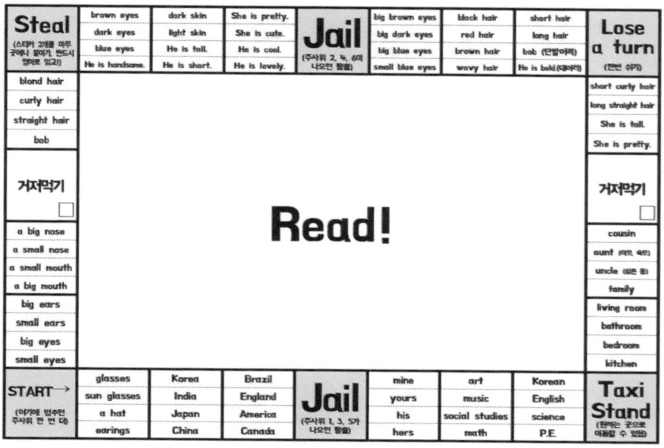

4. 학생들이 직접 게임판 만들기

한글 프로그램에서 인쇄를 누르면 오른쪽 위에 '설정' 버튼이 있습니다. 설정 버튼을 눌러 페이지 레이아웃을 바꿉니다. 페이지 레이아웃 중에서 '포스터 2X2'를 설정하고 출력하면 게임판이 4장의 A4용지로 출력됩니다.

모둠원에게 각 1장씩 나눠주고 빈칸에 자신이 쓰고 싶은 단어 또는 문장을 적게 합니다. 그런 다음 4장의 종이를 모아서 간단히 테이프로 붙여서 게임을 합니다. 자신들이 직접 만든 게임판이므로 더 즐겁게 게임을 할 수 있습니다.

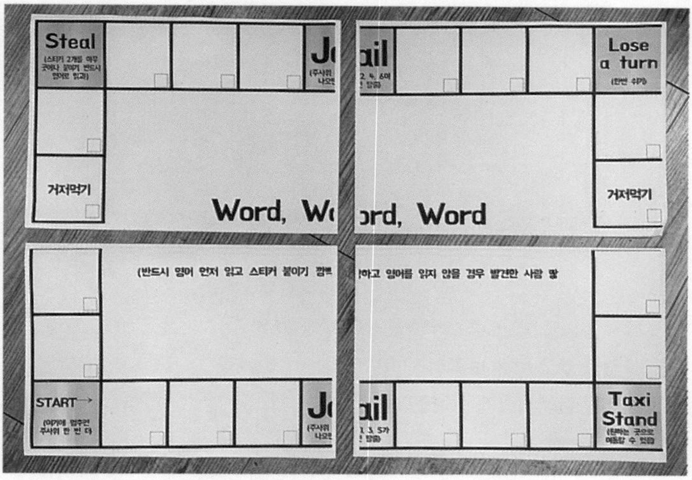

02 (읽기/쓰기) 바쁘다 바빠 'Walking Dictation'

Running Dictation이라고 들어보았을 것입니다. 수업 현장에서 진행해보면 달려가서 재빨리 단어 또는 문장을 외우고 다시 돌아오는 과정이 굉장히 어수선합니다. 이런 혼란을 한두 번 겪어보면 수업에 활용하기 꺼려집니다. 이 활동의 재미를 살리고 어수선함을 줄이고자 생각해낸 것이 'Walking Dictation'입니다.

게임 준비

① 문제는 온전한 문장의 형태로 써도 좋지만, 재미를 위해 뒤죽박죽 단어를 섞은 형식으로 제시한다. 응용 문장보다는 느린 학습자도 참여할 수 있도록 교과서에서 자주 언급된 문장으로 한다.

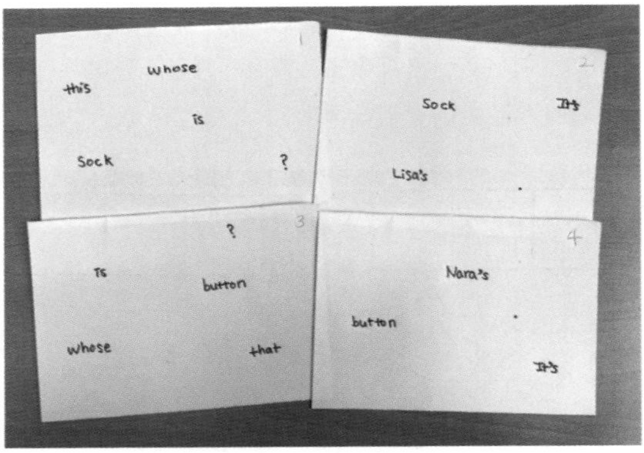

(벽면에 붙일 문제지)

② 수업 전에 문제지를 복도 벽면이나 바닥 곳곳에 부착한다.
③ 답지는 2명당 1장을 주고 함께 보면서 채점한다.
④ 타이머는 TV 화면으로 큼직하게 보여준다.

Walking Dictation 2 모둠 이름

❶ Whose sock is this? ○

❷ It's Lisa's sock. ○

❸ Whose button is that? ○

❹ It's Nara's button. ○

('Walking Dictation' 게임 학습지)

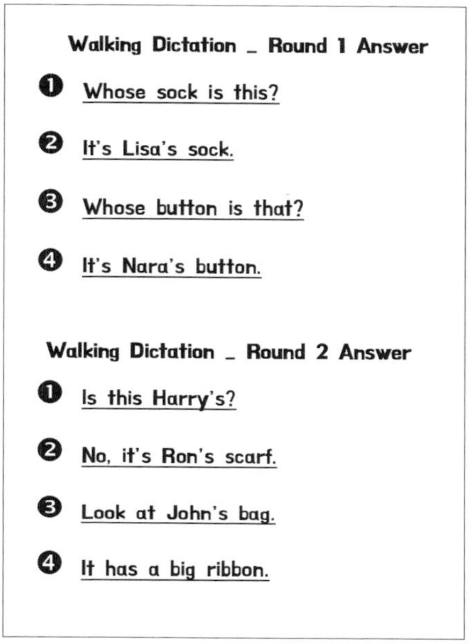
Walking Dictation _ Round 1 Answer

❶ Whose sock is this?

❷ It's Lisa's sock.

❸ Whose button is that?

❹ It's Nara's button.

Walking Dictation _ Round 2 Answer

❶ Is this Harry's?

❷ No, it's Ron's scarf.

❸ Look at John's bag.

❹ It has a big ribbon.

(Walking Dictation 답지)

게임 방법

① 모둠 대항 게임으로 모든 학생에게 1장의 답지를 나눠준다.

② 각 모둠에서 1명씩 나온다. 예를 들어 1라운드에서는 모둠 번호 1번이, 2라운드에서는 모둠 번호 2번이 나온다.

③ 자기 차례가 되면 복도에 적힌 단어 또는 문장을 보고 와서 모둠원들에게 알려준다.

④ 모든 모둠원은 자기 학습지에 해당 단어 또는 문장을 써야 한다.

⑤ 정해진 시간(2분 정도) 동안 반복해서 보고 올 수 있다. 단, 같은 모둠원이 반복해서 나간다. 자기 차례가 아닌 모둠원은 나갈 수 없다.

⑥ 뛰거나 달리면 1점씩 감점한다.

⑦ 1라운드부터 4라운드까지 진행한 후 모둠원들이 쓴 답지를 모은다.

⑧ 모둠끼리 답지를 바꿔 문장부호, 대/소문자 등까지 모두 채점한다.

⑨ 가장 많은 학생이 가장 정확히 쓴 모둠이 이긴다. 맞게 쓴 단어 또는 문장 1개당 1점으로 채점한다. 4명의 모둠원이 4개의 문제를 모두 맞게 썼다면 16점이 된다.

✱ '느린 학습자'를 위한 Tip

- 복도에서 단어 또는 문장을 보고 올 때 교사가 옆에서 해당 단어를 읽어줍니다. 모둠원들에게 말해야 하는 단어를 교사가 말하고 그 단어의 발음을 그대로 외워서 모둠원에게 알려주도록 합니다.
- 답지를 작성할 때는 모둠 안에서 서로 도와야 하므로 옆 학생의 답지를 보고 써도 됩니다.
- 문제 옆에 그림을 삽입하면 느린 학습자가 문장을 추측하는 데 도움이 됩니다.

▶ 이렇게 지도하세요

① 모둠원의 인원수가 다르다면 게임 규칙을 조정합니다. 예를 들어 대부분의 모둠이 4명인데 어느 특정한 모둠이 3명이라면 1명이 한 번 더 임무를 수행합니다. 3명일지라도 협력하여 총 4장의 답지를 작성하고, 대신 시간이 부족하다면 답지의 작성을 위한 시간을 더 부여합니다.

② 모둠 대항 게임이므로 모둠원들끼리 협력하여 답지를 작성하도록 강조합니다. 자기 답지만 보지 말고 모둠원들의 답지까지 함께 보면서 틀린 부분을 고치는 등 협력하게 합니다.

★ 게임 변형하기

1. 학년이나 학생 특성에 따라 문제 수준 조절하기

3학년이라면 알파벳 대문자 또는 소문자만 보고 와서 쓰는 문제를 내거나 단어로 문제를 제시하고, 4학년 이상이라면 문장으로 문제를 냅니다. 좀 더 어렵게 낸다면 단어의 철자를 뒤죽박죽으로 써두고 제대로 된 단어를 써보게 하거나 문장 속 단어의 순서를 섞은 상태에서 바른 문장을 쓰게 할 수 있습니다.

2. 수준에 따라 문제 개수, 제한 시간 바꾸기

활동 시간에 따라 문제의 개수를 조절합니다. 학생 및 문제 수준에 맞춰 1문제당 몇 분을 줄지도 바꿉니다.

3. 짝 활동으로 바꾸기

기본 규칙은 같습니다. 모둠 활동보다 집중 및 참여도가 훨씬 올라갑니다. 다만 느린 학습자와 짝이 된 학생들의 불만이 있을 수 있습니다. 이 문제를 해결하려면 경쟁 수준을 낮춰야 합니다. 가장 많은 점수를 얻거나 가장 빠른 모둠이 이기는 것보다 두 학생 모두 다 적은 후 답지를 가져와서 보상 티켓을 받는 방식으로 바꿉니다.

03 (읽기/쓰기) 주사위가 골라주는 'Lucky Sentence'

'Lucky Sentence'는 학생들이 문장을 만들면서 운에 의해 점수를 획득하고 승패가 갈리는 게임입니다. 게임을 하다 보면 문장을 어떻게 만들어야 하는지 이해하게 됩니다. 패턴이 정해져 있는 문장을 반복해서 쓰고 주사위를 굴려서 점수를 얻습니다.

게임 준비

① 모둠당 문제지 2장, 주사위 1개를 준비한다.
② 답지는 학생 수만큼 준비한다.

게임 방법

① 학생 한 명당 1장의 답지를 나눠준다.
② 한 모둠당 2장의 문제지를 나눠준다.
③ 문제지에 있는 단어를 조합하여 자신의 답지에 1개의 문장을 적는다.
④ 단어 칸(A부터 D까지)별로 주사위를 2번씩 굴린다.

	A	B	C	D
1	I	visited	uncle	in Jeju-do.
2	She	met	aunt	in Gwangju.
3	He	helped	grandfather	in Seoul.
4	We	called	grandmother	in Dok-do.
5	They	saw	friends	in Jeonju
6	The girl	knew	someone	in Incheon.

⑤ 주사위 눈 수에 해당하는 단어를 쓴 학생은 점수를 가져가지 못한다.
⑥ 온전히 문장이 살아남은 학생은 점수 칸에 5점을, 나머지 학생들은 0점을 적는다.

⑦ 게임이 끝났을 때 점수가 가장 많은 학생이 이긴다.

Lucky sentence	점수	Lucky sentence	점수
① I Visited uncle in jeju-do	5	① They helped friends in jeju-do.	0
② I Visited grandfather in Gwangju	0	② She called grandmother in Jeju-do.	0
③ I knew aunt in Jeju-do	0	③ He saw uncle in Gwangju.	5
④ I visited uncle in seoul	0	④ I met friends in Dok-do.	0
⑤ I called aunt in Seoul.	0	⑤ I visited uncle in Seoul.	0
⑥ I visited someone in jeju-do	0	⑥ I visited uncle in jeju-do	5
⑦ We called grandmother in Dok-do	5	⑦ I met grandfather in Dok-do	0
⑧ I saw friends in Incheon	0	⑧ The girl saw grandmother in Seoul.	5
⑨ She met uncle in Incheon	0	⑨ She helped grandmother in Jeonju.	0
⑩ I met friends in Gwangju	0	⑩ I knew friends in Dok-do	0

(실제 게임을 한 후 학습지)

✪ '느린 학습자'를 위한 Tip

- 규칙을 이해하지 못했거나 속도가 느린 학생들을 순회 지도로 도와줍니다.
- 게임의 승패가 운에 있으므로 모둠 안에서 서로 돕도록 지도합니다.

▶ 이렇게 지도하세요

① 학생들의 게임 이해를 돕기 위해 첫 문장 만들기는 학급 전체와 함께 진행합니다.

② 각자 단어를 조합하여 문장을 만들도록 하고, 교사가 칸(A부터 D까지)별로 2번씩 주사위를 굴리면서 게임 진행을 설명합니다.

★ 게임 변형하기

1. 점수 방식 변형하기

모든 문제당 5점을 주고 주사위 눈 수에 걸릴 때마다 감점이 되는 방식으로 게임을 바꿔서 진행합니다.

2. 규칙 변형하기

주사위 눈 수에 걸릴 때마다 점수를 획득하는 방식으로 바꿔서 진행합니다.

04 (읽기) 순서대로 연결해야 끝나는 'Domino Game'

'Domino Game'은 예전에 영어가 국정교과서일 때 수록되었던 게임입니다. 당시에는 문장을 만들어 말하는 게임이었는데 여기서는 주로 문장 읽기 게임으로 활용합니다.

한글 문장을 보고 해당 영어 문장을 찾아 연결합니다. 카드를 먼저 모두 내려놓은 학생이 이깁니다. 어떤 카드에서 시작하든 제대로 카드를 이어나갔다면 마지막 1장까지 연결할 수 있습니다.

I want to get some rest.	나는 책을 읽고 싶어.	I want to read a book.	나는 집을 청소하고 싶어.
I want to clean the house.	나는 설거지를 하고 싶어.	I want to wash the dishes.	나는 자전거를 타고 싶어.
I want to ride a bike.	나는 컴퓨터 게임을 하고 싶어.	I want to play computer games.	나는 영화를 보고 싶어.
I want to see a movie.	나는 농구를 하고 싶어.	I want to play basketball.	나는 수영하러 가고 싶어.
I want to go swimming.	나는 TV를 보고 싶어.	I want to watch TV.	나는 숙제를 하고 싶어.
I want to do my homework.	나는 요가를 하고 싶어.	I want to do yoga.	나는 수학 공부를 하고 싶어.
I want to study math.	나는 네가 보고 싶어.	I want to see you.	나는 양치질을 하고 싶어.
I want to brush my teeth.	나는 미국에 가고 싶어.	I want to go to America.	나는 태권도를 하고 싶어.
I want to do taegwondo.	나는 피자를 먹고 싶어.	I want to eat pizza.	나는 자고 싶어.
I want to sleep.	나는 축구를 하고 싶어.	I want to play soccer.	나는 스파게티를 먹고 싶어.
I want to eat spagettie.	나는 집에 가고 싶어.	I want to go home.	나는 동물원에 가고 싶어.
I want to go to the zoo.	나는 야구를 하고 싶어.	I want to play baseball.	나는 쉬고 싶어.

(Domino Game 카드)

게임 준비

① 도미노 게임 카드 틀에 내용을 입력하여 출력 후 자른다.
② 모둠 수대로 카드 세트를 준비한다.

게임 방법

① 모둠원끼리 게임을 한다.
② 한 세트의 카드를 섞어서 모둠원 수대로 똑같이 나눈다. 만약 남은 카드가 있다면 가위바위보를 해서 이긴 학생을 제외하고 나머지 학생들이 가져가도록 한다.

③ 가위바위보를 해서 이긴 학생은 자기 카드 중 1장을 내려놓는다.
④ 처음 내려놓은 카드의 내용에 '이어지는 카드'를 지닌 학생이 다음 카드를 낸다.
⑤ 정해진 순서 없이 계속 카드의 내용에 따라 도미노처럼 쭉 연결한다.

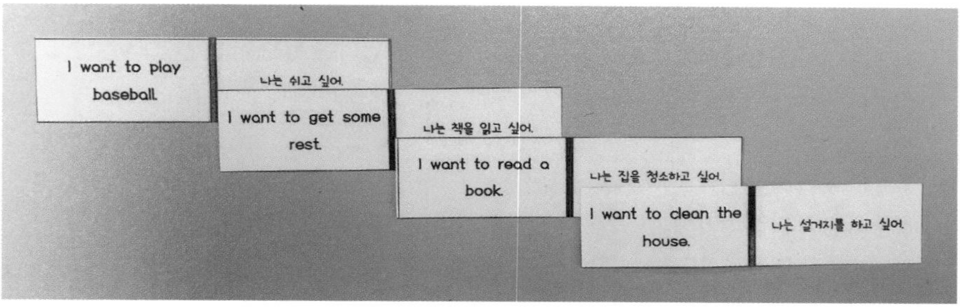

⑥ 먼저 자기 카드를 모두 내려놓은 학생이 이긴다.

⑦ 중간에 잘못 내려놓은 카드로 인해 게임이 원활히 진행되지 않으면 처음부터 다시 시작한다.

⑧ 카드를 내려놓을 때는 카드에 적힌 영어 문장을 꼭 읽는다.

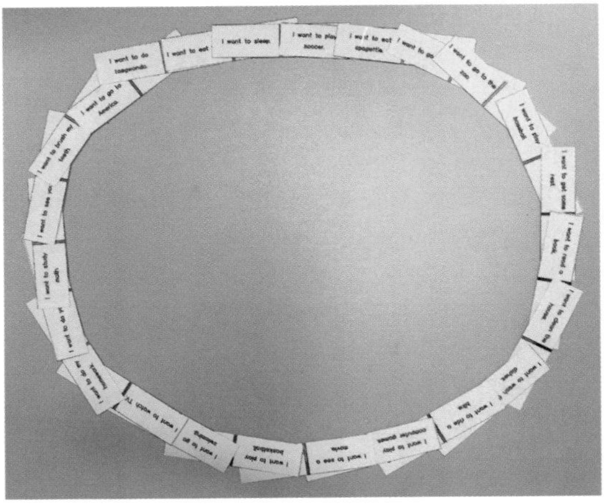

(모두 연결된 Domino Game 카드)

▶ 이렇게 지도하세요

① 게임을 하다 보면 중간에 잘못 놓은 카드로 인하여 진행이 원활히 이루어지지 않을 때가 있습니다. 이때 교사가 개입하여 어느 부분의 카드가 잘못 놓여 있는지 확인시켜주고 게임을 처음부터 다시 시작하도록 지도합니다.

② 모둠에 따라 게임의 진행 속도가 다르므로 빨리 끝난 모둠은 한 판 더 하도록 안내합니다.

★ 게임 변형하기

1. 거꾸로 도미노

영어 문장을 읽고 그에 맞는 한글 문장을 찾아 연결해나갑니다. 원래 게임의 반대 방향으로 카드를 쭉 연결하면 됩니다.

2. 누가 누가 빨리 읽나

모둠 대항 게임입니다. 도미노 카드에 적힌 문장을 최대한 빠르게 모두 읽은 모둠이 이깁니다. 읽어야 하는 카드의 개수는 같으므로 모둠원 수가 각기 달라도 게임을 할 수 있습니다.

다만 수준차를 고려하여 카드를 나눠주고 모둠 안에서 서로 돕도록 지도합니다. 문장을 읽을 때 지나치게 빠르게 읽다가 실수로 단어를 빼고 읽곤 하는데, 빠뜨린 단어 없이 읽어야 합니다. 판단은 교사가 합니다.

<게임 방법>

① 한 모둠당 한 세트의 도미노 카드를 나눠준다.
② 모둠 안에서 카드를 적당히 나눈다. 잘하는 학생은 많이, 어려운 학생은 적게 가져가도 된다.
③ 카드에 적힌 문장을 읽어보며 연습할 시간을 가진다. 이때 모둠 안에서 협력하도록 강조한다.
④ 어느 모둠이 먼저 할지 순서를 정한다.
⑤ 자기 모둠 차례가 되면 모둠원들이 차례로 일어나 자신의 도미노 카드를 읽는다.
⑥ 학생들이 문장을 읽는 동안 교사는 스톱워치를 이용해 시간을 잰다.
⑦ 문장을 다 읽을 때까지 걸린 시간을 칠판에 적는다.
⑧ 가장 빠르게 도미노 카드의 문장을 모두 읽은 모둠이 이긴다.
⑨ 활동 시간에 따라 모둠당 2번씩 기회를 줄 수도 있다.

05 (읽기) 돌리고 읽고 'Dice Bingo'

'Dice Bingo'는 양식이 간단하고 준비 시간이 짧아서 부담 없이 활동할 수 있습니다. 빈 양식을 학생들에게 제공하여 스스로 내용을 채우게 할 수 있어서 읽기뿐 아니라 쓰기 연습까지 유도할 수 있습니다. 준비물이 종이와 주사위밖에 없다는 것이 가장 큰 장점입니다.

게임 준비

① 현재 배우고 있는 내용에 맞게 게임 학습지를 제작한다. 단어 학습이 목적이라면 단어를 적고, 문장 읽기가 목적이라면 문장을 적는다.

Dice BINGO! (Words)

(주사위를 굴린 후 세 번 읽은 후에 동그라미, 먼저 3줄 되는 사람이 이김.)

bat	puppy	goat	mouse	tiger	goldfish
cat	rabbit	pig	fish	hamster	lion
monkey	turtle	duck	elephant	kangaroo	ox
shrimp	bear	cow	giraffe	horse	dog
crab	deer	bee	sheep	chicken	parrot
snake	bird	penguin	owl	fox	panda

('Dice Bingo' 게임 학습지)

② 학생 1인당 1장의 학습지와 2명당 1개의 주사위를 나눠준다.
③ 학생들은 게임 학습지에 표시를 하기 위해 필기구를 준비한다.

게임 방법

① 모든 학생에게 게임 학습지를 1장씩 나눠준다.
② 짝과 가위바위보를 하고 이긴 학생부터 주사위를 굴린다.
③ 주사위 눈 수에 해당하는 단어 중 하나를 3번 읽는다. 또는 '1번 읽고 단어의 뜻을 말하기'로 규칙을 바꿔도 된다.
④ 단어를 읽은 후에는 해당 단어에 동그라미를 그린다.
⑤ 짝과 번갈아 가면서 '③~④'의 과정을 반복한다.
⑥ 먼저 게임 학습지에 3줄을 완성한 학생이 이긴다.

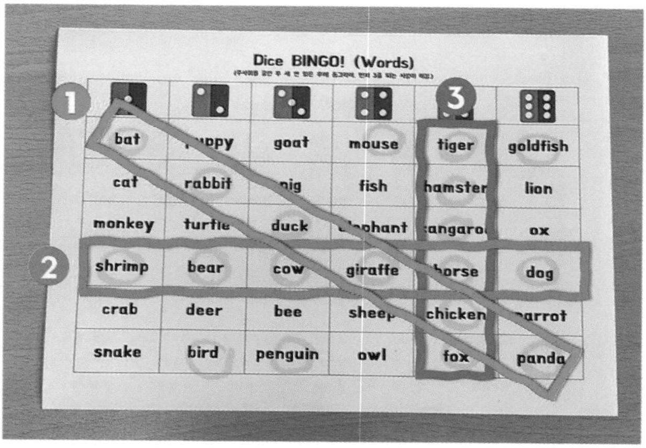

▶ 이렇게 지도하세요

① 게임의 승패가 주사위에 있음을 강조하고, 단어 읽기를 어려워하는 친구는 도와주도록 지도합니다.
② 자신이 읽은 단어에만 동그라미를 그립니다. 일반 빙고처럼 상대방이 읽은 단어까지 동그라미 치지 않습니다.
③ 만약 주사위 눈 3이 있는 칸의 단어를 다 표시했는데 또다시 3이 나왔다면 자신의 차례는 그냥 넘어갑니다.

★ 게임 변형하기

1. 주사위 두 번 굴려 빙고

위의 기본 게임이 주사위를 한 번만 굴려서 한다면 변형 게임에서는 두 번 굴려서 게임을 합니다. 양식도 살짝 바꿔서 가로와 세로에 주사위 그림을 그립니다.

규칙은 기본 게임과 거의 같습니다. 가위바위보로 순서를 정해서 차례로 게임을 합니다. 자신의 순서가 되면 주사위를 2번 굴려 나오는 눈의 수와 일치하는 칸의 단어를 읽습니다. 가로와 세로는 게임 참가자가 결정합니다. 만약 주사위 눈의 수가 2, 4로 나왔을 때 가로 2, 세로 4에 있는 단어를 읽거나 가로 4, 세로 2에 있는 단어를 읽을 수 있습니다. 주사위가 넉넉하다면 한 번에 2개를 굴려도 됩니다.

Dice BINGO! (Words)

	bat	puppy	goat	mouse	tiger	goldfish
	cat	rabbit	pig	fish	hamster	lion
	monkey	turtle	duck	elephant	kangaroo	ox
	shrimp	bear	cow	giraffe	horse	dog
	crab	deer	bee	sheep	chicken	parrot
	snake	bird	penguin	owl	fox	panda

2. 직접 모든 칸에 알파벳 또는 단어 써서 빙고

교사가 양식만 제공하고 학생들이 알파벳 또는 단어를 직접 써서 게임을 합니다. 이번에는 읽기와 쓰기를 함께 학습할 수 있습니다.

게임 학습지의 빙고 칸은 총 36개인데, 학습하고자 하는 단어가 10개밖에 안 된다면 10개의 단어를 적절히 반복해서 쓰도록 안내합니다. 만약 알파벳으로 게임을 하는데 빙고 칸은 36개이고 알파벳은 26개라면 알파벳 대, 소문자를 골고루 겹치지 않게 쓰도록 지도합니다.

Dice BINGO! (Alphabet)

(주사위를 굴린 후 알파벳을 읽은 후에 동그라미, 먼저 3줄 되는 사람이 이김.)

⚀	⚁	⚂	⚃	⚄	⚅
Q	e	N	F	c	O
C	L	V	P	B	J
K	d	A	Z	I	b
U	H	R	D	a	W
E	T	Y	S	M	G
f	g	X	k	h	j

3. 짝과 한 장으로 빙고

2명이 게임 학습지 1장으로 게임을 합니다. 게임 규칙은 거의 같습니다. 각자 서로 다른 색깔의 필기구를 준비하고 가위바위보로 순서를 정한 다음 주사위를 굴립니다. 주사위를 굴려 나오는 칸의 단어 또는 문장을 읽고 자신의 필기구로 표시합니다.

1장으로 게임을 하므로 1줄 먼저 완성한 학생이 이기는 것으로 규칙을 살짝 변형합니다. 상대방이 완성해가는 줄을 방해하거나 빠르게 빙고 칸이 채워져서 주사위 눈의 수에 맞는 빈칸이 없는 등 게임이 더 흥미로워집니다. 예를 들어 이미 주사위 눈 5에 해당하는 빙고 칸이 모두 표시되었다면 자신의 차례에 주사위 눈이 5가 나와도 표시할 수 없습니다. 순서는 상대방에게 넘어가게 됩니다.

Dice BINGO! (Sentence)

(주사위를 굴린 후 읽은 후 동그라미, 먼저 1줄 되는 사람이 이김.)

⚀	⚁	⚂	⚃	⚄	⚅
I am in the sixth grade.	I am in the fourth grade.	What grade are you in?	I like watching TV.	My name is ...	I like cooking.
I'm from America.	I'm from Brazil.	I like playing computer games.	Are you in the fourth grade?	I'm from Japan.	I'm from Africa.
I like art.	Are you in the sixth grade?	I'm in the sixth grade.	I'm in the third grade.	Are you in the third grade?	I like reading books.
I'm from Korea.	What class are you in?	I like writing.	Where are you from?	Nice to meet you.	I'm in the fifth grade.
Where are you from?	What's your name?	Are you in the fourth grade?	I like Science.	Are you in the fifth grade?	Are you from India?
Nice to meet you.	My name is ...	I'm from England.	I like music.	Are you from Korea?	How are you?

4. 땅따먹기

변형 게임 1과 3을 다시 변형한 게임입니다. 게임 학습지는 1장만 준비하고, 주사위를 2번 굴려서 합니다. 빙고 칸에 가장 많이 표시한 학생이 이깁니다. 번갈아 가면서 표시하는데 상대방이 이미 표시한 곳은 다시 표시할 수 없습니다. 시간이 오래 걸릴 수 있으므로 게임 시간을 제한합니다. 시간이 종료되었을 때 가장 많은 칸에 표시한 학생이 이깁니다.

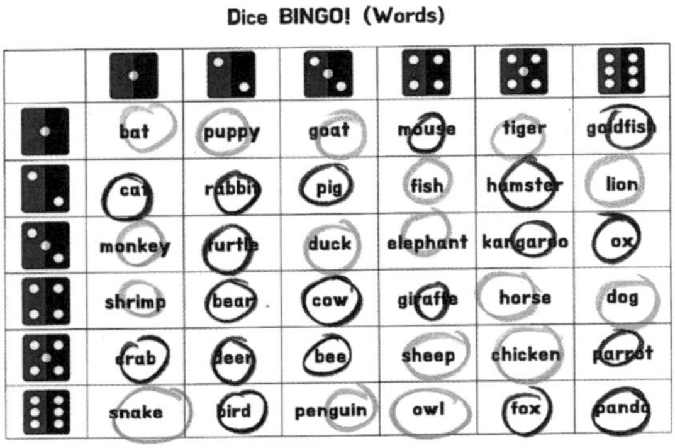

Dice BINGO! (Words)

	bat	puppy	goat	mouse	tiger	goldfish
	cat	rabbit	pig	fish	hamster	lion
	monkey	turtle	duck	elephant	kangaroo	ox
	shrimp	bear	cow	giraffe	horse	dog
	crab	deer	bee	sheep	chicken	parrot
	snake	bird	penguin	owl	fox	panda

06 (단어/문장) 쑥스러워하는 학생을 위한 'Mime or Draw'

'Mime or Draw'는 TV 예능 프로그램에서 많이 다루는 '스피드 퀴즈' 또는 '방과 방 사이' 게임과 비슷합니다. 영어 표현을 제한 시간 안에 가장 많이 맞힌 모둠이 이깁니다. 말로만 하지 않고 Mime or Draw, 즉 몸이나 그림으로 표현해서 정답을 설명합니다. 영어 수준이 크게 문제 되지 않으므로 느린 학습자도 참여 가능합니다.

그런데 왜 Mime과 Draw 중에 하나만 하지 않고 둘 다 써두었을까요? 성향에 따라 활발하고 신체활동에 능숙한 학생은 Mime으로, 쑥스러움이 많아 동작으로 표현하기 주저하는 학생은 Draw로 표현할 수 있게 선택권을 주기 위함입니다. Mime 또는 Draw 중에 본인이 하고 싶은 활동으로 영어 단어나 문장을 설명하게 하면 정서적 부담이 덜어져서 적극적으로 참여할 수 있게 됩니다.

게임 준비

① 모둠 수만큼 퀴즈를 준비한다. 각 퀴즈 세트별로 문제 수는 8~10개가 적당하다.
② 타이머를 준비하여 시간을 측정한다.
③ 게임의 순서는 뽑기 프로그램 또는 뽑기 막대 등으로 정한다.

게임 방법

① 모둠 안에서 문제를 설명할 학생과 정답을 맞힐 학생을 정한다. 예를 들어 모둠원이 총 4명이라면 2명은 설명하고, 2명은 정답을 맞힌다.
② 어느 모둠이 먼저 할지 순서를 정한다.
③ 자기 모둠 차례가 되면 교사가 준비한 퀴즈 세트 중 하나를 고른다.
④ 모둠에서 학생 2명은 칠판 앞에 서서 문제를 설명하고, 나머지 학생들은 자신의 자리에 그대로 앉아 정답을 맞힌다.
⑤ 설명하는 학생들은 교사의 모니터 속 문제를 보며 제한된 시간 2분 동안 신체 동작 또는 그림으로

설명한다.

⑥ 제한 없이 PASS권을 쓸 수 있다. 문제가 어려울 때는 패스하고 다음 문제로 넘어간다. 마지막 문제까지 다 풀고 나서 패스한 문제를 다시 설명해도 된다.

⑦ 2분 동안 주어진 문제를 몇 개나 풀었는지에 따라 승패가 결정된다.

⑧ 모둠별로 맞힌 정답의 개수를 칠판 한쪽에 적는다.

⑨ 만약 문제를 모두 맞혔는데 시간이 남았다면 남은 시간을 함께 써둔다. 동점이라면 시간이 더 많이 남은 모둠이 이긴다.

✱ '느린 학습자'를 위한 Tip

- 모둠 안에서 느린 학습자가 문제를 설명하면 좋습니다. 교사가 퀴즈용 파워포인트를 제작할 때 정답을 영어로만 적지 않고 그림을 같이 제시한다면 설명하는 학생들이 영어를 잘 모르더라도 동작이나 그림으로 표현할 수 있습니다.
- 모둠 안에서 설명할 학생과 정답을 맞힐 학생을 정할 때 교사가 퀴즈 화면에 그림이 같이 있다고 미리 안내하면 학생들의 정서적 부담감을 덜어줄 수 있습니다.

▶ 이렇게 지도하세요

① 활동을 설명하기에 앞서 교사가 시범을 보입니다. 교사의 시범에 따라 활동 수준이 달라지기 때문입니다. 교사가 칠판에 그림을 그리고 학생들은 영어로 답을 맞힙니다. 또는 교사의 몸동작을 보고 무엇을 말하고자 하는지 맞혀봅니다.

② 학생 수준에 따라 제한 시간을 조절합니다.

③ 그림은 칠판에 그리고, 자기 모둠 차례가 다 끝났을 때 한꺼번에 지우고 퇴장합니다.

④ 이중 모니터 기능을 활용하여 TV에는 타이머 화면을 띄우고, 교사용 모니터에는 문제를 띄웁니다. 문제를 설명하는 학생들은 교사용 모니터를 보면서 설명하게 되고, 나머지 학생들은 TV의 타이머 화면을 볼 수 있습니다.

⑤ 이중 모니터 기능이 안 된다면 파워포인트의 내용을 출력해서 설명할 학생들에게 제공하고 TV 화면에 타이머가 보이게 합니다.

⑥ 게임 차례를 정할 때는 뽑기 프로그램(numgen.net)이나 뽑기 막대 등을 활용합니다.

★ 게임 변형하기

1. Mime, Draw, Explain

Mime, Draw라는 장치는 두되 영어로 설명할 기회까지 주는 것입니다. 설명할 학생들은 3가지 중에 자신이 할 수 있는 것 또는 그때그때 정답의 내용에 따라 더 알맞은 것을 선택하여 사용합니다.

2. Mime, Draw, Explain + Dice(변형 1에 주사위가 추가된 버전)

거의 모든 규칙은 원형과 같지만, 정답을 설명하기 전에 주사위를 굴려야 하는 것만 다릅니다.

- 퀴즈에서 정답이 총 8개라면 8개 모두 설명하기 전에 주사위를 각각 굴려야 합니다.
- 주사위 1이나 2가 나오면 Mime, 3이나 4가 나오면 Draw, 5나 6이 나오면 Explain입니다.
- 주사위에 의해 결정된 방법으로 해당 문제를 설명해야 합니다. 물론 PASS권은 자유롭게 사용할 수 있습니다. 그러나 다시 그 문제로 돌아왔을 때 이미 결정된 방식으로 설명해야 합니다. 다시 주사위를 굴리지 않습니다.
- 시간은 더 넉넉히 줍니다. 주사위를 굴리는 시간까지 포함되므로 촉박할 수 있습니다.

07 (단어/문장) 뒤집고 잡고 'Find It'

'Find It'은 단어와 문장 익히기에 알맞은 활동입니다. 여러 장의 카드를 교실 뒤나 복도 바닥에 뒤집어놓고 교사가 한글을 제시하면 그에 맞는 영어 표현을 찾아옵니다. 정적이지 않아서 지루하지 않고, 모둠 대항이지만 무임승차를 할 수 없이 바쁘게 흘러가는 게임입니다.

게임 준비

① 학습할 영어 문장 또는 단어 카드를 만든다. 문제 수에 따라 카드의 개수는 달라지며, 표현이 같은 카드가 2장씩 있게 만든다.
② 카드는 잡는 느낌을 위해서 코팅을 하거나 두꺼운 종이에 출력한다.
③ 정답 카드 외에도 재미를 위해 '꽝' 카드를 적당한 수만큼 만든다.

I'm looking for sunglasses.	Tom is looking for sneakers.	꽝	꽝
She is looking for jeans.	We are looking for boots.	Jihun is looking for a chair.	꽝
Mom is looking for gloves.	He is looking for socks.	Dad is looking for a car.	They are looking for a house.

(게임 카드)

④ 게임 시작 전에 교실 뒤 또는 복도에 내용이 보이지 않게 카드를 깔아둔다.

게임 방법

① 모둠 구성은 기본 4인으로 하고, 모둠원들의 번호를 1~4번으로 정한다.
② 찾아와야 하는 카드 내용을 스크린에 한글로 보여준다.
③ 타이머로 시간(보통 30초~1분)을 설정한다.
④ 모둠 번호 1번이 문장을 찾으러 출발한다.
⑤ 바닥에 있는 카드를 뒤집어서 내용을 확인하고 정답을 찾으면 교사에게 가져온다.

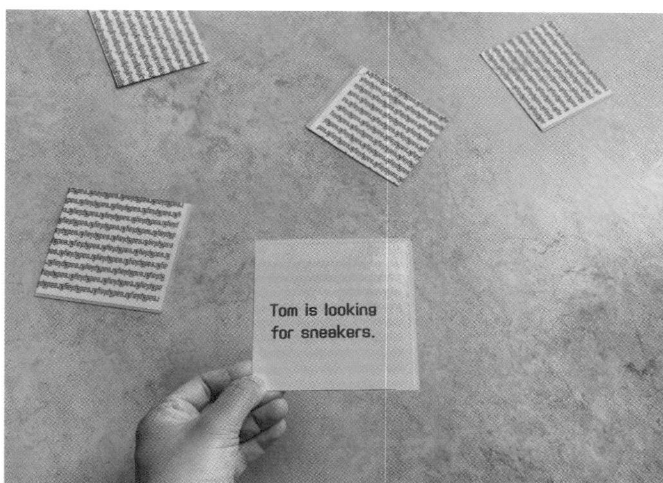

⑥ 정답을 찾은 모둠에 1점을 준다.
⑦ 카드의 내용을 확인한 후 정답이 아닐 때는 다시 뒤집어놓는다.
⑧ 모둠 번호순대로 돌아가면서 '②~⑥'의 활동을 반복한다.
⑨ 가장 많은 점수를 획득한 모둠이 이긴다.

✿ '느린 학습자'를 위한 Tip

- 게임 전에 카드의 내용을 미리 학습합니다.
- 출발 전에 모둠원들이 찾아야 하는 표현을 말로, 또는 적어서 알려줘도 됩니다.

▶ 이렇게 지도하세요

- 문제 푸는 시간은 30초~1분 사이로 설정하되 상황에 맞게 제한 시간을 바꿔도 됩니다.
- 문제와 문제 사이에 카드 정리가 필요합니다. 도우미를 2명 정도로 뽑아서 카드 정리를 돕도록 합니다. 도우미에게는 티켓 등으로 보상을 해줍니다.
- 급하게 달려 나가지 않도록 하고, 출발선을 같게 맞춰줍니다.

08 (알파벳) 큰소리로 알파벳을 외치며 'Alphabet UNO'

3학년 영어 교과서를 펼치면 알파벳을 배우는 것부터 시작합니다. 그러나 현실은 다릅니다. 어린이집, 유치원에서부터 알파벳은 물론이고 영어 읽기, 쓰기를 배워서 옵니다. 그런데도 알파벳을 처음 접하는 학생이 몇몇 있기 마련이고, 여기에서부터 격차는 벌어집니다. 그러한 학생들을 포기할 수 없기에 모두가 처음 배우는 것처럼 수업은 해야 하고, 지루함을 느끼는 학생은 점점 늘어갑니다.

이를 타파하려고 'Alphabet UNO'를 만들었습니다. 반복된 연습을 하면서도 지루하지 않게 알파벳 대, 소문자를 학습할 수 있습니다.

게임 준비

① 세트별로 A4용지의 색을 달리하여 카드가 섞이지 않도록 한다.
② 카드의 뒷면은 앞면 내용이 보이지 않도록 'I love English'와 같은 문장을 반복된 패턴으로 인쇄한다.
③ 코팅하여 재단한 뒤 1세트씩 지퍼백에 담아둔다.

게임 방법

① 모둠원들과 함께 게임을 한다. (2~5인 가능)
② 카드를 섞어 한 명당 7장씩 나눠준다.
③ 나눠주고 남은 카드는 가운데에 놓고 한 장만 앞면이 보이게 내려놓는다.
④ 가위바위보를 해서 이긴 학생부터 시계 방향으로 순서가 돌아간다.
⑤ 자기 차례가 되면 가운데 카드와 모양 또는 알파벳이 같은 카드(대, 소문자 관계없이 같은 카드)를 1장 내려놓는다.
⑥ 카드를 낼 때는 알파벳을 큰소리로 외치면서 내려놓아야 한다. 알파벳을 말하지 않고 내려놓으면 벌칙으로 카드 2장을 받는다.

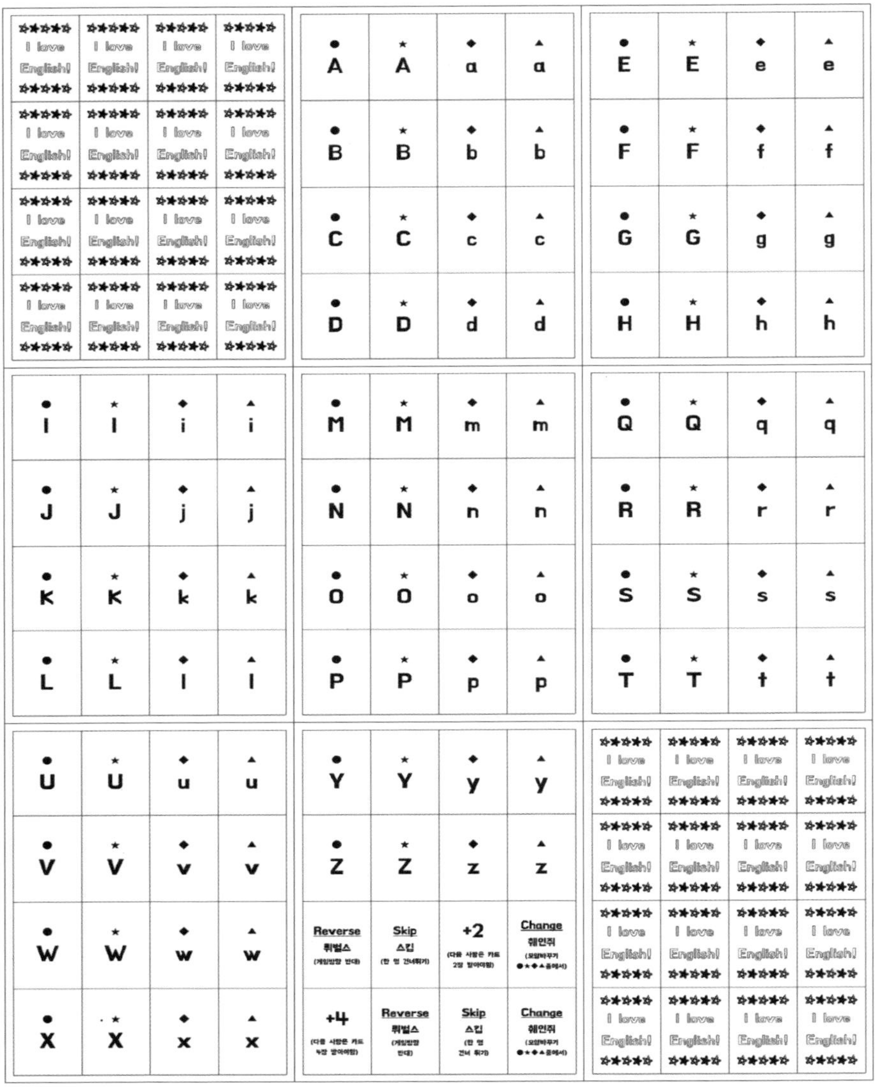
★★★★★ I love English! ★★★★★
● A ★ A ◆ a ▲ a
● B ★ B ◆ b ▲ b
● C ★ C ◆ c ▲ c
● D ★ D ◆ d ▲ d
● E ★ E ◆ e ▲ e
● F ★ F ◆ f ▲ f
● G ★ G ◆ g ▲ g
● H ★ H ◆ h ▲ h
● I ★ I ◆ i ▲ i
● J ★ J ◆ j ▲ j
● K ★ K ◆ k ▲ k
● L ★ L ◆ l ▲ l
● M ★ M ◆ m ▲ m
● N ★ N ◆ n ▲ n
● O ★ O ◆ o ▲ o
● P ★ P ◆ p ▲ p
● Q ★ Q ◆ q ▲ q
● R ★ R ◆ r ▲ r
● S ★ S ◆ s ▲ s
● T ★ T ◆ t ▲ t
● U ★ U ◆ u ▲ u
● V ★ V ◆ v ▲ v
● W ★ W ◆ w ▲ w
● X ★ X ◆ x ▲ x
● Y ★ Y ◆ y ▲ y
● Z ★ Z ◆ z ▲ z
Reverse 뤼벌스
Skip 스킵
+2
Change 췌인쥐
+4

(카드 양식)

⑦ 낼 카드가 없으면 가운데 더미에서 카드를 1장 가져온다.

⑧ 순서대로 돌아가면서 하고, 자신의 카드를 빨리 없앤 학생이 이긴다.

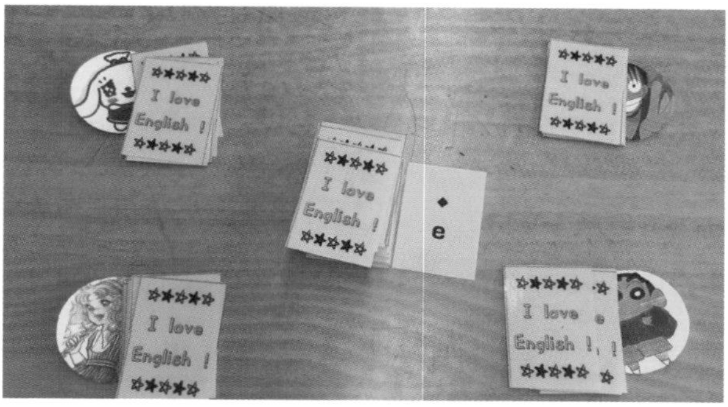

⑨ 특수 카드는 아무 때나 자신의 차례가 오면 낼 수 있다.

⑩ 특수 카드 다음 순서인 학생은 아무 카드나 낼 수 있다. 다만 Change 카드 다음 학생은 해당 모양이 있는 카드를 내야 한다.

Reverse 뤼벌스 (게임 방향 반대)	Skip 스킵 (한 명 건너뛰기)	Change 췌인쥐 (모양 바꾸기 ●★◆▲중에서)	+2 (다음 사람은 카드 2장 받아야 함)	+4 (다음 사람은 카드 4장 받아야 함)

(특수 카드)

✪ '느린 학습자'를 위한 Tip

- 알파벳 대, 소문자 구별이 어렵거나 읽지 못하는 학생을 위해 발음이 적힌 알파벳 표를 줍니다.
- 몇몇 학생들만 나눠주면 낙인 효과가 발생하므로 모든 학생에게 배포합니다.

▶ 이렇게 지도하세요

① 카드를 내려놓을 때 카드의 알파벳을 큰 소리로 읽도록 강조합니다.

② 빨리하라고 옆 친구를 재촉하지 않도록 지도합니다.

③ 게임이 빨리 끝난 모둠은 교사가 STOP을 외칠 때까지 한 번 더 합니다.

④ 게임이 끝나지 않은 상태에서 STOP을 했다면 카드가 적은 순으로 승패가 결정됩니다. 예를 들어 카드 개수가 3장 남은 학생이 가장 적은 수라면 그 학생이 이깁니다.

★ 게임 변형하기

1. 알파벳 식별 게임

알파벳 UNO 한 세트에는 특수 카드를 제외하고 104개의 알파벳 카드가 들어있습니다. (대문자 26개*2+소문자 26개*2) 한 세트의 카드로 전체 학생들에게 알파벳 카드만 무작위로 3~4장씩 나눠줍니다. 돌아다니면서 가위바위보를 하며 카드를 수집합니다. 이긴 학생은 진 학생의 카드 중 하나를 골라 가질 수 있습니다. 최대한 다양한 알파벳을 수집한 학생이 이기는 게임입니다.

게임이 끝나면 책상 위에 알파벳 순서대로 카드를 늘어놓게 합니다. 알파벳 식별에 도움이 되면서 알파벳 순서까지 익힐 수 있습니다. 처음 나눠준 카드를 모두 잃은 학생들은 교사에게 여분의 카드 1장을 더 받거나 자기 자리로 돌아가 앉습니다.

2. 알파벳 로또 게임

게싱 백(Guessing Bag) 또는 일반 주머니를 준비합니다. 특수 카드를 제외하고 알파벳 카드만 넣습니다. 모둠 안에서 각자 알파벳을 10개씩 노트에 씁니다. 돌아가면서 게싱 백에서 알파벳 카드를 하나씩 뽑습니다. 총 10개의 알파벳 카드를 뽑습니다. 뽑힌 알파벳과 자신이 쓴 알파벳이 같으면 동그라미를 그립니다. 동그라미가 많은 학생이 이깁니다. 여러 차례 반복하여 게임을 하다 보면 알파벳 쓰기 및 읽기 연습이 자연스럽게 이루어집니다.

09 (듣기/읽기) 모둠원이 돌아가면서 대표가 되는 'Point It'

'Point It'은 잘 들어야 정답을 맞힐 수 있는 게임입니다. 문제를 푸는 학생을 제외하고 나머지 학생들이 영어 문장을 읽어주면 그 문장을 잘 듣고 기억했다가 교사가 "Ready, go!" 하면 재빨리 그 문장을 찾아 짚습니다.
가끔은 운에 따라 빨리 찾기도 하고 눈앞에 있는 정답을 놓칠 때도 있어 보는 학생들에게 웃음을 선사합니다.

('Point It' 게임을 위해 칠판에 문장 카드를 부착한 모습)

게임 준비

① 문장 또는 단어 카드를 출력해서 미리 칠판에 부착한다. 카드는 빛에 반사되지 않도록 무광으로 코팅한다.
② 문장을 손으로 짚어도 되지만, 손가락 포인터 또는 막대기가 있으면 활용한다.

게임 방법

① 모둠 대항 게임으로 진행한다.
② 모둠 번호 순서대로 게임을 한다.
③ 각 모둠의 1번이 나와서 칠판을 등지고 선다.
④ 찾아야 하는 영어 표현을 스크린으로 보여준다.
⑤ 교사가 "Three, two, one!" 하면 앉아 있는 학생들이 영어 표현을 큰 소리로 읽는다.
⑥ 교사가 "Ready, go!" 하면 모둠의 대표들이 재빨리 뒤로 돌아 칠판에서 해당 영어 표현을 찾아 손으로 가리킨다.

⑦ 카드를 가리킬 기회는 딱 2번 있다. 2번 다 엉뚱한 곳을 짚었다면 기회는 없다.
⑧ 정답을 찾은 학생의 모둠이 1점을 얻는다.
⑨ 칠판을 등지고 서서 한 번 더 '④~⑧'의 활동을 반복한다.
⑩ 다음 모둠 번호가 앞으로 나와 게임을 한다.
⑪ 가장 많은 점수를 획득한 모둠이 이긴다.

▶ 이렇게 지도하세요

① 문제를 풀 학생들이 뒤돌아 서 있을 때 카드의 위치를 약간씩 바꿉니다.
② 키 작은 학생도 닿을 수 있는 곳에만 부착합니다.
③ 모둠별 인원수가 달라도 상관없습니다. 모둠 번호 순서대로 게임을 합니다.

★ 게임 변형하기

칠판에 부착할 알파벳, 단어, 문장 등이 안전하고 튼튼한 재질로 만들어져 있다면 Point(가리키기)가 아니라 Snatch(빨리 잡기)로 바꿔서 게임을 할 수 있습니다.
아래는 알파벳 자석을 활용해 게임을 한 모습입니다. Point It과 비슷하지만 재빠르게 해당 알파벳을 찾아 떼 내는 방법으로 진행합니다.

10 (단어/듣기) 2인 1조로 하기 좋은 'Circle It'

'Circle It'은 준비하기 아주 쉬운 게임입니다. 종이에 영어 표현을 간단히 적어서 복사하여 배부 후 게임을 하면 됩니다. 모둠보다는 짝 활동으로 하길 권합니다. 주로 단어 익힐 때 많이 활용합니다. 교사는 단어를 불러주고 학생들은 종이에서 해당 단어를 찾아 재빨리 동그라미를 그립니다. 숫자를 영어로 익히거나 월·요일의 명칭, 그 외의 단어 공부에도 활용하기 좋습니다.

게임 준비

① A4용지 또는 그보다 큰 종이에 단어를 써서 복사한다. 숫자를 익힌다면 숫자를 쓰고, 월이나 요일 명칭을 학습한다면 그 단어들을 적는다.

② 한글이나 파워포인트로 입력 후 출력해도 좋지만 직접 써서 복사하면 자료 제작 시간을 단축할 수 있다. 혹은 아이패드, 갤럭시탭 등에 전용 펜으로 써서 만들면 편하다.

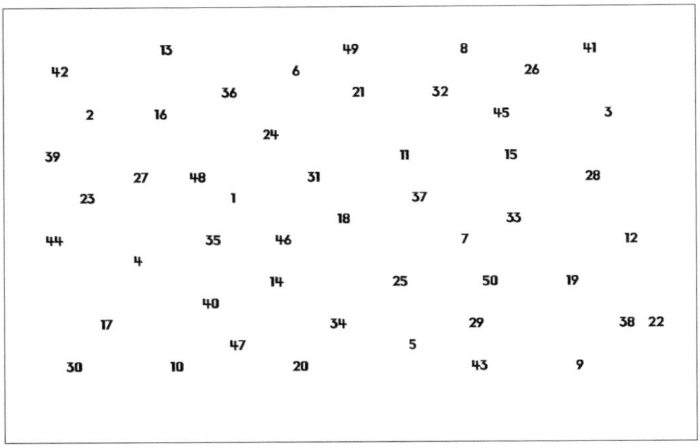

(숫자를 써서 만든 'Circle It' 게임 활동지)

③ 게임 진행 속도가 빠르므로 앞뒤 양면 복사해서 앞면으로 한 번, 뒷면으로 한 번 게임을 한다.

게임 방법

① 짝과 게임을 한다.
② 2명당 1장의 게임 활동지를 나눠준다.
③ 짝과 색이 다른 색연필을 준비한다.
④ 교사가 단어를 불러주면 재빨리 활동지에서 단어를 찾아 동그라미를 그린다.
⑤ 가장 많이 동그라미를 그린 학생이 이긴다.

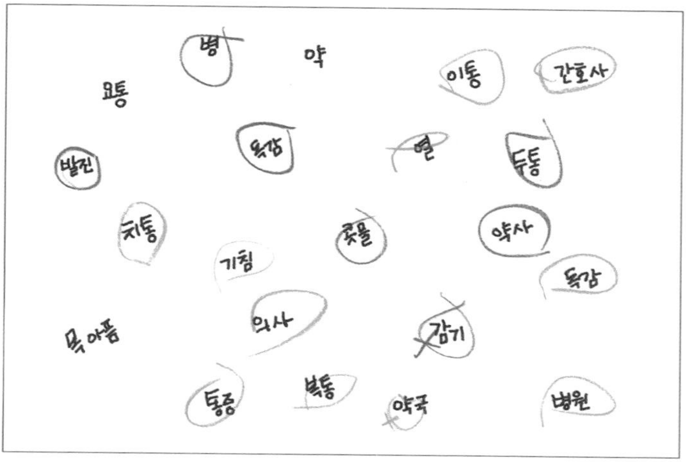

('Circle It' 게임 활동지)

▶ 이렇게 지도하세요

① 게임을 할 때 매회 학생들의 손이 같은 곳에 있도록 지도합니다. 예를 들어 머리에 양손을 올리거나 귀에 대고 있도록 합니다.
② 거의 동시에 단어를 찾았다면 가위바위보로 승패를 가립니다.
③ 학급 인원이 짝수가 아니라면 짝을 지어주고 남은 3명이 게임을 하게 합니다.

★ 게임 변형하기

1. 한글로 불러주면 영어 단어 찾기

한글로 불러주고 영어 단어를 찾도록 규칙을 바꿉니다. 영어로 불러주는 게임을 먼저 하고 활동지를 한 장 더 나눠줘서 한글로 불러주는 게임을 합니다.

2. 영어로 불러주면 한글 단어 찾기

게임 규칙은 같으나 변형 1과 반대로 한글 뜻이 쓰여 있는 학습지를 나눠주고 영어를 불러주면 한글 뜻을 찾게 합니다.

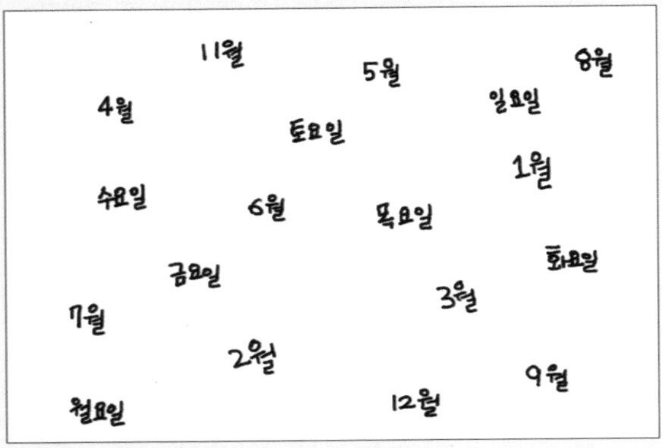

(영어로 불러주면 한글 뜻 찾기 - 월과 요일 명칭)

3. 영어 단어를 불러주면 해당 그림 찾기

3학년 학생들이 활동하기 좋은 방법입니다. 영어 단어 대신에 여러 가지 그림을 섞어 만든 학습지를 나눠줘서 영어 단어를 불러주고 그림을 찾게 합니다.

11 (듣기) 빨리 잡아야 승리 'Snatch It'

'Snatch It'은 단어를 익힐 때 많이 이용하는 게임입니다. 게임 진행 속도가 빠르고 학생들의 집중도가 높습니다. 그림으로 해도 되고 단어로 해도 좋습니다. 국기가 그려진 카드로 나라 이름 외우기, 건물이 그려진 카드로 장소의 이름 외우기 등 다양하게 활용할 수 있습니다.

게임 준비

① Snatch 게임을 할 카드를 준비한다.

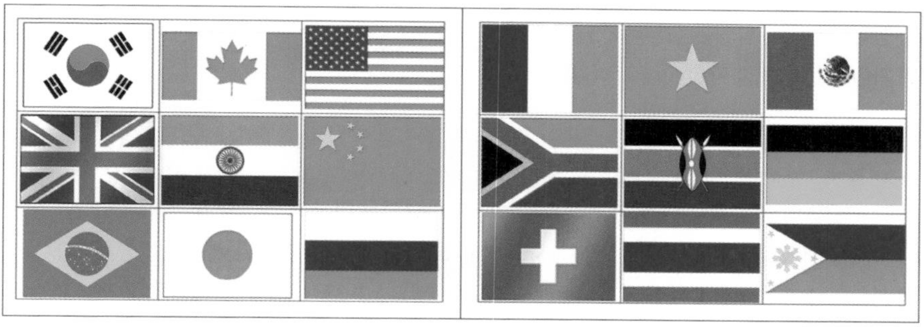

('Snatch It' 국기 카드)

② 짝 활동으로 한다면 같은 종류의 카드 없이 단일 세트로 준비한다.

③ 모둠 활동으로 한다면 2세트를 제공하여 같은 모양 카드가 2개씩 있도록 한다. 4명이 게임을 하는데 카드가 단 1장이라면 경쟁이 치열해지기 때문이다.

게임 방법

① 짝 또는 모둠 게임으로 진행한다.

② 한 세트의 카드를 책상 가운데에 앞면이 잘 보이게 펼친다.

③ 교사가 불러주는 영어 표현을 잘 듣고 정답 카드를 재빨리 낚아챈다.

④ 정답이 아닌 카드를 가져갔다면 다시 내려놓는다.

⑤ 정답을 낚아챈 학생은 해당 카드를 자기 앞에 둔다.

⑥ 가장 많은 카드를 가진 학생이 이긴다.

▶ 이렇게 지도하세요

① 손의 출발이 같도록 두 손을 귀에 대고 있거나 만세를 하는 등 손의 위치를 정합니다.

② 규칙을 지키지 않는 학생이 있으면 교사의 지시를 따를 때까지 멈췄다가 게임을 진행합니다.

③ 카드의 수가 적어질수록 경쟁이 더 치열해지므로 카드가 2~3장 남았을 때 게임을 끝냅니다.

④ 동시에 카드를 집었을 때는 가위바위보를 하여 이긴 학생이 가져갑니다.

★ 게임 변형하기

1. Matching Game으로 바꾸기

같은 카드가 2장씩 있는 세트라면 2인 1조로 모둠을 구성해서 모둠 안에서 2:2로 대결할 수 있습니다. 모든 카드를 뒤집어놓은 상태에서 순서대로 돌아가며 게임을 합니다. 카드 2장을 뒤집어 같은 카드가 나오면 읽고 가져갑니다. 가장 많이 카드를 가져간 모둠이 이깁니다.

(장소 카드로 Snatch Game 하기)

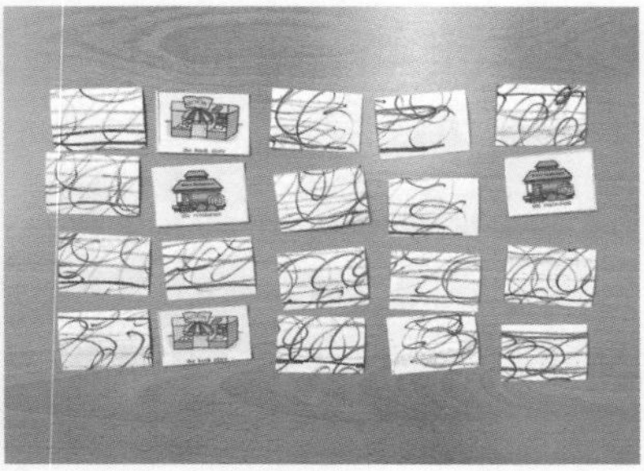

(Matching Game으로 바꿔서 하기)

2. 알파벳 카드로 Snatch It

3학년이라면 알파벳 카드를 준비해서 Snatch 게임으로 진행할 수 있습니다. 학습하는 알파벳의 대, 소문자를 모두 준비해서 교사가 A를 불렀을 때 A 또는 a를 찾도록 합니다.
단어를 불러주고 그 단어의 첫 글자를 찾도록 해도 됩니다. 예를 들어 교사가 Lion이라고 외쳤다면 대문자 L이나 소문자 l을 찾습니다.

12 (단어/문장) 모두가 아는 게임의 무한 변신 'Line Bingo'

빙고는 영어 수업에서 자주 활용하는 게임입니다. 'Line Bingo'는 일반 빙고 모양과는 좀 다릅니다. Line Bingo라는 이름에서 알 수 있듯이 Line, 즉 선이 완성되어야 "Bingo!"를 외칠 수 있습니다. 띠 빙고, 스트립(strip) 빙고 등의 이름으로도 불립니다.

교사가 띠 모양으로 종이를 제공해서 하는데, 교과서 부록이 풍부하다면 교과서 부록 카드로 해도 됩니다. 단어 또는 문장으로 할 수 있습니다.

게임 준비

① Line Bingo 게임 활동지를 제작한다. 칸 수는 6~10개 사이로 한다. 보통 A4용지로 출력하여 잘라서 나눠준다.

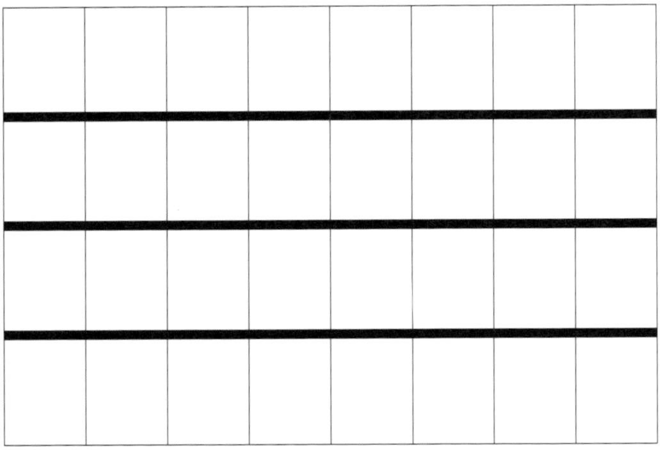

('Line Bingo' 게임 활동지)

② Line Bingo 활동지에 쓸 표현을 선정한다.

게임 방법

① 게임 활동지를 나눠준다.
② 빙고 칸마다 단어를 적는다.

③ 교사가 먼저 아무 단어나 부른다.
④ 만약 그 단어가 빙고의 맨 끝에 있다면 그 단어 부분을 뒤로 접는다. 없을 때는 그대로 둔다.
⑤ 이후 교사가 지명한 학생이 아무 단어나 부르고 '④'의 활동을 반복한다.
⑥ 양 끝에 해당 단어가 있을 때만 종이를 접을 수 있다.
⑦ 단어를 모두 접은 학생은 "BINGO!"를 외친다.
⑧ 가장 빨리 단어를 모두 접은 학생이 이긴다.

▶ 이렇게 지도하세요

① 종이에 X나 O로 표시하면서 할 수도 있습니다.
② 접어서 할 때는 한 번 사용한 종이를 재사용해서 게임을 하기도 합니다.
③ 찢어서 하는 것은 추천하지 않습니다. 마지막에 찢은 종이를 처리하기가 힘듭니다.
④ 단어로 빙고를 할 때 '질문-답'의 형식으로 주고받는다면 더 효과적인 영어 학습이 이루어집니다. 예를 들어 교사가 "3, 2, 1!"을 외치고, 학생들이 "What animal do you like?"라고 말합니다. 만약 교사가 "I like tigers."라고 답했다면 학생들은 자기 빙고 칸의 tiger를 뒤로 접습니다. 학생에게 질문을 던지고 그 학생이 답하는 방식으로도 할 수 있습니다.

★ 게임 변형하기

1. 완성된 빙고 학습지로 게임하기

시간이 넉넉하지 않다면 교사가 빙고 칸에 들어갈 내용을 무작위로 미리 작성하여 게임을 할 수도 있습니다.

2. 전 시간에 하고 남은 게임 카드가 있다면 재사용해서 빙고하기

전 시간에 카드 활동을 했다면 이를 재사용하여 Line Bingo를 합니다. 카드 세트가 학생 수만큼 있다면 1인 1세트를 주고 그중에서 몇 개만 뽑아서 사용합니다. 학생 수만큼 카드 세트가 없을 때는 한 세트의 카드를 적절히 나눠주고 게임을 합니다. 카드를 기차 모양으로 책상 위에 펼쳐 두고 양 끝에 있는 단어가 나왔을 때 카드를 뒤집는 방식으로 활동합니다.

<게임 방법>

① 지난 시간에 다른 게임용으로 사용했던 카드를 준비한다.
② 1인당 8장 정도씩 카드를 나눠준다. 카드를 받으면 기차 모양으로 펼친다.
③ 표현을 하나 불러주면 그 표현에 해당하는 카드를 한 장 뒤집는다. 이때 양쪽 끝에 있어야만 뒤집을 수 있다. 돌아가면서 순서대로 표현을 말하고 해당하는 표현이 양쪽 끝에 있을 땐 뒤집고, 그렇지 않을 때는 넘어간다.
④ '③'의 활동을 반복한다.
⑤ 카드를 먼저 모두 뒤집은 학생이 이긴다.
⑥ 같은 카드로 위치만 바꿔서 여러 차례 게임을 반복할 수 있다.

3. 짝 활동으로 바꿔서 하기

처음 소개한 활동은 전체 활동으로 라인 빙고를 하는 것입니다. 라인 빙고를 전체 활동으로 해보았다면, 그다음엔 짝 활동으로 바꿔서 합니다. 짝끼리 서로 주고받으면서 영어 표현을 말한다면 전체 활동보다 발화의 기회도 늘어나고 좀 더 밀도 있는 학습이 이루어집니다.
짝 활동으로 할 때 좀 더 재미 요소를 추가하고 싶다면 '가위바위보'를 넣어줍니다. 짝이랑 가위바위보를 해서 이긴 학생이 원하는 표현을 말하고, 두 학생 모두 해당 표현이 양 끝에 있다면 접는 방식으로 합니다.

13 (말하기) 짝을 찾을 때까지 계속되는 'Find Your Partner'

'Find Your Partner'은 묻고 답하면서 짝을 찾아 돌아다니는 게임입니다. 짝을 찾으면 둘이 나란히 교사에게 와서 확인을 받습니다. 주고받으면서 할 수 있는 모든 대화에 이 게임을 활용할 수 있습니다. 예를 들어 "Is this your pencil?"이라고 할 때 긍정적으로 가능한 대답은 "Yes, it's mine.", "Yes, it's my pencil.", 부정적으로 가능한 대답은 "No, it's not mine.", "No, it's not my pencil." 등이 될 수 있습니다.

카드를 쌍으로 만들어서 같은 그림이 있는 학생들끼리 만나서 묻고 답할 때는 '질문-긍정적인 답'을, 서로 다른 그림일 때는 '질문-부정적인 답'을 합니다. 짝을 찾으면 짝의 손을 잡고 교사에게 와서 확인을 받은 후 활동이 마무리됩니다. 게임 진행 속도가 빠른 만큼 짧은 시간 동안 반복적으로 묻고 답하기 활동을 할 수 있습니다.

게임 준비

① 그림 카드를 쌍으로 제작한다. 학생 수가 24명이라면 최소한 12쌍의 그림 카드를 준비한다.
② 자른 그림 카드는 잘 섞는다.

게임 방법

① 각 학생에게 그림 카드를 한 장씩 나눠준다.
② 교사가 "Ready, go!"를 외치면 모두 일어나 돌아다니면서 자신의 짝을 찾는다.
③ 자기 카드의 그림을 보고 질문하거나 답한다.
④ 상대방이 같은 카드라면 긍정적인 답을 하고, 다른 카드라면 부정적인 답을 한다.
⑤ 자기 짝을 찾은 학생들은 짝과 함께 교사 앞에서 묻고 답하기 시연을 하여 확인받은 후 제자리로 돌아간다.
⑥ 모두가 짝을 찾을 때까지 활동을 계속한다.

▶ **이렇게 지도하세요**

① 이 게임은 어떠한 대화에도 어울립니다. 예를 들어 좋아하는 과일을 주제로 공부한다면 과일 카드를 나눠주고 "Do you like apples?"와 같이 물을 수 있습니다. 물론 사과 그림이 있는 학생은 긍정의 답을, 그렇지 못하다면 부정의 답을 해야 합니다. 과목의 이름, 월의 명칭, 운동의 종류 등으로 해도 됩니다.

② 활동 중간에 교사는 느린 학습자에게 조심스레 다가가서 표현을 반복해서 알려줍니다.

14

(말하기/듣기) 함께할 친구 찾아 'Find Your Friends'

'Find Your Friends'는 말 그대로 특정한 친구들을 찾아야 하는 게임입니다. 다른 게임 참가자보다 빠르게 친구들을 찾으면 이기는 활동입니다. 전체 학생이 동시에 돌아다니지 않기 때문에 어수선하지 않고 차분한 분위기 속에서 진행됩니다.

술래는 바쁘게 돌아다니며 끝없이 묻고, 앉아 있는 학생들은 관객이면서 동시에 게임 참가자가 되어 흥미롭게 게임을 관전합니다.

게임 준비

① 이름을 적을 수 있도록 게임 활동지를 준비한다.

Name ①	Name ②	Name ③	Name ④	Name ⑤

('Find Your Friends' 게임 활동지)

② 게임을 하면서 해야 하는 표현을 정리하여 파워포인트로 제작한다.

게임 방법

① 파워포인트 화면에 활동하면서 말해야 하는 영어 표현을 보여준다.

② 술래(7명)를 뽑는다.

③ 술래는 연필과 게임 활동지를 들고 교실 뒤에서 등을 돌리고 선다.

④ 술래 몰래 조용히 손짓으로 몇 명의 학생(5명)을 지정한다.

⑤ 교사가 "Three, two, one, go!"를 외치면 술래는 뒤를 돌아 친구들을 찾아다니며 질문을 한다. 예를 들어 술래가 "Who is faster, you or me?"이라고 묻는다.

⑥ 앉아 있는 학생들은 술래가 한 질문에 2가지로 답할 수 있다. 예를 들어 일반 학생들은 "I am faster than you."라고 답하고, 지정된 학생들은 "You are faster than me."이라고 답한다.

⑦ 술래는 지정된 학생을 찾아낼 때마다 이름을 게임 활동지에 적는다.

⑧ 지정된 학생을 최대한 빨리 찾아낸 학생이 이긴다.

▶ 이렇게 지도하세요

① 표현을 바꿔가며 여러 차례 게임을 진행하여 최대한 모두가 술래를 경험하게 합니다. 비교급의 예를 들면 다음과 같습니다.

술래	일반 학생	지정된 학생
Who is older, you or me?	I am older than you.	You are older than me.
Who is smarter, you or me?	I am smarter than you.	You are smarter than me.
Who is happier, you or me?	I am happier than you.	You are happier than me.

② 비교급뿐만 아니라 다양한 표현에 적용할 수 있습니다.

술래	일반 학생	지정된 학생
Let's play soccer.	Sorry, I can't.	Sure. (긍정적 표현)
Where are you from?	I'm from '한국을 제외한 나라 이름'	I'm from Korea.
When is your birthday?	My birthday is '자기의 생일 날짜'	My birthday is today.

③ 학급 인원수에 따라 술래의 수, 지정된 학생의 수를 달리합니다.

15

(듣기/읽기) 내 것도 보고 친구 것도 보고 'Cowboy Game'

'Cowboy Game'은 단어를 익히는 데 도움이 되는 게임입니다. 특히 월의 명칭, 서수, 그리고 낱말을 익힐 때 도움이 됩니다. 자기가 들고 있는 카드의 내용은 당연히 알고 있어야 하고, 양옆 학생이 들고 있는 카드의 내용까지 숙지하고 있어야 게임에서 살아남을 수 있습니다.

게임 준비

① Cowboy 게임에 필요한 카드를 제작한다. 잘 보이게 내용을 A4용지에 크게 쓴다. 무광으로 코팅하면 여러 번 재사용할 수 있어 좋지만, 상황에 맞춰 준비한다.

② 교실을 빙 둘러서 큰 원의 형태로 설 수 있도록 공간을 마련한다.

게임 방법

① 한 학생에게 한 장의 게임 카드를 나눠준다.

(Cowboy 카드)

② 학생들은 교실을 빙 두르면서 원 모양으로 선다. 이때 카드가 잘 보이도록 양손으로 든다.

③ 교사가 "Question, three, two, one!"이라고 외치면 학생들은 정해진 질문을 동시에 외친다.

날짜 익힐 때	When is your birthday?
과일 이름 익힐 때	What's your favorite fruit?
취미 관련 단어 익힐 때	What's your hobby?
동물 이름 익힐 때	What animal do you like?
사물 이름 익힐 때	What do you have?

(질문 예시)

④ 교사가 답을 하면 답에 포함된 단어가 있는 학생은 바로 제 자리에 앉는다.

My birthday is ___________.
My favorite fruit is ___________.
My hobby is ___________.
I like ___________.
I have ___________.

(답변 예시)

⑤ 앉은 학생의 양옆 학생은 바로 옆으로 몸을 돌려 마주한 상대방의 카드에 적힌 단어를 읽는다.

⑥ 먼저 읽은 학생은 살아남고, 늦게 읽은 학생은 아웃이다.

⑦ 아웃된 학생은 자기 자리로 돌아간다.

⑧ 만약 '③'에서 해당 학생이 자리에 늦게 앉는다면 양옆이 아니라 그 학생이 아웃이다.

⑨ 위의 활동을 반복하다가 4~5명이 남았을 때 남은 학생들에게 보상 티켓을 주고 게임을 마무리한다.

▶ 이렇게 지도하세요

① 처음 2~3번은 교사가 단어를 외쳐주다가 이후에는 직전에 탈락한 학생이 외치는 방식으로 진행해도 됩니다.

② 학생들은 자신의 카드와 양옆 친구들의 카드가 무엇인지 파악해야 합니다.

③ 학생 수준이 전체적으로 낮다면 양옆 학생들이 단어를 읽지 않고 손으로 총 모양을 만들어 "Bang!"이라고 외치며 서로를 가리키게 바꿀 수 있습니다.

(참고 : https://www.youtube.com/watch?v=yy55ynjjRHE)

16 (말하기) 흔한 게임의 진화 'Flick the Coin'

'Flick the Coin'은 땅따먹기라고도 부릅니다. 간단한 게임으로 동전과 종이 1장만 필요합니다. 규칙도 단순합니다. 동전을 튕겨서 해당 칸의 단어나 문장을 말하고 자기 영역 표시를 하는데, 더 많이 표시한 학생이 이깁니다. 보통은 단어나 문장을 써두고 하며, 3학년이라면 각 칸에 그림을 넣고 하면 됩니다.

('Flick the Coin' 게임 장면)

게임 준비

① 게임을 위한 학습지(게임판)를 준비한다.

② 동전이나 동그란 자석 등 손가락으로 잘 튕겨지는 물건을 준비한다.

게임 방법

① 짝 활동이므로 2명당 게임판 1장과 동전 1개를 나눠준다.

② 가위바위보로 순서를 정한다.

③ 이긴 학생은 게임판 위의 정해진 곳에 동전을 놓고 튕긴다.

④ 동전이 닿은 곳에 해당하는 단어 또는 문장을 말하고 자신만의 방법으로 표시한다. 예를 들어 한 학생이 ○로 표시한다면 다른 학생은 ☆로 표시한다.

⑤ 순서를 번갈아 가며 '③~④' 활동을 반복한다.

⑥ 교사가 "Stop!"이라고 할 때 게임판에 가장 많이 표시한 학생이 이긴다.

▶ 이렇게 지도하세요

① 동전이 여러 칸에 닿아 있을 경우에는 게임 참가자가 하나를 고를 수 있게 합니다.

② 상대방이 이미 표시한 곳은 다시 표시할 수 없습니다.

★ 게임 변형하기

1. 묻고 답하기로 바꾸기

단어 또는 어구를 써두고 묻고 답하게 하면 회화 연습을 할 수 있습니다. 예를 들어 게임판에 질병을 나타내는 단어를 써두었을 때, 학생 A는 'What's wrong?'이라고 묻고, 다른 학생 B는 동전을 튕긴 후 그 동전이 멈춘 곳에 있는 'fever'라는 단어를 활용해서 'I have a fever.'라고 답할 수 있습니다.

2. 출발점을 다르게 하기

게임판에 동전 출발점을 한 곳이 아니라 여러 곳으로 바꿔봅니다. 게임의 재미를 끌어올릴 수 있습니다.

3. 길 안내 표현 연습에 활용하기

어디로 튈지 모르는 동전의 성질을 이용해 길 안내하기 표현을 연습할 수 있습니다. 먼저 지도 위에 여러 건물이 그려져 있는 게임판을 나눠줍니다. 지도 위의 특정 지점에서 동전을 튕기게 해서 그 동전이 있는 건물까지 가는 길을 말하게 합니다.

<게임 방법>

① 짝 활동으로 진행한다.
② 학생 2명당 지도 모양의 게임판 1장, 주사위 1개, 동전 1개를 나눠준다.
③ 모든 학생에게 건물 체크 목록을 1장씩 나눠준다.
④ 짝과 가위바위보를 해서 이긴 학생부터 동전을 튕기고 주사위를 굴린다.
⑤ 동전이 있는 곳이 school이고 주사위의 눈이 4라면 출발점 4부터 school까지 가는 길을 설명해야 한다.
⑥ 설명하고 나서 자기의 체크 목록에서 해당 건물을 찾아 표시한다.
⑦ 짝과 순서를 번갈아 가면서 활동을 한다.
⑧ 체크 목록에 더 많은 건물을 표시한 학생이 이긴다.
⑨ '주사위' 요소가 복잡하게 느껴진다면 주사위 부분을 없애고 출발점을 어느 한 부분에 지정해서 게임을 하면 된다.

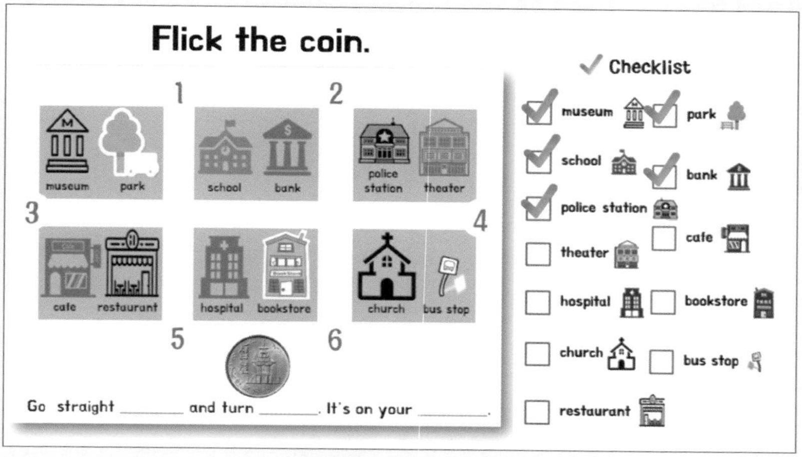

17

(말하기) 고전 게임의 명작 'Go Fish'

'Go Fish'는 카드로 하는 영어 학습 게임 중에서 가장 유명합니다. 교육용 보드게임을 전문으로 만드는 '행복한바오밥'(www.happybaobab.com)에서 알파벳, 명사, 동사, 형용사, 나라 이름과 도시 이름, 여행, 집, 학교, 슈퍼마켓, 동네, 테마파크 등 12종이나 되는 고 피시를 개발해서 판매합니다.

영어 교육 예산이 있다면 모둠 수에 맞게 조금씩 구매하면 좋습니다. 워낙 유명해서 이 게임의 규칙을 알고 있는 학생도 많고, 규칙이 쉬워서 설명하는 시간을 절약할 수 있습니다. 그러나 현재 수업하는 단원에 딱 안성맞춤인 카드를 제작하고 싶은 욕구가 생기곤 합니다. 고 피시 게임을 한 번 만들어두면 한 차시 수업으로 끝나지 않고 다음 차시에 샌드위치(Sandwich) 게임으로 한 번 더 활용할 수 있습니다.

게임 준비

① 학습할 표현을 넣어 카드를 제작한다. 출력하여 코팅 후 잘라서 1세트씩 지퍼백에 넣어둔다.

('Go Fish' 카드 세트)

게임 방법

① 모둠 안에서 게임을 한다.

② 카드를 잘 섞어서 한 학생당 5장씩 나눠준다.

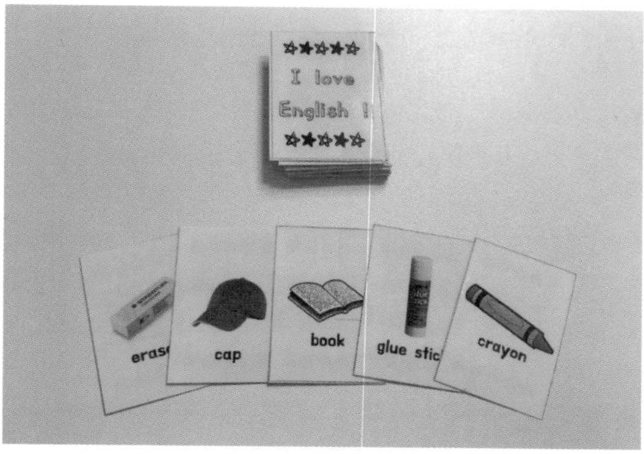

③ 남은 카드는 앞면이 보이지 않게 뒤집어서 책상 가운데에 놓는다.

④ 가위바위보로 순서를 정하고, 이긴 학생부터 시계 방향으로 게임을 한다.

⑤ 자기 차례가 왔을 때 한 학생을 지정해서 질문한다. 질문은 "Do you have ______?"로 하지만 학습하는 표현에 따라 달라질 수 있다. 단, 현재 지닌 카드만 질문할 수 있다.

⑥ 질문을 받은 학생에게 해당 카드가 있으면 그 카드를 질문자에게 준다. 질문자는 카드를 받으면 가지고 있는 카드와 한 쌍을 만들어 자기 앞에 내려놓는다.

⑦ 질문을 받은 학생에게 해당 카드가 없으면 "Go fish!"라고 외친다. 이때 질문자는 가운데 카드 더미에서 카드를 1장 가져온다. 카드 더미에 카드가 없다면 가져오지 않는다.

⑧ 순서대로 다음 학생이 '⑤~⑦' 활동을 반복한다.

⑨ 모든 학생의 손에 카드가 없어지면 게임이 끝난다.

⑩ 게임이 종료되었을 때 카드 쌍이 많은 학생이 이긴다.

▶ 이렇게 지도하세요

① 현재 가진 카드가 없다면 가운데 카드 더미에서 1장을 가져옵니다.

② 카드가 있는데 없다고 하는 학생이 있을 수 있습니다. 이럴 때는 질문자가 벌칙으로 아무 카드나 1장을 뺏어옵니다.

★ 게임 변형하기

1. 빨리 없애기

원 카드처럼 손에 있는 카드를 빨리 없애는 게임으로 바꿀 수 있습니다. 각 학생에게 일정한 수의 카드(7~10장)를 나눠줍니다. 게임 방식은 원래 게임과 같되 손에 있는 카드를 빨리 없앤 학생이 이깁니다. 원조 고 피시 카드 게임처럼 상대방에게 물어보면서 카드 쌍을 만들어야 하지만, 카드 1쌍이 만들어지면 모으지 않고 버립니다. 게임의 속도가 빨라 금방 끝나므로 교사가 그만하라고 할 때까지 게임을 새로 반복하도록 안내합니다.

2. 학습 주제에 따라 표현 달리하기

기본적으로 고 피시 게임은 "Do you have ______?"로 물어보며 하지만, 학습 주제에 따라 표현을 바꿀 수 있습니다. 예를 들어 나라 이름과 출신지를 묻는 표현을 학습한다면 "Are you from 나라 이름?"으로 묻고 "Yes, I am." 또는 "No, I'm not."이라고 답할 수 있습니다. 물건을 사고파는 표현을 학습한다면 "I'm looking for 물건 이름."으로 말하고 "Here you are." 또는 "Go Fish." 라고 답할 수 있습니다. Can이나 Will 등의 조동사를 공부할 때는 고 피시 카드를 동사 카드로 제작하여 "Can you 동사?" 또는 "Will you 동사?"로 묻고 그것에 맞게 답할 수도 있습니다.

3. 두 세트로 나눠서 하는 매칭 게임(Matching Game)

고 피시 한 세트에는 같은 카드가 4장씩 들어 있습니다. 이를 활용해 고 피시 카드를 2세트로 나눠 짝과 함께 매칭 게임을 할 수 있습니다. 매칭 게임은 서로 같은 두 장의 카드를 찾아내는 게임입니다.

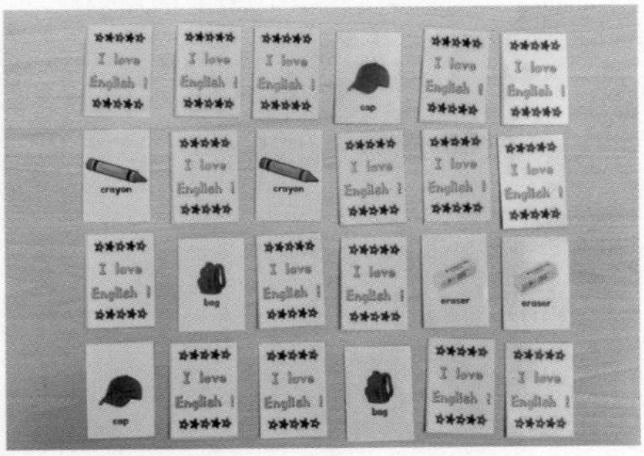

4. 학생들이 직접 만든 카드로 게임하기

직접 만든 카드로 게임을 하면 쓰기 연습까지 시킬 수 있어서 일거양득입니다. 작은 크기의 종이를 준비해 학생들에게 배부한 후 학습한 단어나 문장을 쓰게 하고, 4인 1조로 모이게 하여 카드를 합하면 훌륭한 Go Fish 카드 한 세트가 됩니다. 활동에 사용할 종이는 '빈 단어 카드', '명함 용지'를 검색하여 구매하거나 A4용지를 직접 잘라 사용합니다.

18

(말하기/읽기) 카드 만든 보람이 느껴지는 'Sandwich'

전 시간에 Go Fish 게임을 했다면 사용했던 카드를 재사용하여 'Sandwich' 게임으로 바꿔서 할 수 있습니다. 보통 샌드위치의 위아래는 같은 모양의 빵으로 이루어져 있습니다. 이 특성에서 게임의 요소를 가져왔습니다.

한 학생이 A라는 카드를 냈는데 그 후로 2장의 카드가 위에 쌓이고, 다른 학생이 A라는 카드를 또 냈다고 가정해봅시다. 이것을 눈치 챈 학생은 빠르게 "Sandwich!"라고 외치고 가운데에 있는 카드를 모두 가져갑니다. 이때 A 카드는 샌드위치 빵이 되고, A 카드 2장 사이에 있는 카드들은 샌드위치의 재료가 되는 것입니다.

다른 학생들의 카드까지 잘 기억해야 하므로 집중해야 하고 약간의 긴장감도 느껴집니다.

게임 준비

① 학습할 표현을 넣어 샌드위치 카드를 제작한다.
② 카드는 1세트씩 지퍼백에 넣어둔다.
③ 게임의 규칙을 설명할 파워포인트를 준비한다.

('Sandwich' 카드 세트)

게임 규칙

① 3명 또는 4명이 게임을 한다.
② 한 모둠당 1세트씩(48장) 카드를 나눠준다.
③ 카드를 잘 섞어 모든 학생이 공평하게 카드를 나눠 가져간다. 4명일 때는 12장씩, 3명일 때는 16장씩 나눠 갖는다.
④ 카드는 잘 포개서 자기 앞에 뒷면이 보이게 내려놓는다. 자기 카드일지라도 미리 보지 않는다.

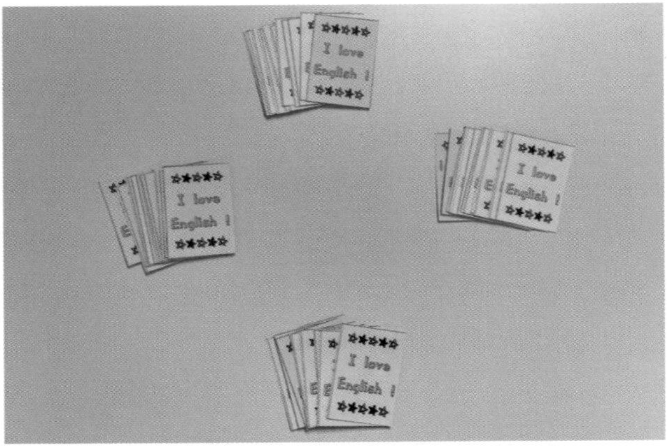

⑤ 가위바위보로 먼저 게임을 할 학생을 정한다. 이후 순서는 시계 방향으로 돌아간다.
⑥ 자기 차례가 되면 카드를 1장씩 책상 가운데에 내려놓고 카드에 적혀 있는 문장을 읽는다.

※ 위의 예시는 묻고 답하는 문장을 모두 써둔 것입니다. 자기 카드를 내기 전에 먼저 아래에 있는 문장을 읽고, 자기 카드를 낸 후 “May I take your order?”를 읽습니다. 묻고 답하는 형식이 아니라 문장 1개만 카드에 써둔 경우는 가운데 카드의 문장을 읽고 자기 카드를 재빨리 그 위에 덮습니다.

⑦ 한 번 나온 카드와 같은 카드가 다시 나왔을 때 이것을 눈치 챈 학생이 “Sandwich!”라고 외친다.

⑧ 샌드위치를 외친 학생이 가운데에 놓여 있는 카드를 모두 가져간다.
⑨ 한 번 샌드위치를 외쳤다고 게임이 끝나지 않는다. 순서대로 다시 카드를 1장씩 내려놓으며 게임을 재개한다.
⑩ 방금 낸 카드와 똑같은 카드를 연이어 냈다면 두 카드를 낸 학생들끼리 가위바위보를 해서 이긴 학생이 가운데에 있는 카드를 모두 가져간다.

⑪ 샌드위치를 잘못 외쳤을 때, 또는 영어 문장을 읽지 않았을 때 벌칙으로 자신의 카드를 1장 가운데에 내려놓는다.

⑫ 교사가 "Stop!"이라고 외치면 게임이 종료된다.

⑬ 카드가 가장 많은 학생이 이긴다.

▶ 이렇게 지도하세요

① 수업 시간을 고려하여 게임 활동 시간을 정합니다.

② 자기 앞에 놓인 카드를 확인하지 않은 채 재빨리 가운데 더미 위에 카드를 내려놓게 합니다.

★ 게임 변형하기

문장 읽기 빙고로 바꾸기

한 세트의 카드(48장)를 균등하게 나눠 가진 후 빙고 모양으로 카드를 배열합니다. 12장씩 나눠 가졌다면 가로 4장 x 세로 3장의 빙고 모양으로, 16장씩 나눠 가졌다면 가로 4장 x 세로 4장의 빙고 모양으로 배열합니다.

모둠 안에서 게임을 하고, 가위바위보로 순서를 정해 자기 차례가 되었을 때 문장을 읽고 카드를 뒤집습니다. 같은 카드가 있는 학생들도 문장을 따라 읽고 해당 카드를 뒤집습니다. 같은 카드가 여러 장일지라도 카드는 한 번에 1장씩만 뒤집을 수 있습니다. 순서대로 돌아가면서 게임을 하다가 먼저 2줄을 뒤집은 학생이 이깁니다. 물론 2줄이 아니라 1줄 또는 3줄 등으로 남은 시간에 맞게 규칙을 바꿀 수 있습니다.

19

(말하기) 예쁘게 쌓아 가는 'Tower Blocks'

'Tower Blocks'는 같은 이름의 모바일 게임에서 아이디어를 얻었습니다. 모바일 게임인 Tower Blocks 안에서는 도시를 구성하고 고층 빌딩을 건설해야만 합니다. 고층 빌딩을 건설해야 한다는 아이디어만 빌려 영어 학습 게임으로 만들었습니다.

고층 빌딩을 건설하려면 주사위를 굴리고 영어로 말해야 합니다. 규칙은 단순하지만 고층 빌딩을 건설하는 것은 어렵습니다. 보이는 것과는 달리 게임이 금방 끝나지 않아 많은 양의 발화를 끌어낼 수 있습니다.

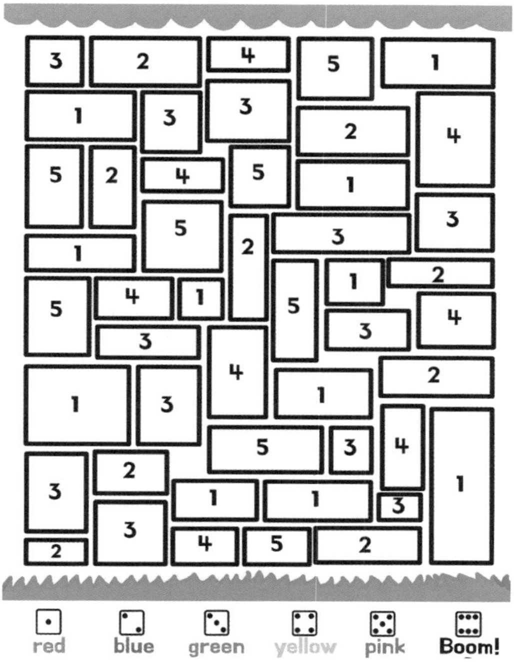

('Tower Blocks' 게임 학습지)

게임 준비

① 게임 학습지, 색연필, 주사위를 준비한다.

게임 방법

① 짝과 함께 게임을 한다.
② 한 학생당 1장의 게임 학습지를 나눠주고, 가위바위보로 순서를 정한다.
③ 자신의 차례가 되었을 때 짝이 "What color is it?"이라고 물어본다.
④ 주사위를 굴려서 눈의 수와 일치하는 색으로 답하고 색칠을 한다. 예를 들어 주사위 눈의 수가 3이 나오면 "It's green."이라고 답하고 3이 쓰여 있는 칸 하나를 골라 녹색을 칠한다.
⑤ 색칠은 땅에서부터 연결한다. 밑에 받치고 있는 것이 아무것도 없는데 붕 뜨게 색칠할 수는 없다.
⑥ 짝과 순서를 번갈아 가며 게임을 진행한다.
⑦ 주사위 눈이 6이 나오면 꽝(Boom!)이다. 짝에게 순서가 넘어간다.
⑧ 고층 빌딩을 완성하거나 짝보다 더 높은 빌딩을 만든 학생이 이긴다.

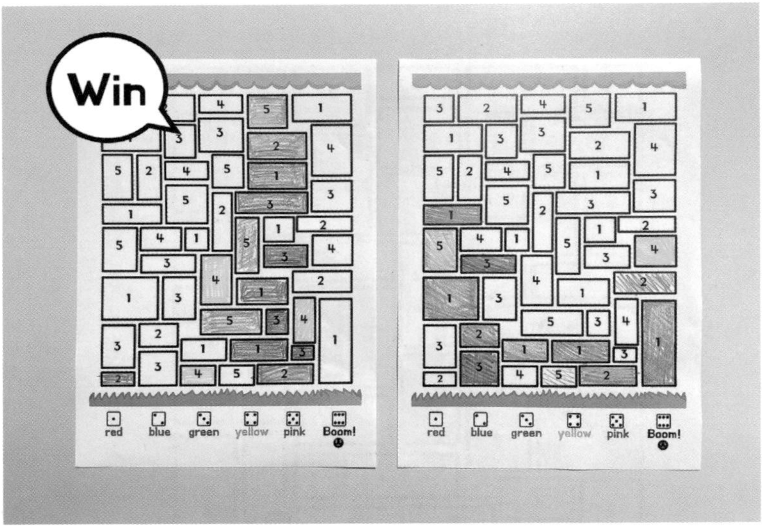

(고층 빌딩을 완성한 'Tower Blocks' 게임 학습지)

▶ 이렇게 지도하세요

① 반드시 영어로 묻고 답한 후 색칠하는데, 꼼꼼히 하지 않아도 된다고 안내합니다.
② 색칠할 곳이 없으면 차례가 상대방에게 넘어갑니다.

★ 게임 변형하기

1. 색연필 사용하지 않고 게임하기

색깔 대신 단어를 써두고 반복 연습해도 좋습니다. 예를 들어 주사위 1 violin, 2 guitar, 3 piano, 4 flute, 5 drum, 6 harp이라고 바꿉니다. "What can you play?"로 묻고 주사위 눈이 1이 나왔다면 "I can play the violin."으로 답하고 1이 쓰여 있는 아무 칸에나 색칠할 수 있습니다. 색깔을 공부하지 않기 때문에 어떤 색으로 칠하든지 관계없습니다. 연필로 칠해도 됩니다.

2. 단어 게임으로 바꾸기

게임 학습지의 형식을 약간 바꿔서 각 칸에 단어를 쓸 수 있게 공간을 만듭니다. 학생당 1장의 게임 학습지를 나눠주고 학습하고자 하는 단어를 각 칸에 쓰게 합니다. 같은 단어를 여러 차례 써도 되고 다양하게 적어도 됩니다. 각자 수준에 맞게 학습할 단어 위주로 많이 쓰게 안내합니다.

자기 차례가 되면 주사위를 굴린 후 해당 눈의 수가 적힌 곳의 단어를 읽고 색칠합니다. 가장 높은 빌딩을 먼저 완성한 학생이 이깁니다.

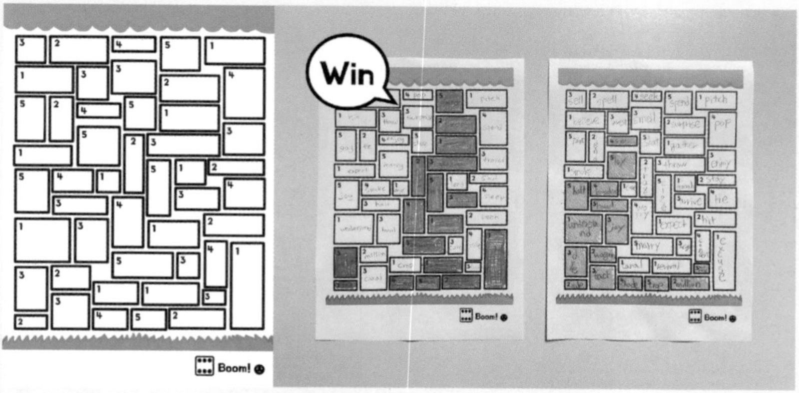

(단어 공부를 위한 'Tower Blocks' 게임 학습지)

20 (말하기/읽기) 수시로 게임의 차례가 바뀌는 'Directions UNO'

이번에 소개할 게임은 UNO의 기본 규칙을 따르면서 '방향' 개념이 포함된 'Directions UNO'입니다. 카드를 한 장 낼 때마다 카드에 적혀 있는 방향에 따라 게임의 차례가 달라지기 때문에 자연스럽게 길 안내하는 표현을 습득하게 됩니다. 여러 세트의 카드를 만들기 위해 교사의 노력이 필요하지만 활동 후 만족감은 큽니다.

게임 준비

① 다음과 같이 카드를 제작하여 A4색지에 출력 후 자른다.

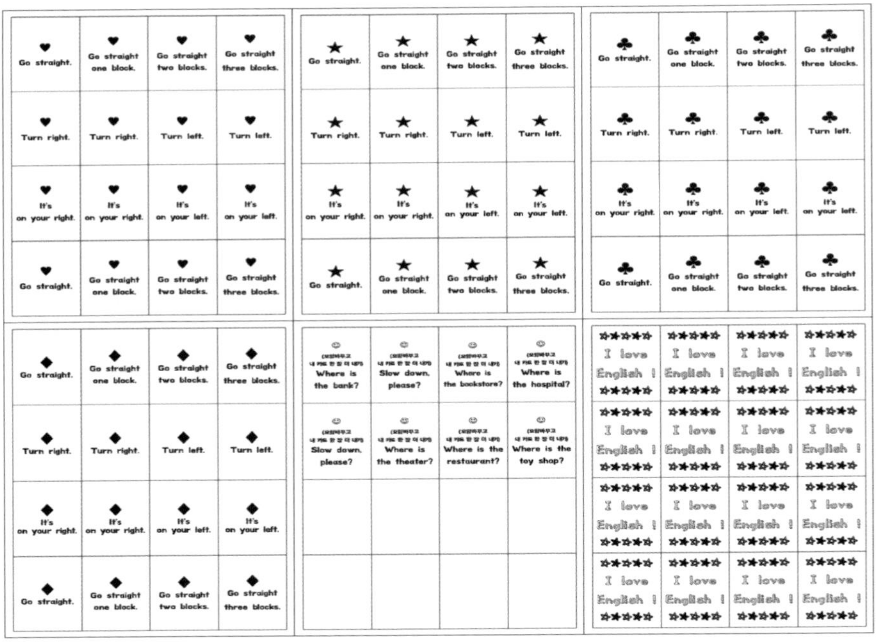

('Directions UNO' 카드)

게임 방법

① 한 모둠당 카드 한 세트를 잘 섞어서 한 학생당 7장씩 나눠준다.
② 남은 카드는 책상 가운데에 뒤집어두고, 맨 위에서 1장만 꺼내 앞면이 보이게 한다.
③ 가위바위보를 해서 이긴 학생부터 게임을 시작한다. 이후 순서는 카드에 따라 달라진다.
④ 책상 가운데에 놓인 카드와 '모양 또는 문장'이 같으면 자기가 가진 카드를 1장 낼 수 있다.
⑤ 모양은 ♥, ★, ♣, ◆가 있고, 문장은 Turn right/left, It's on your right/left, Go straight one block/two blocks/three blocks 등이 있다.

⑥ 어떤 카드를 내느냐에 따라 차례가 달라진다. 만약 문장에 'right'가 들어 있는 카드를 냈다면 카드를 낸 학생의 오른쪽 학생이 다음 차례가 된다. 4인이 게임을 할 때 'Go straight'가 포함된 문장은 대각선으로 마주 보고 있는 학생이 다음 차례가 된다. 3인이나 5인이 게임을 한다면 카드를 낸 학생 마음대로 다음 순서를 정해 손가락으로 가리킨다.
⑦ 카드를 낼 때는 자기 카드에 적힌 문장을 큰 소리로 읽는다.
⑧ 낼 카드가 없을 때는 벌칙으로 가운데 카드 더미에서 1장을 가져온다. 이후 차례는 벌칙을 받은 학생의 왼쪽 학생에게 넘어간다.
⑨ 특수 카드는 모양, 문장 상관없이 낼 수 있다. 특수 카드를 낼 때 자기 카드를 1장 더 낼 수 있다.
⑩ 가장 먼저 카드를 없앤 학생이 이긴다.
⑪ 영어를 말하지 않고 카드를 낼 때는 벌칙으로 가운데 카드 더미에서 1장을 가져간다.

▶ **이렇게 지도하세요**

① 카드에 있는 문장을 큰 소리로 읽도록 지도합니다.

② 게임의 승패는 운에 있으므로 문장을 못 읽는 학생을 적극적으로 도와주도록 강조합니다.

★ 게임 변형하기

Directions UNO 2

길 안내할 때 사용하는 전치사를 학습하기 위해 앞서 설명한 게임에서 4가지 무늬(♥, ★, ♣, ◆)를 빼고 '전치사, 장소' 요소를 추가로 넣어 카드를 만듭니다. 지시어(Turn right/left, It's in front of~, It's between~, Go straight 등)가 같거나 장소가 같으면 카드를 낼 수 있습니다. 나머지 규칙은 Directions UNO 1과 같습니다.

지시어와 장소는 학생들의 이해를 돕고자 그림으로 표기했습니다. 2개의 그림 중 하나라도 일치하면 낼 수 있다고 알려줍니다.

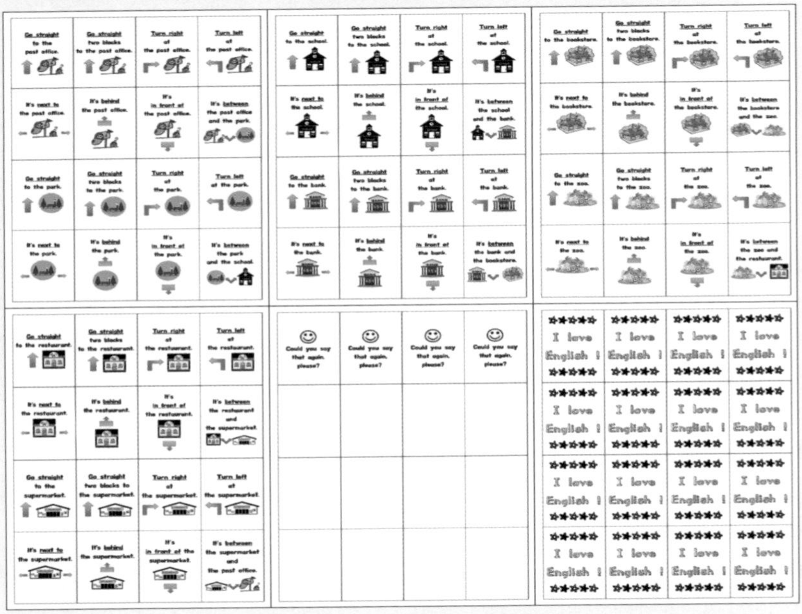

('Directions UNO' 전치사 편 카드 양식)

21

(말하기) 준비가 간단한 'R-P-S'

'R-P-S'는 우리말로 가위바위보 게임으로 Rock-Paper-Scissors를 줄인 말입니다. 가위바위보는 전 세계 공통입니다. 어느 정도 큰 유아부터 모든 학생이 가위바위보를 어떻게 하는지 알고 있습니다. 쉬운 규칙만큼 묻고 답하는 모든 영어 표현에 적용할 수 있습니다. 규칙뿐만 아니라 준비도 쉬워서 부담 없이 자주 활용하는 게임입니다.

게임 준비

① 묻고 답할 영어 표현을 미리 선정하여 파워포인트로 준비한다.
② 게임 결과를 기록할 학습지를 준비한다.
③ 타이머를 준비하여 제한 시간을 설정한다.

게임 방법

① 학생들에게 결과를 표시할 종이를 1장씩 나눠준다.

Name ①	Name ②	Name ③	Name ④	Name ⑤

(게임 결과 기록지)

② 돌아다니면서 친구를 만나면 가위바위보를 한다.
③ 이긴 학생은 "What's your name?"이라고 묻고, 진 학생은 답을 말한다.
④ 이긴 학생은 게임 결과 기록지에 진 학생의 이름을 적는다.

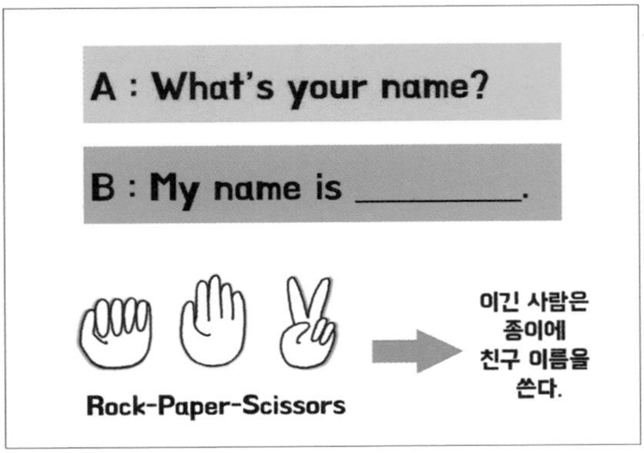

⑤ 서로 다른 친구 5명의 이름을 모두 적은 학생은 보상 티켓을 1장 받고 자리에 가서 앉는다.

▶ 이렇게 지도하세요

① 교사도 게임에 참여하여 느린 학습자가 자연스럽게 게임 규칙 및 영어 표현을 습득할 수 있도록 도와줍니다.

② 뛰어다니거나 소리 지르지 않도록 게임 활동을 지도합니다.

★ 게임 변형하기

1. 만날 장소/시간 정하기

<게임 방법>

① 돌아다니다 친구를 만나서 제시된 대화문을 함께 말하고 가위바위보를 한다.

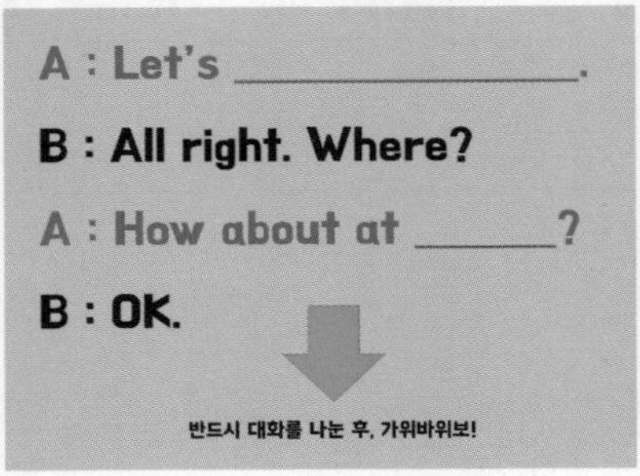

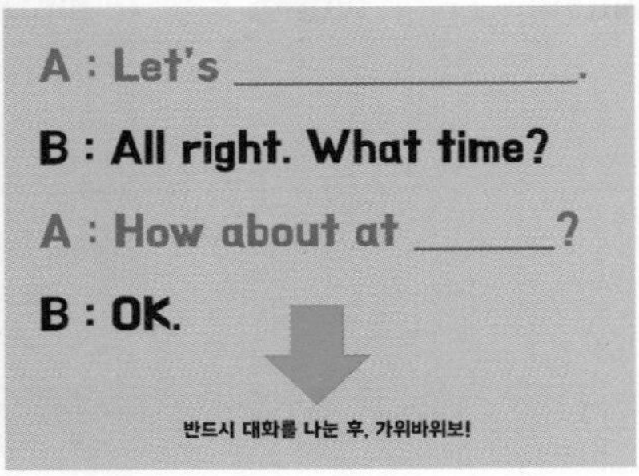

② 이긴 학생은 대화를 나눈 내용을 게임 기록지에 적는다.

제안	장소

제안	장소

제안	장소

제안	장소

③ 같은 방식으로 활동해서 대화 내용을 4번 기록하면 교사에게 보상 티켓을 1장 받는다.

2. 물건의 위치 묻고 답하기

<게임 방법>

① 여러 물건이 다양한 위치에 놓여 있는 그림을 1장씩 나눠준다.
② 짝과 함께 가위바위보를 한다.
③ 진 학생은 묻고, 이긴 학생은 답한다.

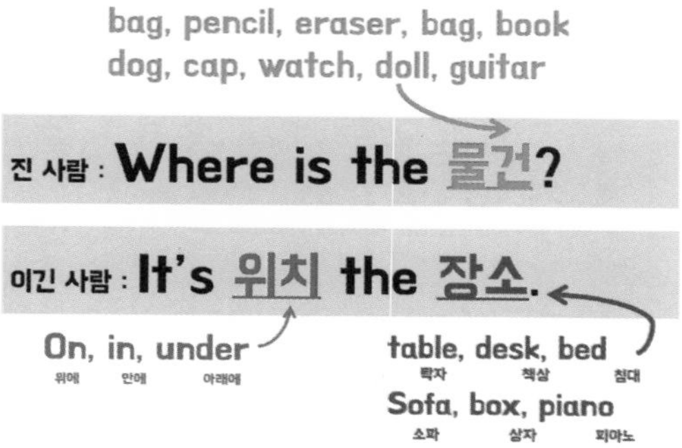

④ 이긴 학생은 그림에서 해당 물건에 ○표를 한다.
⑤ ○표가 많은 학생이 이긴다.

3. 허락 요청하기

<게임 방법>

① 반 전체를 A, B모둠으로 나눈다.
② A모둠은 돌아다니고 B모둠은 앉아 있는다.

③ A모둠 학생들에게만 게임 학습지를 1장씩 나눠준다.

Name:__________

A	
Can I come in?	
Can I sit here?	
Can I touch it?	
Can I eat it?	
Can I go home?	

④ A모둠 학생들은 돌아다니면서 앉아 있는 B모둠 학생들에게 허락을 요청한다.

⑤ 가위바위보를 한다.

⑥ A모둠 학생이 이기면 앉아 있는 B모둠 학생은 "Sure."라고 말하고, A모둠 학생은 게임 기록지에 ○표를 한다.

⑦ A모둠 학생이 졌을 때는 B모둠 학생이 "Sorry, you can't."라고 말하고 A모둠 학생은 다른 B모둠 학생에게 물어보러 간다.

⑧ 게임 기록지의 모든 칸에 ○표를 한 학생은 보상 티켓을 받는다.

동그라미 표시가 다된 사람은 선생님께 들고 온다.

A	
Can I come in?	○
Can I sit here?	○
Can I touch it?	○
Can I eat it?	○
Can I go home?	○

⑨ A모둠과 B모둠의 역할을 바꿔 '②~⑧'의 활동을 반복한다.

⑩ 게임 시간을 타이머로 설정하여 A모둠과 B모둠 모두에게 같은 시간을 준다.

22 (말하기/읽기) 왔다 갔다 골인 'Soccer Game'

'Soccer Game'은 게임판과 주사위로 하는 짝 활동입니다. 말하기 또는 읽기 게임으로 활용할 수 있고 준비가 간편하며 규칙도 단순합니다.

A팀
I had a fever this morning.
I went to see Dr. Miller.
You have a bad cold.
You should stay home today.
Drink some warm water and get some rest.
So I didn't go to school.
I drank some warm water.
I got some rest.
I'm okay now, but I miss my friends.
Minsu had a fever this morning.
출발
Minsu went to see Dr. Miller.
Minsu drank some warm water.
Minsu is okay now.
Minsu didn't go to school today.
Minsu should drink some warm water.
Minsu should stay home.
I have a headache.
I have a toothache.
I have a stomachache.
I have a runny nose.
B팀

(축구 게임판)

게임 준비

① 학습할 표현을 넣어 게임판을 제작한다.

② 게임판은 2인당 1장 출력해서 L자 파일에 끼워서 준비한다.

③ 주사위도 2인당 1개로 준비한다.

④ 2인당 1개의 축구공 모양의 마커 또는 동전을 준비한다.

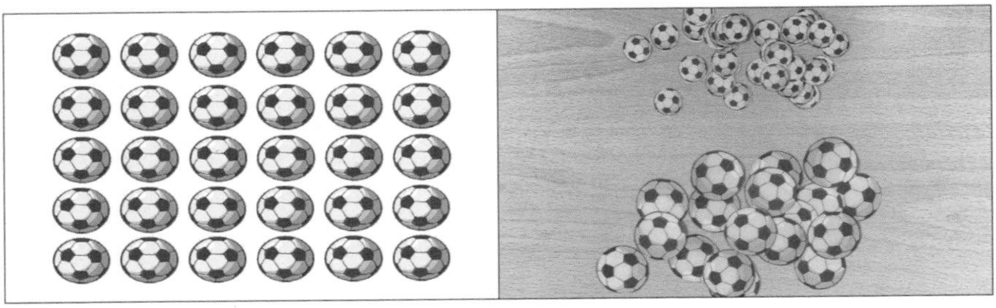

(축구공 마커)

게임 방법

① 짝 게임이므로 2명당 1개의 게임판, 1개의 주사위, 축구공 모양의 마커를 나눠준다.

② 각자 모둠을 정한다.

③ 가위바위보로 순서를 정한다.

④ 출발점에 축구공을 둔다.

⑤ 자기 차례가 되면 주사위를 굴린다.

⑥ 주사위 눈 수만큼 짝의 골대로 이동한다.

⑦ 공이 멈춘 곳의 영어 표현을 읽는다.

⑧ '⑤~⑦'의 활동을 반복한다.

⑨ 상대방의 골대에 도착했을 때 1점을 획득한다.

⑩ 점수를 많이 획득한 학생이 이긴다.

★ 게임 변형하기

1. 문장 대신 단어를 써서 할 수도 있습니다. 아래와 같이 게임판에 과목명을 쓰고 "What's your favorite subject?", "My favorite subject is P.E."와 같이 묻고 답합니다.

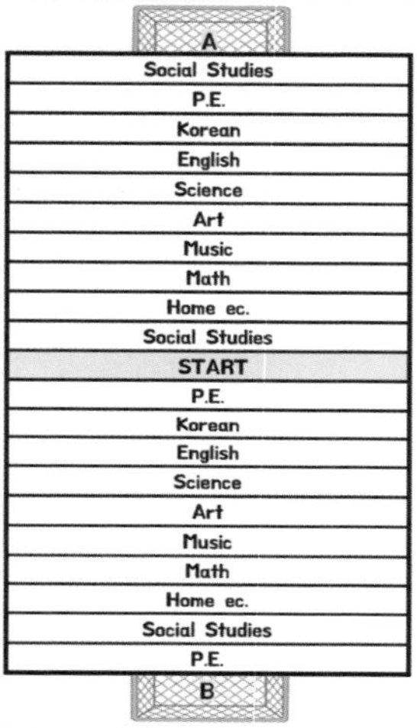

2. 칸수를 줄이고 아래와 같이 그림을 삽입해서 "What's your favorite sport?", "My favorite sport is soccer."와 같이 묻고 답하면서 게임을 할 수도 있습니다.

3. 내용이 없는 학습지를 절반으로 잘라 짝과 나눠 가진 후 각자 10개씩 단어나 문장을 쓰게 한 후 게임을 할 수 있습니다. 다 쓴 후에는 가운데를 간단히 테이프나 풀로 붙입니다.

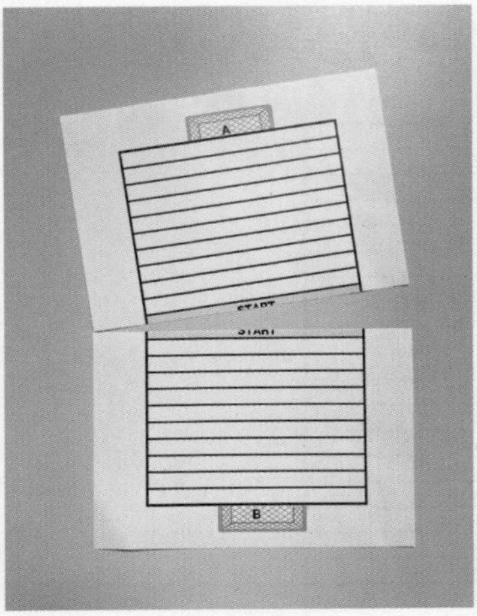

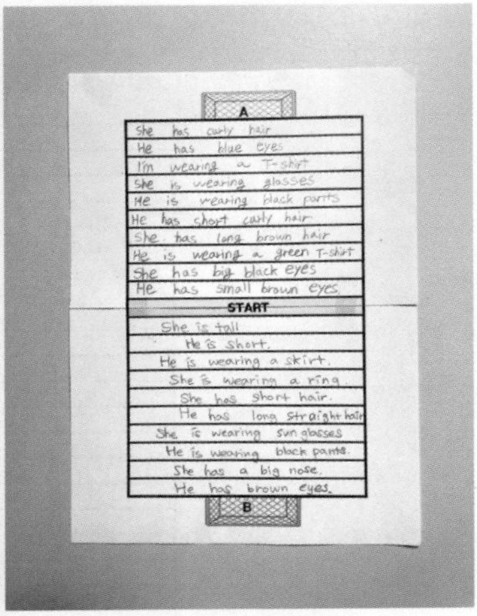

23 (말하기) 너에게 주어진 세 번의 기회 'Survival Game'

'Survival Game'은 목숨 게임이라고도 부릅니다. 앞에서 설명한 R-P-S 게임에 '목숨 카드'라는 아이템을 추가했습니다. 규칙이 단순해서 게임을 설명하기 위한 파워포인트가 없어도 됩니다.

한번 만들어 둔 목숨 카드는 계속 쓸 수 있으며, 학습해야 하는 표현이 달라져도 언제든 응용할 수 있습니다. 규칙이 단순하고 승패가 빨리 갈리는 만큼 게임 진행 속도가 빠릅니다.

게임 준비

① 목숨 카드를 A4용지로 여러 장 출력해서 자른다.

② 대화문을 선정한다. 묻고 답하는 활동이면 대부분 이 게임으로 연습할 수 있다.

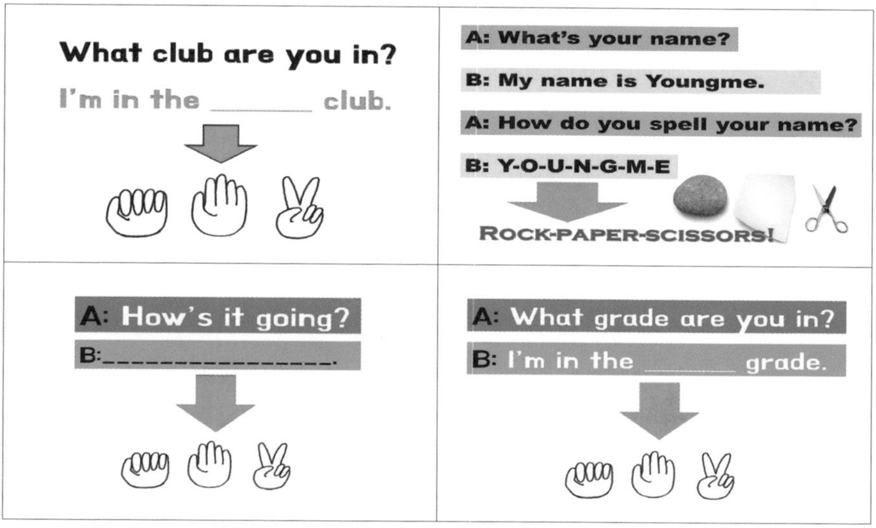

(다양한 표현으로 활용 가능한 'Survival Game')

게임 방법

① 한 학생당 3장의 목숨 카드를 나눠준다.

② 핵심 문장을 연습한다.

③ 돌아다니다가 다른 학생을 만나면 묻고 답하기 활동을 한 후 가위바위보를 한다.

④ 이긴 학생은 진 학생의 목숨 카드 1장을 빼앗는다.

⑤ 목숨 카드 3장이 모두 없어지면 자기 자리로 돌아가 앉는다.

⑥ 정해진 시간이 끝나면 모두 자기 자리로 돌아간다.

⑦ 자신이 현재 가진 카드의 개수를 센다.

⑧ 가장 많은 카드를 가진 학생이 이긴다.

▶ 이렇게 지도하세요

① 지나치게 빨리 게임에서 탈락한 학생들에게는 목숨 카드를 1장씩 슬쩍 건네줍니다.

② 교사는 느린 학습자나 소극적인 학생을 찾아다니면서 함께 게임을 하며 활동을 격려합니다.

③ 해골 무늬의 카드가 잔인하게 느껴진다면 다른 무늬(천사, 음식 등)로 대체하여 카드를 만들어 활동합니다.

④ 목숨을 지키기 위해서 게임에 참여하지 않는 학생들이 간혹 있습니다. 상대방이 말을 걸면 무조건 응하도록 지도합니다.

★ 게임 변형하기

모둠 대결로 바꾸기

대화를 나누고 가위바위보 해서 이긴 학생이 진 학생의 카드를 뺏어오는 게임 규칙은 같되 모둠 대 모둠의 대결로 바꿔서 합니다. 예를 들어 1모둠은 2모둠과, 3모둠은 4모둠과 서로 마주 보며 줄을 섭니다. 맨 앞에 서 있는 학생 둘이 대화를 나누고 가위바위보를 합니다. 이긴 학생은 진 학생의 카드를 뺏어오고, 진 학생은 맨 뒷줄로 가서 섭니다. 다시 맨 앞에 마주 보고 있는 두 학생은 대화를 나누고 가위바위보를 합니다.
같은 방식으로 게임을 반복하다가 정한 시간이 끝났을 때 모둠원들이 가진 카드의 총합이 더 많은 모둠이 이깁니다.

(R-P-S : Rock-Paper-Scissors 가위바위보)

24 (말하기/읽기) 한국인에게 친숙한 'One Card'

우리나라 사람들이 많이 알고 있는 'One Card', 규칙은 UNO와 비슷합니다. 동네마다 규칙이 다르므로 학생들이 규칙을 잘 알고 있더라도 게임 규칙에 대해 정리하고 활동을 시작합니다. 규칙이 익숙하고 쉽기에 간단히 설명 후 게임 시간을 충분히 확보할 수 있습니다. 어떤 단어나 문장이든지 학생들이 학습하기를 바라는 표현을 카드에 적어주기만 하면 됩니다. 게임을 하며 자기 카드를 읽기도 하지만, 다른 학생들이 읽는 것을 보기도 하므로 자연스럽게 여러 가지 표현을 학습할 수 있습니다.

게임 준비

① 단어 또는 문장을 적어 게임 카드를 제작한다.

◆A I dried my hair. A◆	◆2 I washed my face. 2◆	◆3 I danced. 3◆	◆4 I washed my hands. 4◆	◆5 I took a shower. 5◆	♥2 I did taegwondo. 2♥	♥3 I played soccer. 3♥	♥4 I studied English. 4♥	♥5 I played basketball. 5♥	♥6 I played baseball. 6♥
◆6 I took a nap. 6◆	◆7 I slept. 7◆	◆8 I swam. 8◆	◆9 I sang a song. 9◆	◆J I made a kite. J◆	♥7 I played the piano. 7♥	♥8 I played the guitar. 8♥	♥9 I played with my friends. 9♥	♥J I played computer games. J♥	♥K I went to the park. K♥
◆Q I made a model airplane. Q◆	◆K I cooked. K◆	JOKER	JOKER	♥A I did yoga. A♥	♥Q I went to the zoo. Q♥	♣A I visited my grandmother. A♣	♣2 I ate pizza. 2♣	♣3 I ate cake. 3♣	♣4 I ate spagettie. 4♣
♣5 I drank milk. 5♣	♣6 I drank water. 6♣	♣7 I drank juice. 7♣	♣8 I brushed my hair. 8♣	♣9 I cleaned my room. 9♣	♠8 I went shopping. 8♠	♠9 I went fishing. 9♠	♠J I went skating. J♠	♠K I watched TV. K♠	♠Q I saw a movie. Q♠
♣J I cleaned my house. J♣	♣K I read a book.(과거형) K♣	♣Q I drew a picture. Q♣	♠A I did my homework. A♠	♠2 I rode a bike. 2♠	♠ ♠	♠ ♠	♠ ♠	♥ ♥	♥ ♥
♠3 I climbed a tree. 3♠	♠4 I bought a book. 4♠	♠5 I bought a bag. 5♠	♠6 I bought a cap. 6♠	♠7 I bought a toy car. 7♠	♣ ♣	♣ ♣	♣ ♣	◆ ◆	◆ ◆

(원 카드-과거형 편)

② A4색지에 출력한다. 세트마다 색을 달리해서 제작하면 카드 관리할 때 편하다.
③ '①'에서 출력한 종이의 뒷면을 아래와 같이 한 번 더 인쇄하면 카드의 내용이 비치지 않는다.

④ 출력한 카드를 잘라 지퍼백에 1세트씩 담아둔다.

게임 방법

① 모둠 안에서 게임을 하며, 한 모둠에 카드 1세트씩 나눠준다
② 받은 카드를 잘 섞어서 7장씩 나누고, 남은 카드는 책상 가운데에 놓는다. 카드 더미의 맨 위 카드는 앞면이 보이게 뒤집어서 옆에 둔다.
③ 가위바위보를 해서 이긴 학생부터 시계 방향으로 돌아가면서 게임을 한다.
④ 자기 차례가 되었을 때 가운데 놓인 카드와 모양(♠, ♣, ◆, ♥), 숫자(2~10), 알파벳(A, J, Q, K)이 같은 카드가 있으면 낸다.

⑦ 카드는 1장만 낼 수 있으며, 카드에 적힌 표현을 읽어야 한다.

⑧ 표현을 읽지 않고 카드를 냈다면 벌칙으로 가운데 카드 더미에서 카드 1장을 받는다.

⑨ 특수 기능을 하는 카드는 총 5가지로 J, Q, K, 7, 조커(Joker)이다.

- **J 카드 :** J 카드를 낸 학생의 다음 학생을 건너뛰어 그다음 학생에게 차례가 넘어간다.
- **Q 카드 :** 시계 방향으로 게임을 진행하다가 Q 카드를 내면 게임의 방향이 반시계 방향으로 바뀐다. 다시 누군가 Q 카드를 내면 다시 시계 방향으로 바뀐다.
- **K 카드 :** K 카드를 내는 학생은 카드에 그려진 모양과 같은 카드를 모두 낼 수 있다. 여러 장 내면서도 카드에 적힌 표현을 읽어야 한다.
- **7 카드 :** 7 카드를 낸 학생은 카드의 모양을 바꿀 수 있다. 예를 들어 7 카드에 그려진 무늬가 ♥인데 "지금부터는 ♣야."라고 말하면 그다음 학생은 ♣ 무늬를 내야 한다.
- **조커(Joker)** : 아무 때나 낼 수 있다.

⑩ 낼 카드가 없으면 가운데 카드 더미에서 1장을 가져온다.

⑪ 카드가 1장만 남아 있는 학생은 재빨리 "One card!"라고 외쳐야 한다. 만약 다른 학생이 먼저 발견해서 외친다면 벌칙으로 카드를 1장 받는다.

⑫ 가장 먼저 가지고 있는 카드를 모두 없앤 학생이 이긴다.

▶ 이렇게 지도하세요

① 게임의 목적이 배움에 있음을 강조하고 어려움을 겪는 친구를 도와주도록 지도합니다.

② 시간이 넉넉하거나 게임이 빨리 끝났을 때는 게임을 한 번 더 하되 A 카드(다음 차례의 학생에게 카드 2장의 벌칙 부과)의 기능을 추가합니다.

★ 게임 변형하기

1. 비교하며 카드 내려놓기

카드에 영어 표현 대신 비교할 대상을 넣어서 카드를 낼 때마다 앞 카드와 비교하게 합니다. 캐릭터를 하나 넣고 키, 몸무게, 지능, 나이, 100m 달리기 속도 등의 정보를 랜덤하게 3~4개씩 넣습니다. 학생들은 자기 카드를 낼 때 적절한 내용을 택해 "I am ______er than you."로 비교하는 문장을 말해야 합니다.

2. 단어 공부하며 원 카드

많은 양의 단어를 공부할 때 원 카드를 이용합니다. 예를 들어 1장당 1개의 직업 명칭을 써서 게임을 반복하면서 외우게 합니다. 학생들이 잘 모르는 직업이 나왔을 때는 적절히 설명해주면 진로지도까지 할 수 있어 일거양득입니다.

3. 묻고 답하며 원 카드

빈도를 묻고 답하는 표현을 원 카드로 만들어 연습합니다. 모양, 숫자, 알파벳이 같으면 카드를 낼 수 있지만, 질문 다음에 질문을 낼 수는 없으며 답을 내야 합니다. 규칙이 추가되어 복잡해 보이지만, 원 카드를 이미 한두 번 해본 학생들이라면 쉽게 잘합니다.

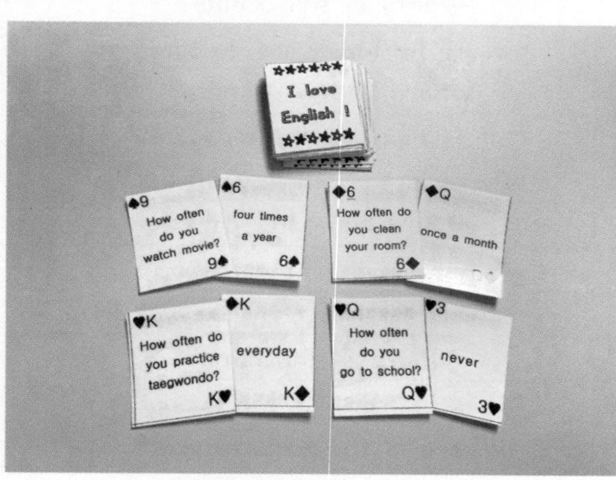

(원 카드 - 묻고 답하기 편)

25 (읽기) 꽝 막대기만 나오지 마라 'Reading Sticks'

어떻게 하면 핵심 구문을 즐겁게 반복해서 말할 수 있을까요? 'Reading Sticks'를 활용하면 이런 고민을 덜 수 있습니다. 준비물이 간단하고 한번 만들어두면 두고두고 사용할 수 있어서 가성비가 좋습니다.

이름 : ____________

번호	문장	체크☑
1	Where is the post office?	
2	It is behind the museum.	
3	Where is the restaurant?	
4	It is in front of the subway station.	
5	Where is the bookstore?	
6	It is in front of the bank.	
7	Where is the library?	
8	It is next to the restaurant.	
9	Where is the school?	
10	It is between the library and the supermarket.	
11	Where is the hospital?	
12	It is next to the museum.	
13	Where is the subway station?	
14	It is behind the park.	
15	Where is the flower shop?	
16	It is between the hopital and the bookstore.	
17	Where is the bank?	
18	It is in front of the school.	
19	Where is the supermarket?	
20	It is next to the museum.	

('Reading Sticks' 게임 학습지)

게임 준비

① 배울 표현을 넣어서 학습지를 학생 수만큼 준비한다.
② 나무스틱과 컵을 준비한다. 나무스틱은 한 모둠당 1세트를 준비한다.
- 컵은 종이컵이나 플라스틱 컵으로 준비한다.
- 나무스틱은 인터넷에서 '칼라나무스틱' 또는 '칼라하드스틱'으로 검색하여 구매할 수 있다. 제품 가격이 매우 저렴하고 나름대로 내구성이 있어서 오래 사용할 수 있다.
- 게임 활동이 마무리된 후에 나무스틱이 섞여서 구분이 어려울 수 있으므로 색깔별로 구매한다.
- 각 세트를 스티커로 구분해도 된다. 세트마다 원형스티커 색을 달리해서 붙이면 섞이더라도 구분할 수 있다.

게임 방법

① 학생들에게 게임 학습지를 나눠준다.
② 모둠당 1세트의 칼라나무스틱을 나눠준다.
③ 모둠 안에서 가위바위보를 한다. 이긴 학생부터 시계 방향으로 돌아가며 게임을 한다.
④ 자기 차례가 되면 나무스틱을 하나 뽑아 막대의 번호를 확인한다.

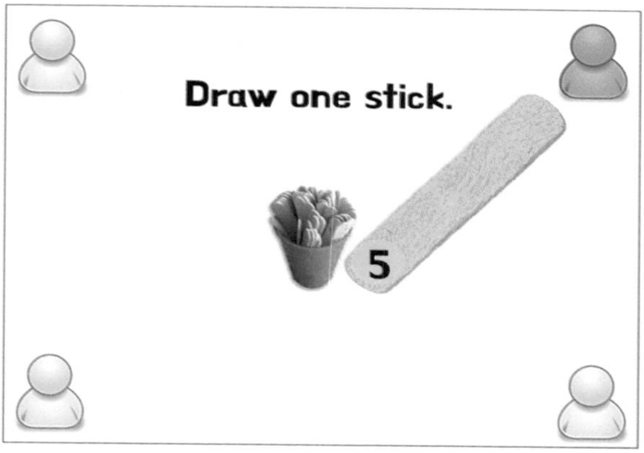

⑤ 게임 학습지에서 해당 번호의 문장을 찾아 큰 소리로 2번 읽고 맨 오른쪽 칸에 표시한다.

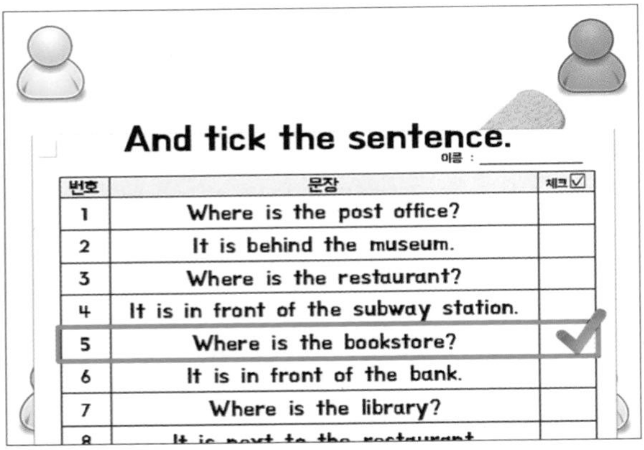

⑥ 뽑았던 나무스틱은 다시 집어넣는다.

⑦ 번호 대신 X 스티커가 붙어 있는 나무스틱은 '꽝'을 의미한다. 나무스틱을 도로 집어넣는다.

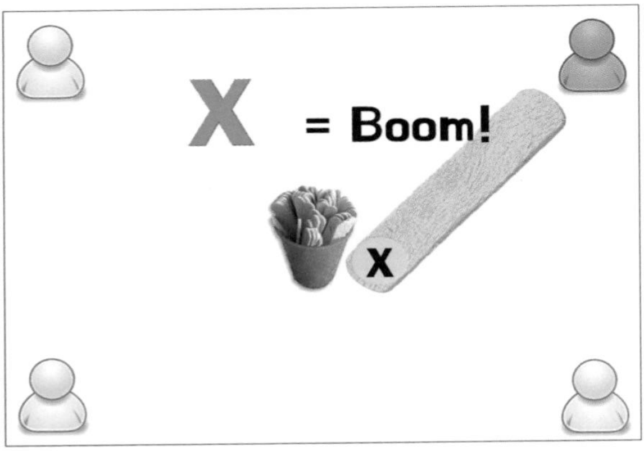

⑧ 반복하여 '④~⑦'의 활동을 한다.

⑨ 가장 먼저 체크 칸에 모두 표시한 학생이 이긴다.

The person who ticks the most sentences..

이름 : ______

번호	문장	체크☑
1	Where is the post office?	✓
2	It is behind the museum.	✓
3	Where is the restaurant?	✓
4	It is in front of the subway station.	✓
5	Where is the bookstore?	✓
6	It is in front of the bank.	✓
7	Where is the library?	✓
8	It is next to the restaurant.	✓
9	Where is the school?	✓
10	It is between the library and the supermarket.	✓
11	Where is the hospital?	✓
12	It is next to the museum.	✓

⑩ 시간을 정해두고 할 때는 체크의 개수가 가장 많은 학생이 이긴다.

★ 게임 변형하기

직접 표현을 써서 게임하기

원래 게임보다 시간은 더 걸리지만 직접 써서 게임을 하기 때문에 기억에 오래 남습니다. 빈 양식을 나눠주고 본인이 읽을 단어나 문장을 직접 쓰게 합니다. 교사가 쓸 내용을 알려주기보다는 학생들이 중요하다고 생각하는 내용을 찾아 쓰게 합니다. 그러나 핵심 표현을 잘 모르고 어려워하면 교사가 내용을 제시해줍니다.

이름 : ______

번호	단어를 쓰세요.	체크☑
1		
2		
3		
4		
5		
6		
7		
8		
9		
10		
11		
12		
13		
14		
15		
16		
17		
18		
19		
20		

(직접 써서 하는 게임 학습지)

26 (단어) 단어 빙고가 지겨울 때는 'Word Lotto'

새로운 단원을 배울 때 가장 먼저 관련 단어를 학습합니다. 보통 파워포인트나 교과서 CD로 단어의 뜻을 익히고 나서 쓰기 연습으로 철자를 익힙니다. 매번 같은 방식으로 하면 학생들이 지루해하므로 여러 가지로 시도합니다. Word Search, Word Puzzle을 만들어 학습지로 주거나 단어 빙고도 합니다.

여기서 소개하는 'Word Lotto'도 철자를 익히기 위한 활동입니다. 로또가 45개 숫자 중에서 6개를 맞히는 것처럼 단어 로또도 교사가 제시한 단어 중에서 몇 개를 맞히는 활동입니다.

Lotto Game

Grade (　　) Class(　　) Name(　　　　)

	Pick 2 and Write down 2개는 2점, 1개는 1점		points (점수)
라운드1			
라운드2			
라운드3			
라운드4			
라운드5			
라운드6			
라운드7			
라운드8			
라운드9			
라운드10			
	모두모두 잘했어요!^0^ Good job!!		Total (총점수)

('Word Lotto' 학습지)

게임 준비

① 단어 학습을 위한 파워포인트를 '단어-뜻'의 형식으로 제작한다.
② 단어 로또 학습지를 A5 크기로 만들어서 학생 수만큼 준비한다.
③ 게임을 위한 파워포인트를 '단어 제시-답'의 형식으로 제작한다.

게임 준비

① 단어 학습을 한 후 단어 로또 학습지를 1장씩 나눠준다.
② 교사가 파워포인트로 단어를 4개 제시하면 다 같이 읽는다.
③ 학생들은 2개의 단어를 골라 쓴다.
④ 로또 결과를 보고 점수를 쓴다. 4개의 단어 중 1개의 단어를 맞히면 1점, 2개 모두 맞히면 2점이다.

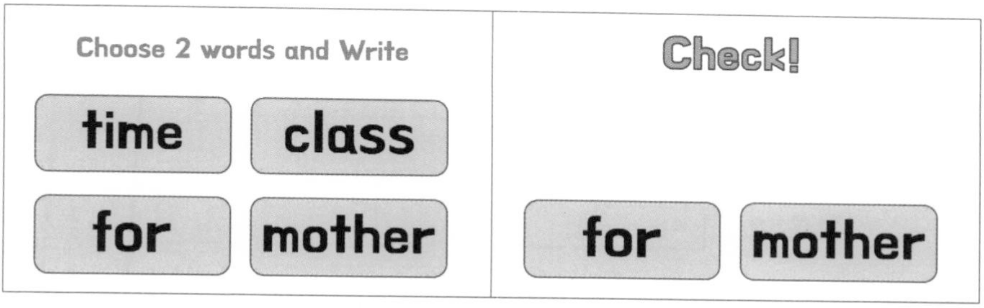

('Word Lotto' 문제와 답)

⑤ 마지막에 총점을 계산한다.
⑥ 교사는 "Who got 4 points?" 등으로 물으며 점수를 확인하고 활동을 마무리한다.

▶ 이렇게 지도하세요

① 활동을 하면서 단어의 뜻을 계속 확인시킵니다.
② 10개의 단어 로또를 준비했다고 10번을 다 할 필요는 없습니다. 학생들의 수준 및 수업 시간을 고려하여 횟수를 적절히 조절합니다.
③ 파워포인트가 아니라 단어 카드, 게싱 백(Guessing Bag)을 준비하여 모둠 안에서 단어 로또를 하게 지도합니다. 교사의 준비는 늘어나지만 학생들이 더 즐거워합니다. 단어 카드가 부록으로 있다면 활용해도 좋습니다.

★ 게임 변형하기

1. 제시하는 단어나 쓰는 단어의 개수 바꾸기

제시하는 단어나 쓰는 단어의 개수를 달리하여 로또를 할 수 있습니다. 아래와 같이 출력하여 나눠주고 골라서 쓰라고 한 뒤 뽑기 프로그램를 활용하여 단어 로또를 하면 간편하게 활동할 수 있습니다. 예를 들어 새로운 단원에서 학습한 단어가 15개라고 할 때 그중 아무 단어나 골라 쓰게 합니다. 단어에 번호를 매기고, 랜덤 숫자 뽑기 사이트를 활용하여 숫자를 뽑습니다.

< Lotto >

배운 단어 중 중복되지 않도록 아래 빈칸에 써넣으시오.

로또 1 :						
로또 2 :						
로또 3 :						

(변형 'Word Lotto' 양식)

2. 알파벳 로또, 문장 로또

단어 대신 알파벳이나 문장으로도 할 수 있습니다. 학습해야 하는 알파벳 또는 문장을 쓰게 하고 같은 방식으로 알파벳이나 문장을 뽑아 승패를 가립니다.

27 (말하기) 카드를 모으기도 버리기도 하는 'Collectors'

영어로 수집가는 Collector입니다. 수집가는 아무 물건이나 모으지 않고 관심 분야의 물건 중에서 가치가 있다고 생각하는 것을 수집합니다. 'Collectors' 게임에서 학생들은 특정 카드를 모으고 필요 없는 카드는 최대한 버려야 합니다. 전체 활동으로 이루어지며 영어 발화를 최대한 끌어올릴 수 있습니다.

게임 준비

① 학생 1명당 5장씩 배부할 수 있도록 카드를 제작한다. 음식에 대한 단원이라면 음식 카드로, 취미에 관한 단원이라면 취미 카드로 만든다. 학생들의 교과서 부록 카드를 걷어서 사용할 수도 있다.
② 게임 활동을 하면서 묻고 답할 문장 형식을 정한다.
③ 타이머를 준비하여 1회 게임 시간을 10분, 15분 등으로 제한한다.

게임 방법

① 한 학생당 5장의 게임 카드를 나눠준다.
② 모두가 동시에 돌아다니면서 게임을 한다.
③ 자기가 모으고자 하는 카드를 정한다.
④ 카드의 종류 및 학습 내용에 따라 묻고 답하는 표현이 달라진다. 예를 들어 음식 카드로 게임을 하고 '사과'를 버리고 싶다면 "Do you like apples?"라고 묻는다. "Do you want some more apples?" 또는 "Would you like to have some apples?"라고 물을 수도 있다. 이렇게 한 종류의 카드로도 다양하게 묻고 답할 수 있지만 느린 학습자가 헷갈릴 수 있으므로 하나의 질문으로 통일한다.
⑤ 대답은 질문에 따라 긍정, 또는 부정으로 답할 수 있다. "Do you ~?"로 시작하는 질문이라면 "Yes, I do." 또는 "No, I don't."로 답한다. "Are you ~?"로 묻는다면 "Yes, I am." 또는 "No, I'm not."이 된다.
⑥ 질문 및 답에 따라 카드를 모으거나 버린다. 자신은 cap 카드를 모으고 싶고 상대방은 cap 카드를 버리고 싶어 한다고 가정해보면, "Do you have a cap?"이라고 물었을 때 상대방은 "Yes, I do."라

고 답하고 cap 카드를 준다. 만약 상대방도 cap 카드를 모으고 있다면 “No, I don’t.”라고 하고 헤어지면 된다.

⑦ ‘④~⑥’의 활동을 반복하면서 목표한 카드를 제한 시간 내에 최대한 모으고, 필요 없는 카드는 다른 학생에게 준다.

⑧ 목표한 카드는 1장당 +1점, 필요 없는 카드는 1장당 -1점으로 점수를 계산한다. 아래와 같이 모았다면 5-2=3점이다.

⑨ 가장 점수가 높은 학생이 이긴다.

▶ 이렇게 지도하세요

① 활동이 끝났는데 수업 시간에 여유가 있다면 카드를 걷어 다시 배부한 후 한 번 더 게임을 합니다.

② 느린 학습자는 게임 활동에 소극적일 수 있으므로 교사가 참여하여 의도적으로 만나 함께 게임을 합니다.

Chapter 04

교과서 대본, 재미있게 연습할 수 없을까요?

영어 검정교과서의 앞 두 차시에는 보통 주 대화문(Script)이 있습니다. 핵심 표현이 다 들어 있기에 집중해서 들어야 하는데 그저 "들어라." 하면 제대로 듣지 못하곤 합니다. 물론 질문을 던져주고 듣게 하면 좀 더 낫습니다.

대화문을 듣는 활동은 보통 전, 중, 후로 나눌 수 있는데 어떤 활동을 계획하느냐에 따라 각 단계의 수업 방법은 조금씩 달라집니다. 보통 수업에서 많이 하는 듣기 활동은 아래와 같습니다.

<듣기 전 활동>

1. 배경지식 활성화 : 교과서의 그림을 보면서 묻고 답하기

그림에서 보이는 대로 하나씩 말해보기	What can you see?
인물의 이름이나 직업 묻기	Who are they?
장소 파악하기	Where are they?
어떤 장면인지 이야기하기	What are they doing?
학생들의 배경지식 활성화하기	Have you ever ~?

2. 대화 속 등장하는 단어 익히기
3. 스크립트 순서 맞춰보면서 전체 대화문 예상하기
4. 문제 제시 : 질문 내용 파악하기

<듣는 중 활동>

1. 학습지 해결하면서 듣기
2. 핵심 표현 파악하면서 듣기
3. 질문에 대한 답을 찾으면서 듣기

<듣기 후 활동>

1. 학습지 답 확인하기
2. 기억나는 표현 말하기
3. 질문에 답하기
4. 핵심 표현 따라 말하기
5. 섀도잉하기 : 약간의 시간차를 두고 대화문을 따라 읽는 활동

지금부터는 나름대로 효과가 있었던 5가지 방법을 소개합니다. 이 방법들이 교과서 대화문 연습에 재미를 더할 수 있으면 좋겠습니다.

01 (듣기) 스크립트 순서 맞추기

스크립트는 대화를 글로 쓴 원고입니다. 듣기 활동 전에 스크립트의 순서를 먼저 맞춰보게 하면 앞으로 들을 내용에 대한 호기심이 자극될 뿐만 아니라 이후 듣기에도 더 집중하게 됩니다. 논리적으로 잘 맞추려고 애를 쓰면서 내용 파악이 이루어지기도 합니다.
초등학생이기 때문에 스크립트를 잘라서 손으로 이리저리 바꿔 가는 방식을 추천합니다. 잘라 만들 시간이 없다면 차선책으로 학습지 형태도 좋습니다. 먼저 예상해본 후에 여러 번 들으며 전체 스크립트를 완성하게 합니다. 그러다 보면 내용 파악을 넘어서 표현 암기를 기대하게 됩니다.

활동 준비

① 스크립트를 준비해서 A4용지에 적는다. 이때 자를 것을 염두에 두고 적도록 한다.

Let's study math this afternoon.
All right. What time?
How about at three?
OK!
Let's study math this afternoon.
All right. What time?
How about at three?
OK!
Let's study math this afternoon.
All right. What time?
How about at three?
OK!

가이드: Welcome to the house of the future.
This is the kitchen.
샐리: What's this?
유나: I have no idea. What's this?
가이드: It's a sensor.
유나: Oh, there are noodles and tomatoes inside.
가이드: We can cook spaghetti for lunch.
학생들: Wonderful!
가이드: This is the living room.
There's a sofa and a table.
샐리: Where's the TV?
가이드: Look!
유나: What a surprise! Let's watch TV.
샐리: We love this house!

('스크립트' 카드)

② 스크립트를 다양한 A4색지에 출력해서 자른다.

③ 한 세트의 카드를 집게 또는 클립으로 묶거나 우편봉투 등에 넣는다.

('완성된 '스크립트' 카드)

④ 준비 시간이나 활동 시간이 부족하다면 차선책으로 학습지를 준비한다.

LOOK & LISTEN **82-83p 들으면서 순서 쓰기**

DIALOG A

( ) Aram: Thanks.

( ) Aram: Mr. Brown,
I don't have scissors.
May I use yours?

( ) Mr. Brown: Sure. Go ahead.

( ) Mr. Brown: You're welcome.

DIALOG B

( ) Mr. Brown: Sorry, you can't.
Finish your work first.

( ) Minu: Mr. Brown,
may I go to the bathroom?

( ) Mr. Brown: Okay. Go ahead.

( ) Minu: Oh, please!

('스크립트' 학습지)

⑤ 학습지에 대화문 순서대로 번호를 쓰게 한다.
⑥ 학습지 형식을 다르게 만들 수도 있다. 예를 들어 스크립트 곳곳에 빈칸을 두고 들으면서 <보기> 에서 빈칸에 들어갈 단어를 찾아 쓰게 할 수도 있다.

활동 방법

① 활동하기 전 교과서에 제시된 그림에 관해 이야기한다.
② 짝 활동이므로 2명당 카드 1세트씩 나눠준다.
③ 책상 가운데에 카드를 펼친다.
④ 대화를 듣기 전에 순서를 먼저 예상한다.
⑤ 대화를 들으면서 순서를 확인한다.

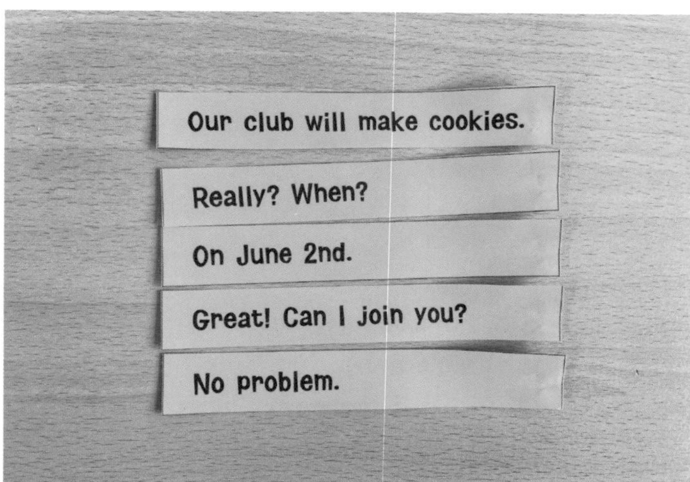

⑥ 학생들의 수준에 맞춰 2~4번 대화를 들려준다.
⑦ 학생들과 함께 내용의 순서를 확인한다.
⑧ 어렵게 느껴지는 표현이 있는지 물어보고 핵심 표현은 따라 읽게 한다.
⑨ 대화를 한 번 더 들으면서 섀도잉 활동을 한다.

02 (듣기) 들린 표현 말하기

교실 수업에서 대화문을 들어본 후 "What did you hear?"라는 질문을 많이 합니다. 이 질문에 학생들은 들은 표현을 아무거나 말합니다. 대답은 단어나 문장일 수 있습니다. 이 활동을 아무것도 없이 할 수도 있지만 때로는 파워포인트의 힘을 빌립니다. 파워포인트 기본 형식을 만들어두고 내용만 바꿔가면서 재사용할 수 있습니다.

활동 준비

① 교과서에 제시된 대화 스크립트를 문장 단위로 적절히 나눈다.

② 파워포인트에 스크립트를 옮겨 적는다. 모든 문장을 다 나누지 않아도 되며, 한 번호에 2개의 문장이 들어가도 된다.

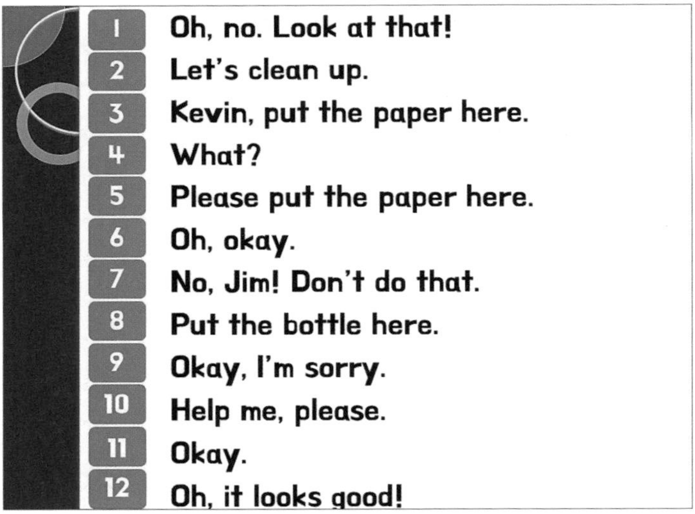

③ '번호'가 적힌 개체를 클릭 시 문장이 등장하게 애니메이션 효과를 설정한다.

활동 방법

① 먼저 교과서에 제시된 그림을 보면서 묻고 답하며 내용을 예상한다.
② 다 듣고 난 후에 들은 표현을 물어본다고 안내한다.
③ 학생들과 대화를 듣는다.
④ 다 들은 후 파워포인트 화면을 열고 기억나는 표현(단어 또는 문장)을 발표한다.
⑤ 학생들이 말한 표현에 해당하는 번호를 클릭하여 문장을 보여준다.

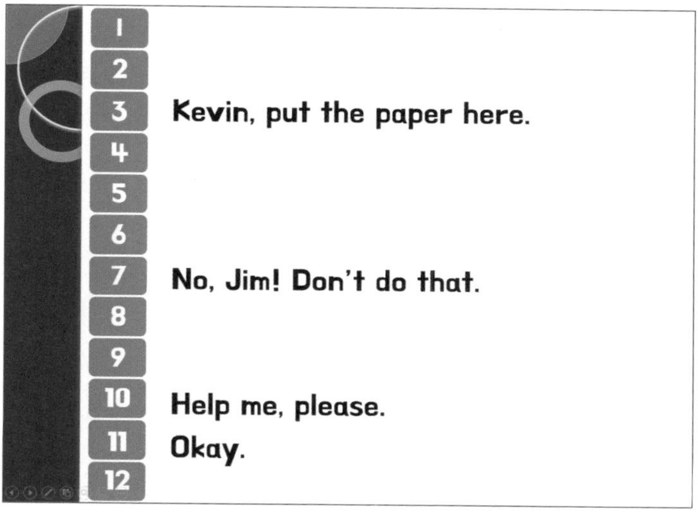

⑥ 모든 표현을 찾아내지 못했다면 다시 들어본다.
⑦ 모든 문장을 찾아낼 때까지 '④~⑥'의 활동을 반복한다.
⑧ 학생들에게 잘 들리지 않았거나 뜻이 어려웠던 문장을 설명한다.
⑨ 대화를 다시 들어보면서 섀도잉 활동을 하거나 핵심 문장만 연습한다.

03 (읽기) 모둠 대 모둠으로 'Reading Race'

'Reading Race'는 교과서 대본이나 핵심 표현을 반복적으로 읽기 연습시킬 때 좋은 활동입니다. 모둠 대항 게임으로 정해진 내용을 더 빨리 읽은 모둠이 이깁니다. 각자에게 책임감이 부여되기 때문에 모두가 자기 몫을 해내려고 노력합니다.

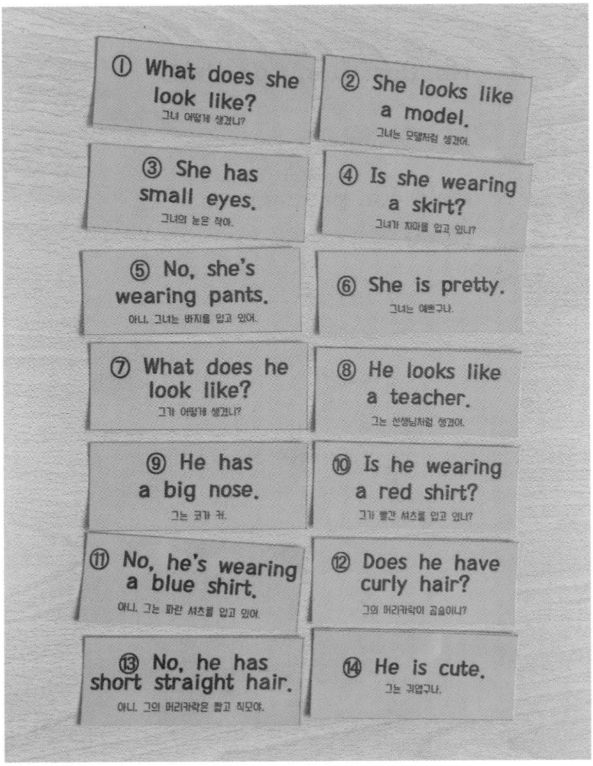

('Reading Race' 카드)

활동 준비

① 스크립트의 내용을 문장 단위로 나눈다.
② 카드 제작 양식에 문장을 써넣는다. 3이나 4로 나누어떨어지지 않는 수로 카드의 개수를 정하면 좋다. 같은 수로 나눠 가지지 않게 하기 위해서이다.
③ 모둠 수만큼 다양한 A4색지에 출력한다.
④ 선을 따라 잘라서 카드 세트를 만들어 한 세트씩 지퍼백에 담는다.
⑤ 학생들이 전체 문장의 순서를 파악할 수 있도록 스크립트의 내용을 출력해서 제공한다. 또는 파워포인트로 만들어 TV 화면에 띄운다.

활동 방법

① 한 모둠당 한 세트의 카드를 나눠준다.
② 모둠 안에서 적당한 수만큼 카드를 나눠 가져간다. 같은 수로 나누지 않아도 되지만 최소 2장 이상은 가져가야 한다.
③ 카드에 쓰인 문장을 연습하고, 모둠별로 활동 순서를 정한다.
④ 모둠이 카드 읽기를 시작하기 전에 교사가 "Ready, go!"를 외치며 스톱워치를 켠다.
⑤ 가진 문장의 번호 순대로 모둠에서 일어나서 문장을 읽는다.
⑥ 마지막 번호의 문장이 끝났을 때 스톱워치를 정지시키고 모둠 점수판에 걸린 시간을 기록한다.
⑦ 가장 짧은 시간 안에 모든 문장을 읽은 모둠이 이긴다.

▶ 이렇게 지도하세요

① 빨리 읽기에 집중하다가 단어를 빠뜨리거나 발음을 엉망으로 하지 않게 지도합니다.
② 단어를 빠뜨렸다면 '1단어당 2초 추가' 등의 벌칙을 줍니다.

★ 게임 변형하기

속도가 아니라 정확도로 승패를 바꿔보세요

네이버 클로바 노트와 같은 음성 인식 프로그램은 말을 하면 문자로 변환해줍니다. Reading Race를 할 때 스마트폰 또는 태블릿 등으로 음성 인식 프로그램을 실행시킨 후 학생의 목소리를 녹음합니다. 녹음된 음성은 문자로 변환되는데, 각 모둠의 정확도를 확인하여 더 정확하게 모든 스크립트를 입력한 모둠이 이기는 것으로 게임을 바꿀 수 있습니다. 음성 인식 프로그램을 활용할 때 녹음 설정을 '영어'로 맞춰야 합니다.

태블릿이 넉넉하다면 각 모둠에 주고 연습하게 해도 좋습니다. 결과를 확인할 때는 스마트폰 또는 태블릿을 미러링해서 TV 화면으로 보여주거나 PC 버전으로 로그인해서 보여줍니다.

04 (말하기/쓰기)
스크립트 대사 바꿔서 역할극 하기

실감 나게 교과서 대화문을 연습하는 방법은 역할극이지만 대화문을 그대로 사용하면 지루해질 수 있습니다. 모둠원 수만큼 인물의 수를 바꾸고 핵심 표현을 더 많이 연습할 수 있도록 대본을 수정합니다. 또한 창의성을 발휘하여 내용을 바꿀 수 있게 대본에 빈칸은 만듭니다. 역할극 연습을 하다 보면 자연스럽게 핵심 표현을 여러 차례 말하고 듣게 되어 배움이 일어납니다.

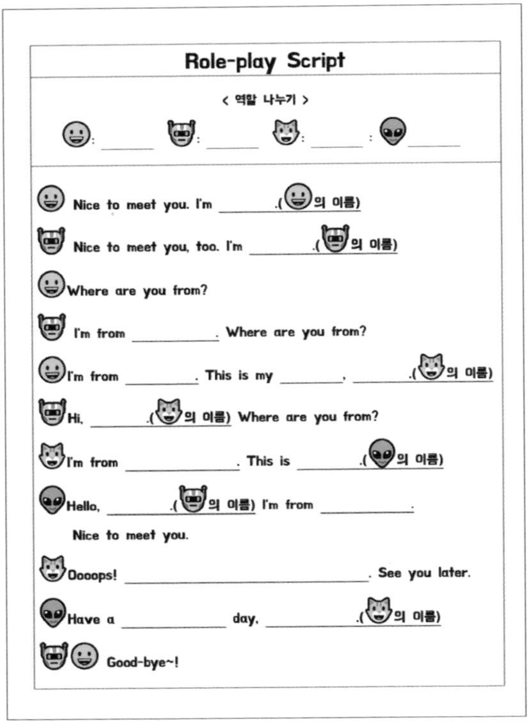
Role-play Script

< 역할 나누기 >

: ______ : ______ : ______ : ______

Nice to meet you. I'm ________.(의 이름)

Nice to meet you, too. I'm ________.(의 이름)

Where are you from?

I'm from ________. Where are you from?

I'm from ________. This is my ________, ________.(의 이름)

Hi, ________.(의 이름) Where are you from?

I'm from ________. This is ________.(의 이름)

Hello, ________.(의 이름) I'm from ________.
Nice to meet you.

Oooops! ________________. See you later.

Have a ________ day, ________.(의 이름)

Good-bye~!

('역할극' 대본)

활동 준비

① 역할극 대본은 학생 수만큼 A5 크기로 준비한다.

② 역할극 평가지는 모둠 수만큼 A4 크기로 출력한다. 평가 문항 중 1번과 2번은 역할극을 잘했는지 평가한다. 하지만 3번 문항은 '다른 모둠이 발표할 때 집중했는가?'이다. 역할극을 관람하는 태도도 함께 평가해야 원활하게 역할극 발표가 이루어질 수 있다.

"Role-play" 평가지

※다른 모둠 친구들이 보여주는 역할 놀이를 잘 보고, 평가 기준에 따라 점수를 매겨봅시다.
(해당 점수에 표시해주세요.)

Group (   )

평가 기준	점수				
1. 대사를 올바르게 하였는가?	1	2	3	4	5
2. 알맞은 표정과 행동을 하였는가?	1	2	3	4	5
3. 다른 모둠이 발표할 때 집중했는가?	1	2	3	4	5

Group (   )

평가 기준	점수				
1. 대사를 올바르게 하였는가?	1	2	3	4	5
2. 알맞은 표정과 행동을 하였는가?	1	2	3	4	5
3. 다른 모둠이 발표할 때 집중했는가?	1	2	3	4	5

Group (   )

평가 기준	점수				
1. 대사를 올바르게 하였는가?	1	2	3	4	5
2. 알맞은 표정과 행동을 하였는가?	1	2	3	4	5
3. 다른 모둠이 발표할 때 집중했는가?	1	2	3	4	5

Group (   )

평가 기준	점수				
1. 대사를 올바르게 하였는가?	1	2	3	4	5
2. 알맞은 표정과 행동을 하였는가?	1	2	3	4	5
3. 다른 모둠이 발표할 때 집중했는가?	1	2	3	4	5

Group (   )

평가 기준	점수				
1. 대사를 올바르게 하였는가?	1	2	3	4	5
2. 알맞은 표정과 행동을 하였는가?	1	2	3	4	5
3. 다른 모둠이 발표할 때 집중했는가?	1	2	3	4	5

('역할극' 평가지)

③ 소품(무비 슬레이트 등)이 필요하다면 미리 준비한다.

활동 방법

① 모든 학생에게 역할극 대본을 나눠준다.
② 모둠 안에서 역할을 나눈다.
③ 모둠 안에서 상의하여 역할극의 빈칸을 먼저 채운다.
④ 대본 내용 중에 바꾸고 싶은 내용을 추가로 바꾼다.
⑤ 역할극 연습을 하고 발표할 모둠의 순서를 정한다.
⑥ 역할극을 하기 전에 역할극 평가지를 모둠당 1장씩 나눠준다.
⑦ 다른 모둠이 발표할 때에는 모둠의 이름을 괄호 안에 쓰고 1~3번 문항을 평가하여 점수를 매긴다.
⑧ 발표가 모두 끝난 후에는 점수를 합산하여 우수한 모둠에 보상 티켓을 준다.

☺	각 모둠이 얻은 점수					
	Group1	Group2	Group3	Group4	Group5	Group6
1번 문항						
2번 문항						
3번 문항						
총점	0	0	0	0	0	0

('역할극' 모둠 점수 합산표)

▶ 이렇게 지도하세요

① 역할극 대본을 만들면서 창의성을 발휘할 수 있게 허용적인 태도로 지도합니다.
② 대본에 욕설, 비속어, 누군가를 모욕하는 말이 들어가지 않도록 주의시킵니다.

05 (읽기) 도전! 스크립트 통째로 외우기

스크립트를 조금씩 까맣게 지워가며 외우게 하는 활동입니다. 학생들은 '내가 이렇게 외울 수 있구나' 하면서 신기해합니다. 손쉽게 할 수 있으면서 효과가 좋습니다.
'읽기 활동'으로 시작하지만, 점차 문장을 외워나가며 '말하기 활동'처럼 여겨지고 마무리할 때는 외운 스크립트를 공책에 '쓰기 활동'으로 끝납니다.

활동 준비

① 학생들에게 나눠줄 스크립트를 학습지 형태로 제작한다. 이때 스크립트를 지웠을 때 잘 보이지 않도록 폰트 색을 연한 회색으로 편집한다.
② 학생 수만큼 교과서 스크립트를 출력한다.
③ 검정 색연필을 준비한다.

활동 방법

① 학생 1명당 1장의 스크립트와 1자루의 검정 색연필을 나눠준다.
② 학생들과 함께 큰 소리로 스크립트를 읽는다.
③ 스크립트에 있는 단어 중 5개를 색연필로 보이지 않게 색칠한다.
④ 지워진 단어를 기억해가며 스크립트를 큰 소리로 읽게 한다.
⑤ 짝과 스크립트를 바꿔서 단어 5개를 지우게 한 후 다시 큰 소리로 읽게 한다.
⑥ 모둠 안에서 스크립트를 바꿔서 단어 10개를 지우게 한 후 다시 큰 소리로 읽게 한다.
⑦ 다시 모둠 안에서 스크립트를 바꿔 단어를 지우게 하는 등 반복하면서 스크립트를 모두 지우게 한다.
⑧ 각자 스크립트를 외워보고 다른 모둠원들이 확인해준다.
⑨ 자기 공책에 외웠던 스크립트를 적게 한다.

1차
읽기

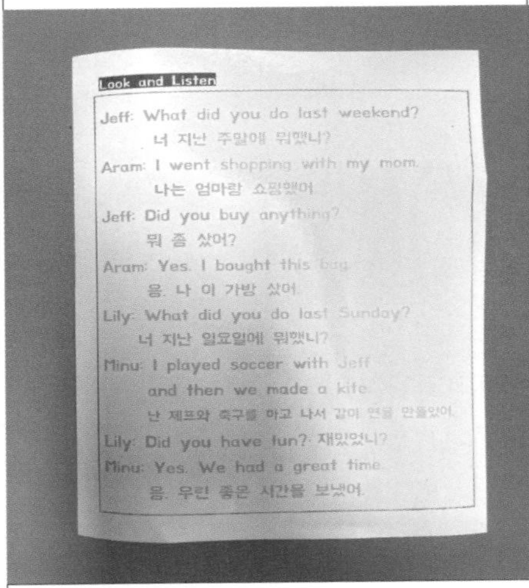

2차
5개 지우고 읽기

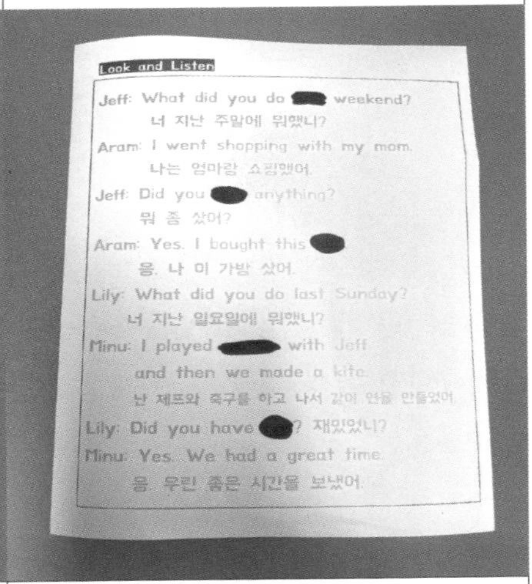

3차
짝과 바꿔서 5개 지우고 읽기

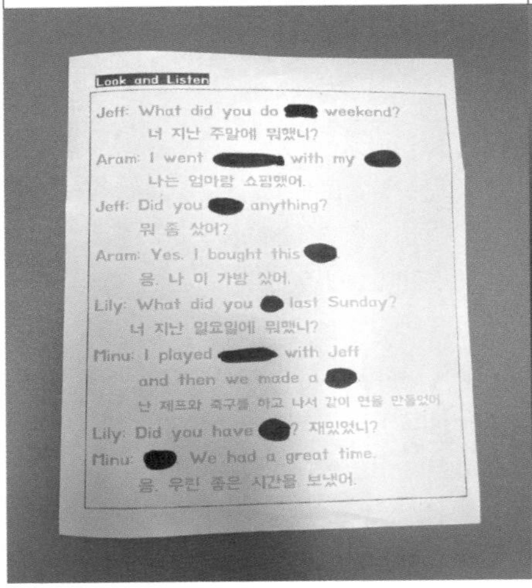

4차
모둠에서 10개 지우고 읽기

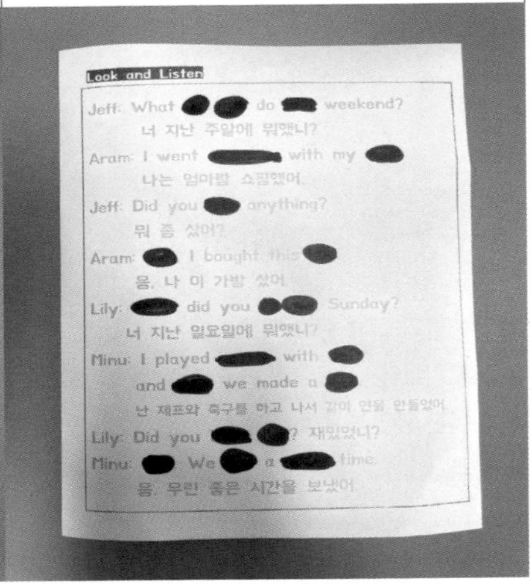

▶ 이렇게 지도하세요

① 스크립트를 교환한 후에는 단어를 전체 스크립트에서 골고루 지우게 합니다. 한 문장에서만 단어를 고르지 않도록 합니다.

② 자신과의 싸움이며 타인과의 경쟁이 아님을 강조합니다.

Chapter 05

고학년 Song과 Chant, 어떻게 지도할까요?

3~4학년 영어를 가르치면 깜짝 놀랄 때가 있습니다. 바로 Song 또는 Chant 시간입니다. 난데없이 일어나서 춤을 추는 학생도 있고 귀엽게 고개를 좌우로 흔드는 학생도 보입니다. 노래 따라 부르기는 말할 것도 없고 율동을 하자고 해도 신나서 따라 합니다.

그렇게 에너지 넘쳤던 학생들이 5학년부터는 몸이 갑자기 무거워졌는지 율동은 물론이고 노래조차 부르지 않으려 합니다. 나름 교과서 노래도 듣다 보면 중독되고 재미있는데 아쉬울 때가 많습니다. 그래서 손가락 DDR(Finger DDR) 게임판을 만들어 나눠주고 '노래를 들으면서 해당 부분을 손가락으로 짚기'를 했습니다.

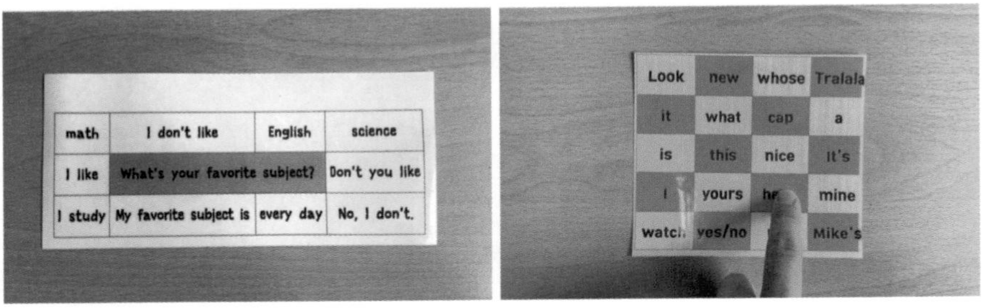

('손가락 DDR' 게임판)

즐겁게 하는 학생들도 있었지만, 손가락 DDR에는 한계가 있었습니다. 이런저런 시행착오 끝에 지금부터 소개하는 방법으로 고학년 학생에게 Song과 Chant를 지도하게 되었습니다.

어떤 방법이든 Song 또는 Chant를 지도하기로 마음먹었다면 매 수업 시작과 끝에 노래를 틀어주세요. 노래를 한 차시로 끝내지 말고 꾸준히 틀어줘야 합니다. 노래의 학습 효과를 극대화하기 위함입니다. 특히 월의 명칭 같이 외우기 힘든 내용일수록 더 빈번하게 틀어줍니다. 계속 듣다 보면 케이팝의 후크송을 듣는 것처럼 중독되고 따라 하게 됩니다.

01 Warming-up 활동하기

노래를 한두 번 들어보고 따라 부르라고 하면 어른들에게도 어렵습니다. 노래를 들을 때 과제를 제시하면 학생들이 좀 더 집중해서 듣기 때문에 짧은 시간 동안 노래를 익히는 데 도움이 됩니다.

다음에 나오는 내용은 노래를 불러보기에 앞서 하는 일종의 준비(Warming-up) 활동이며, 주로 가사를 추측해봅니다. 교과서마다 다르지만, 가사가 나와 있을 때가 있고 없을 때가 있습니다. 가사 전체가 이미 나와 있을 때는 책을 덮고 활동하면 됩니다.

들으면서 가사 순서 맞추기

가사를 출력해 각 문장을 띠 형태로 잘라 학생들에게 1세트씩 나눠줍니다. 짝 활동으로 노래를 들으면서 순서대로 가사를 배열합니다. 보통 3회 정도 들으면 완성하지만, 학생 수준에 맞게 횟수를 조절합니다.

자료를 만들 때 가사에 들어 있지 않은 문장을 3개 정도 넣으면 더 재미있습니다. 학생들에게는 몇 개의 문장은 가사에 없는 내용이라고 미리 안내합니다.

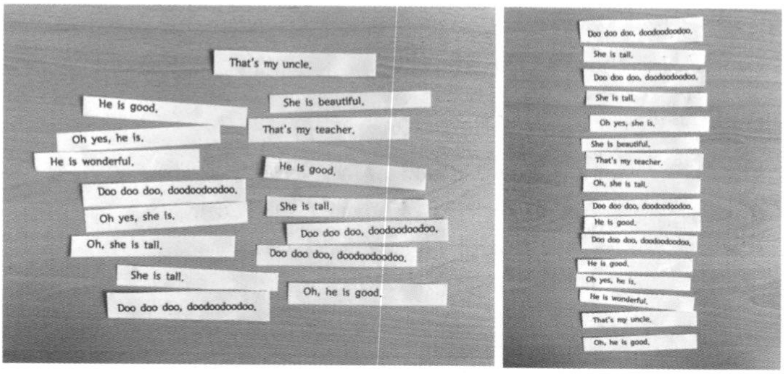

('들으면서 가사 순서 맞추기' 카드)

들으면서 빈칸 넣기

노래를 2~3차례 반복해서 들으면서 학습지 빈칸에 들어갈 단어를 쓰는 활동입니다. 느린 학습자도 참여할 수 있게 빈칸에 들어갈 단어를 '보기'로 제시합니다. 학습지에 나온 문제를 해결하면서 듣는 것은 그냥 듣는 것보다 더 집중해야 합니다. 집중하며 듣다 보면 노래는 자연스럽게 익혀집니다.

Name (   )

♬ Do You Want Some More?

1. What ____ you like, Jeff?
2. I _______ bulgogi, bulgogi.
3. Go ahead. _______ yourself.
4. Thanks ___ lot. Thanks ___ lot.
5. Do you want ______ more?
6. Yes, ________. Yes, ________.
7. I like bulgogi. I like bulgogi.

8. What do _____ like, Aram?
9. I like _______, _______.
10. Go ________. Help yourself.
11. Thanks a _____. Thanks a _____.
12. Do you want some ______?
13. No, thanks. No, thanks.
14. I'm ______. I'm ______.

lot / please / noodles / a / like / noodles
more / do / full / ahead / full / help
a / some / you / lot / please

('들으면서 빈칸 넣기' 학습지)

들으면서 선으로 연결하기

노래를 들으며 가사끼리 짝짓는 활동입니다. 다른 활동보다 쉽습니다.

Name (   )

♫ What's the time, Mr.Wolf?

It's time to get up. •		• 8 o'clock
It's time for breakfast. •		• 11 o'clock
It's time to brush my sharp teeth. •		• 10 o'clock
It's time to get dressed. •		• 7 o'clock
It's time for playschool. •		• 12 o'clock
It's time for lunch. •		• 9 o'clock

('들으면서 선으로 연결하기' 학습지)

들으면서 단어 골라내기

가사 속 단어를 몇 개 추려서 카드 형태로 만듭니다. 모든 단어를 다 카드로 만들지 않아도 됩니다. 노래를 들으면서 노래에 등장하는 단어를 찾게 합니다. 노래에 없는 단어 절반, 노래에 있는 단어 절반 정도가 적당합니다. 학생 수준에 따라 그 비율을 달리할 수도 있습니다.

Go	straight	Turn	right
left	Let's	Where's	and
Green	Park	Bill's	Store
Yes	together	Thanks	a
lot	No	Problem	Bank
on	over	Street	School
Edison	Apple	there	bus stop
one	block	two	blocks
your	It's	Whose	OK

('들으면서 단어 골라내기' 카드)

02 재미있는 노래로 대체하기

교과서에 있는 노래가 효과적이라면 그대로 사용하지만, 그렇지 못할 때는 쉽게 익힐 수 있는 명곡으로 대체해서 가르칩니다. 교육과정이 자주 개정되지만 배우는 표현이 비슷하므로 다음의 노래를 알아두면 두고두고 수업에 쓸 수 있습니다. 몇 번 들으면 중독성이 있으며, 따라 부르기도 쉽습니다.

The Months Song - 월 이름

월의 명칭을 배우기에 최고의 곡입니다. 어린이 음악 싱어송라이터이자 교사인 Susan Salidor가 흥겹게 부른 노래입니다. 유튜브에 그녀의 채널이 있습니다. 채널 내에서 The Months Song을 검색해서 들어도 되고, 노래 제목과 그녀의 이름을 함께 검색해도 쉽게 찾을 수 있습니다.

Do You Like Broccoli Ice-cream?

Do you like ~? 패턴을 배울 때 익히면 좋은 노래입니다. 여러 버전이 있지만, Super Simple Songs라는 채널에서 인형(puppet)으로 만든 영상을 추천합니다.

People in My Town - 직업 이름

이 노래는 직업의 명칭을 배울 때 익히는 곡입니다. 노래를 다 듣고 나면 'Hey, brother. What's going on?'이라는 후렴구가 귓가에 맴돕니다. 직업별로 하는 일까지 가사에 담겨 있어서 직업의 명칭을 공부하면서 관련 표현까지 익힐 수 있습니다.

전치사를 공부할 때 많이 활용하는 노래

유튜브 검색창에 in, on, under로 입력하면 무수히 많은 노래가 나옵니다. 나오는 순서가 곧 인기순이기 때문에 쉽고 재미있으면서 귀에 쏙쏙 들어오는 노래를 빠르게 찾을 수 있습니다. 그중 수업에 많이 활용했던 노래는 아래의 2가지입니다.

유튜브 채널 Busy Beavers의 'In On Under'
유튜브 채널 Maple Leaf Learning의 'Where Is It?' 또는 'On In Under'

위의 두 유튜브 채널 모두 다양한 영어 노래가 있는 유명한 곳입니다. 전치사 노래뿐만 아니라 다른 주제의 노래도 많이 있으니 둘러보길 바랍니다.

노부영 노래

유튜브에서 노부영JYbooks 채널에 들어가면 노부영 노래를 맛볼 수 있습니다. 해당 채널 하단 메뉴 '동영상'에 들어가서 우측 '정렬 기준'을 클릭하여 인기순으로 정렬합니다. 목록을 살펴보면서 수업에 활용할 노래를 찾아보세요.

① Today is Monday - 요일 이름

월의 이름을 공부할 때 Susan Salidor의 The Months Song을 듣는다면, 요일의 이름을 공부할 때는 꼭 노부영 'Today is Monday'를 듣습니다. 요일별로 단어가 나오는데 요일과 단어가 계속 반복되기에 잘 외워집니다.

② Me Me ABC - 알파벳과 동사

3학년 수업을 하면 알파벳송과 파닉스송을 많이 들려줍니다. 알파벳송과 파닉스송도 버전이 다양해 여러 가지로 들려주는데 이것마저 지겨워졌을 때 들려주면 학생들은 재미있게 청취합니다. 각 알파벳으로 시작하는 동사가 나오기 때문에 알파벳과 함께 동사도 익힐 수 있습니다.

③ Go Away Big Green Monster - 생김새

색깔, 신체 부위 등 생김새를 묘사할 때 쓰는 표현이 들어 있습니다. 몬스터를 점점 그려나가며 노래가 진행되어서 흥미롭습니다. 노래를 듣고 자연스럽게 몬스터 그리기 짝 활동을 해도 좋습니다.

④ What's the Time, Mr. Wolf? - 시각

"What's the time, Mr. Wolf?" 하는 질문과 "It's 시각, time to/for~"라는 답이 반복해서 나옵니다. 미스터 울프가 일어나서 잠들기 전까지의 하루가 시각을 묻고 답하는 표현 속에 있습니다. 노래를 듣고 나서는 특정 시간에 미스터 울프가 무엇을 했는지 퀴즈 타임을 가질 수도 있습니다.

03 뮤직비디오 만들기

두들(Doodle)은 원래 아무 생각 없이 끄적거리는 것을 말합니다. 유튜브에서 두들 비디오를 검색하면 어떤 개념을 설명하면서 그려나가거나 벽에 그리는 과정을 찍은 영상이 나옵니다. 두들 비디오는 뭔가를 끄적거리며 그린 것을 영상으로 모아둔 것으로 생각하면 됩니다. 뮤직비디오는 학생들이 직접 그린 그림을 스캔하고 노래를 입혀서 만듭니다. 이렇게 만든 영상도 두들 비디오로 불립니다. 순서는 다음과 같습니다.

① 한글 프로그램에서 1쪽에 노래 가사 한 문장 정도 적는다.
② 학생이 이름을 쓸 수 있는 칸을 오른쪽 위에 넣는다.
③ 시작과 끝에 들어갈 쪽도 추가한다. 시작에는 노래의 타이틀이, 끝에는 만든 학생들의 학교나 학급이 들어가게 한다.

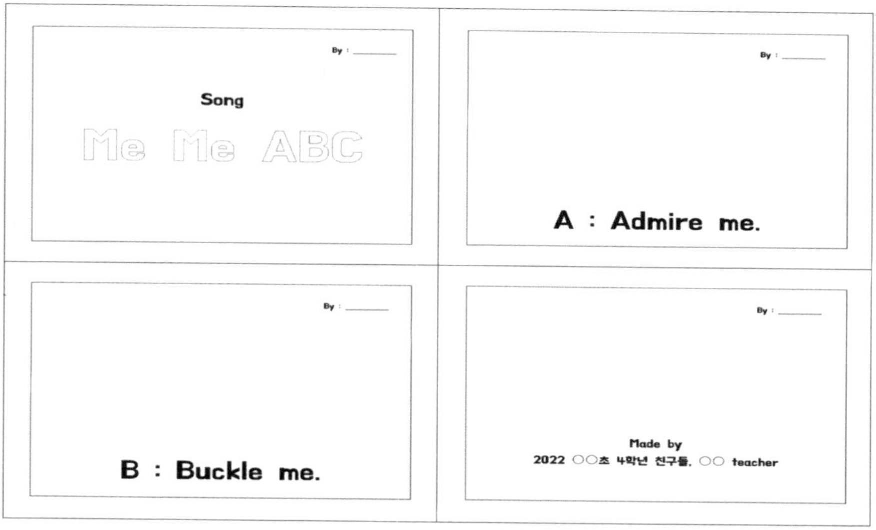

(뮤직비디오 양식, 노래 출처 : 제이와이북스 노부영 Me Me ABC)

④ 완성한 파일을 출력하여 학생들에게 1장씩 나눠준다. 이때 마음에 드는 가사를 골라가게 한다.

- 파일의 쪽수가 학생 수보다 많을 때는 빨리 끝낸 학생 중 자원을 받아 하나씩 더 하게 한다. 파일의 쪽수가 학생 수보다 적다면 같은 내용을 몇 장 더 출력해서 한 문장에 장면이 2개씩 있게 편집한다.
- 담임이라면 한 반만 활동하지만, 교과전담으로 한 반당 1개의 뮤직비디오를 만드는 것은 힘들기에 보통 모든 반의 그림을 모아서 하나의 뮤직비디오로 만든다.

⑤ 학생들은 자기가 맡은 쪽의 그림을 그린 후 이름을 써서 제출한다.

⑥ 학생들의 작품을 가사 순서대로 스캔한다.

(순서대로 스캔한 학생 작품)

⑦ 동영상 만들기 앱 또는 영상 편집 프로그램을 이용하여 노래와 그림 파일을 추가하고 노래 가사에 맞춰 각 장면의 시간을 조절한다.

- 스마트폰이나 패드로 편집할 때는 사용하고 있는 클라우드에 스캔 파일을 올리면 편하다.
- 보통 교과서 노래 음원은 교과서 CD에 포함되어 있거나 출판사 홈페이지에서 내려받을 수 있다.
- 교과서 노래 외 다른 노래로 뮤직비디오 활동을 하고 싶은데 음원이 없을 때는 구글에서 audio extractor를 검색해서 사용한다. 유튜브 동영상 등을 넣으면 음원만 따로 빼준다.

⑧ 완성한 동영상을 학생들과 함께 시청하며 노래를 불러본다.

04 공책 활용하기

이런저런 방법도 귀찮을 때는 공책을 활용합니다. 노래를 들으면서 공책을 활용하는 방법은 무궁무진합니다. 그중 활동하기 좋은 3가지 방법을 소개합니다.

들리는 대로 단어 쓰기

노래를 들으면서 들리는 대로 단어를 최대한 많이 쓰게 합니다. 최소 5개 이상은 적게 합니다. 한 번 들은 후 어떤 단어를 적었는지 이야기 나눠보고 다시 들어봅니다. 두 번째 들을 때 새롭게 들린 단어가 있다면 공책에 추가로 적게 합니다.

두 번째 듣기를 마친 다음에도 어떤 단어가 더 들렸는지 이야기를 나눠봅니다. 듣고 나서 이야기를 나눠보게 하는 것은 학습자가 미처 놓친 부분을 또래 학생에게서 배울 수 있기 때문입니다. 모둠 안에서 이야기를 나누는 것이 가장 좋지만, 학생 수준이 낮을 때는 전체 학생들과 활동을 합니다.

여러 번 들으면서 가사를 최대한 완벽하게 쓰기

시간이 많으면 단어 대신 가사 적기로 바꿔봅니다. 공책을 펼쳐 제목을 적게 하고 노래를 들으면서 최대한 온전한 가사를 적도록 지도합니다.

3번까지 들어도 부족할 때가 많으므로 활동 시간을 넉넉히 줍니다. 다만 지우개는 최대한 사용하지 않도록 안내합니다. 자주 지우고 다시 적는 과정이 활동의 재미를 반감시키기 때문입니다. 두 번 정도 들었을 때 모둠 안에서 각자 쓴 가사를 나눠보도록 하고, 두 번 더 들은 후 다시 적은 가사를 가지고 이야기 나누게 하면 효과적입니다.

노래 가사 바꾸기

흔히 '노가바'라고 하는 활동입니다. 보통 음악 시간에 하지만 영어 시간에 하면 좋은 이유는 음절 때문입니다. 영어 단어 음절에 대한 이해가 어려운 학생들에게 음절을 지도하기 좋은 활동입니다. 바꾸려는 단어가 2음절이라면 똑같이 2음절의 단어로 바꿔주는 것이 자연스럽다는 것을 지도해주세요.

지도하는 과정에서 단어를 바르게 읽도록 가르칠 수 있습니다. 그렇다고 발음이나 문법 등에 지나치게 강조점을 두면 학생들의 창의성이 저해될 수 있으므로 적당한 선을 지켜야 합니다. 문법에 맞지 않아도 자기 의도대로 가사를 바꿔 즐겁게 부르는 학생들을 보면 이 활동을 하길 잘했다 싶습니다. 초등 영어는 영어에 흥미와 관심을 끌게 함이 주된 목적이니까요.

Chapter 06

진도가 맞지 않는 반, 어떻게 할까요?

영어뿐만 아니라 교과전담으로 여러 반을 가르치다 보면 교내 행사, 체험학습 등으로 특정 반의 수업이 빠지곤 합니다. 한꺼번에 모든 반의 수업이 빠진다면 상관없지만, 일부 반만 수업이 빠지면 진도표가 뒤죽박죽됩니다. 이러한 상황이 몇 차례 반복되다 보면, 어떤 반은 2차시 앞서가고 어떤 반은 다른 반과 비교해 진도가 느려집니다.

처음 영어 교담을 할 때는 진도가 느린 반을 빠른 반에 맞춰야겠다고 생각했습니다. 주로 2차시 수업을 한 차시로 축약해서 가르치고 진도를 맞췄습니다. 이렇게 가르치니 학습 효과가 떨어지는 것은 당연하고 급한 마음에 저도 힘들었습니다.

마음을 바꿔서 진도가 빠른 반은 놀리고 느린 반은 정상적으로 1차시씩만 가르쳐야겠다고 결론지었습니다. 교육과정 시수가 정해져 있기는 하지만 교과서 수업 외에 추가로 몇 차시의 여유 시간이 있기에 그 시간을 활용하기로 했습니다.

진도가 빠른 반과 함께 교과서 밖 다양한 활동을 이용해 영어 수업을 하니 학생들의 영어 흥미도가 높아지고, 교과서 밖 내용이지만 영어 학습 효과가 뛰어났습니다.

지금부터 소개하는 내용은 교과서 밖 영어 활동입니다. 진도가 빠른 반과 함께할 수 있는 활동이지만 학기가 끝날 무렵 시간이 남았을 때 해도 좋은 활동입니다.

01 도전 가능한 과제와 함께 'Pop Song'

팝송에 빠져 영어 공부를 열심히 하게 되었다거나 영어에 대한 거부감이 사라졌다는 학생들이 있습니다. 인류는 말보다 노래를 먼저 시작했다고도 합니다. 노래로 영어를 가르치고자 교과서에는 Chant나 Song이 많이 있습니다. 하지만 교과서 외에도 세상에는 노래가 많습니다. 5~6학년에게 교과서 밖 노래, 즉 'Pop Song'을 통해 영어 지도를 해보면 어떨까요.

Pop Song을 지도하면서 노래를 선정할 때 다음의 기준을 먼저 고려합니다.

< 초등학생을 위한 Pop Song 고르기 기준 >

1. 가사 내용에 비속어, 욕설, 성적인 표현이 없어야 한다.
2. 공식 뮤직비디오에 노골적으로 성적인 장면, 담배나 마약을 하는 장면이 없어야 한다.
3. 지나치게 빠른 랩이나 이해하기 어려운 가사가 있는 노래는 피한다.
4. 이왕이면 유명한 가수, 잘 알려진 노래로 고른다.

실제로 팝송을 지도할 때 다루었던 노래는 다음과 같습니다. 아래는 예시일 뿐이며 더 좋은 노래도 많습니다.

· Carly Rae Jepsen, 'Call Me Maybe'
· Bobby McFerrin, 'Don't Worry Be Happy'
· Katy Perry, 'Roar'
· Lenka, 'Everything At Once'
· Tones and I, 'Dance Monkey'
· BTS, 'Butter/Dynamite/Permission to Dance'
· Bruno Mars, 'Count on Me'
· Maroon5, 'Sugar'
· One Direction, 'Live While We're Young'
· Taylor Swift, 'You Belong with Me'
· Justin Bieber, 'Baby'
· Frozen, 'Love Is an Open Door'

팝송을 그냥 듣거나 가사가 적힌 종이를 주고 따라 부르라고 하면 어른도 어렵습니다. 학습지를 활용해서 반복 듣기를 하면 가사 익히기가 쉬울뿐더러 처음 접한 노래에 쉽게 중독되어 흥얼거리는 모습을 볼 수 있습니다. 그렇다면 어떤 학습지로 지도해야 할까요?
구글에 노래 제목과 함께 'song worksheet'를 검색어로 넣으면 영어를 학습하는 국가에서 만든 다양한 학습지를 만날 수 있습니다. 하지만 대부분 회원가입 후 결제해야 하는 등 복잡한 절차를 요구합니다. 한국 초등학교 수준에 맞지 않는 학습지도 많습니다. 이왕이면 학생 수준에 맞게 학습지를 직접 만드는 것을 추천합니다. 팝송 학습지를 만드는 방법은 다음과 같습니다.

< 초등학생을 위한 Pop Song 학습지 만들기>

1. 가사 속 단어 몇 개를 익혀보는 활동을 넣는다.
   ① 간단히 단어와 뜻 줄 잇기
   ② 그림과 단어를 주고 뜻 추측하기
2. 가사를 이용해 다양한 형식의 문제를 만든다.
   ① 가사 순서 맞추기
   ② 빠진 단어를 '보기'에서 골라 넣기
   ③ 2~3개의 단어 중에서 맞는 단어에 동그라미 치기
   ④ 가사의 짝을 찾아 선 잇기
   ⑤ 주어진 단어들로 가사 완성하기
   ⑥ 가사에 들어 있지 않은 단어 골라내기
   ⑦ 쉬운 단어는 첫 알파벳만 알려주고 쓰게 하기
   ⑧ 동사의 원형만 주고 과거형 또는 현재형으로 바꾸게 하기
   ⑨ 몇 개의 단어를 다른 단어로 바꿔놓고 고치게 하기
3. 가수의 사진을 학습지에 틈틈이 넣는다.
4. 가사에 대한 해석이나 발음은 생략한다.

1. 가사 속 단어 몇 개를 익혀보는 활동을 넣는다

팝송에 나온 모든 단어를 다루면 수업이 지루해집니다. 중요하거나 정말 어렵게 느껴지는 단어 몇 개만 익혀봅니다. 단어 익히기 활동은 간단히 다음의 두 가지 유형으로 번갈아 사용합니다.

① 간단히 단어와 뜻 줄 잇기

팝송에 나온 단어와 한글로 풀이한 뜻을 줄로 잇는 활동입니다. 뜻을 그림으로 표현하여 영어 단어와 그림을 연결하게 해도 됩니다.

< New Words >

1.	talk •	• 했다
2.	anymore •	• 찾았다
3.	used to •	• ~하곤 했다
4.	heard •	• 들렸다
5.	found •	• 말하다
6.	did •	• 더 이상
7.	overdose •	• 과다복용하다
8.	brain •	• 누군가
9.	a shame •	• ~옆에
10.	reason •	• 뇌

(영어 단어 - 한글 뜻 연결하기)

Call Me Maybe

**노래에 나오는 단어 알아보기(알맞은 그림에 연결해주세요.)

dime •

ripped jeans •

soul •

well •

penny •

steal •

chase •

beg •

(영어 단어 - 그림 연결하기)

② 그림과 단어를 주고 뜻 추측하기

그림과 단어를 함께 주고 한글로 뜻을 써보는 활동입니다. 그림을 보고 뜻을 추측하기 때문에 학생들이 부담 없이 할 수 있다는 장점이 있습니다.

Write the meaning in Korean.

grenade	bullets	blade	devil	flames

(그림과 단어를 보고 뜻 추측해서 쓰기)

2. 가사를 이용해 다양한 형식의 문제를 만든다

학습지를 직접 만들 때 편집이 어렵거나 문제 내기 어려운 형태는 삼갑니다. 간단히 만드는 방법으로 몇 가지를 반복하면 학습지를 뚝딱 만들어낼 수 있습니다.

① 가사 순서 맞추기

가장 쉽게 만들 수 있는 문제 유형입니다. 들리는 순서대로 숫자를 쓰도록 가사의 앞부분에 괄호 또는 밑줄을 만듭니다. 가사의 의미를 생각하면서 적절히 내용을 나눠 배치합니다. 수업에서는 해당 부분의 노래를 3번 반복해서 들으면서 숫자로 순서를 쓰게 합니다.

Question 1. 알맞은 순서대로 번호를 쓰세요.
(가사 : Taylor Swift의 You Belong with Me)

( ) You belong with me.
( ) I'm the one who makes you laugh.
( ) When you know you're about to cry.
( ) I think I know where you belong.
( ) And I know your favorite songs.
( ) I think I know it's with me.
( ) And you tell me about your dreams.
( ) Can't you see that I'm the one who understands you.
( ) I remember you drivin' to my house to my house in the middle of the night.
( ) Been here all along So why can't you see.

② 빠진 단어를 '보기'에서 골라 넣기

어휘력이 좋은 학생들은 보기가 없이 빈칸만 있어도 의미 파악을 해가며 단어를 잘 쓸 수 있습니다. 그러나 대부분 초등학생에게는 불가능한 일이고, 심지어 영어 학습을 어느 정도 한 성인들도 어려울 때가 있습니다. 팝송을 배우는 목적은 즐겁게 영어 공부를 하기 위한 것이므로 문제를 쉽게 만들기 위해 보기를 제시하여 골라 적게 합니다.

Question 2. 밑줄 친 곳에 <보기>의 단어를 넣어보세요.
(가사 : Lenka의 Everything At Once)

As warm as the ________, as silly as ________.
As ________ as a tree, as ________ as the sea.
As hot as ________, cold as ________.
Sweet as ________ and everything.

<보기> sun, fun, cool, sugar, scary, fire, ice, nice

③ 2~3개의 단어 중에서 맞는 단어에 동그라미 치기

가사를 그대로 써두고 단어 몇 개만 골라서 비슷한 단어를 1~2개 더 써둡니다. 학생들은 노래를 들으면서 가사에 들어 있는 단어에만 동그라미를 칩니다. 너무 어려우면 포기하기 때문에 적당한 선에서 비슷한 단어를 적어줍니다.

Question 3. 밑줄 친 2개의 단어 중에서 맞는 것에 동그라미를 치세요.
(가사 : Tones and I의 Dance Monkey)

They / We say, dance for me, dance for me, dance for me, oh oh oh, oh-oh, oh-oh.
I've never seen sombody / anybody do the things you do before.
They say mody / move for me, mody / move for me, mody / move for me, ay ay ay.
And when you're done I'll make you do / done it all again.

④ 가사의 짝을 찾아 선 잇기

의미 있는 단위로 가사를 큼직하게 나눠서 다음 가사로 연결하는 문제를 만듭니다. 이 문제 유형 역시 학생들의 심적 부담을 덜어 줄 수 있습니다.

Question 4. 가사의 짝을 찾아 선으로 연결하세요.
(가사 : Adam Levine의 Lost Stars)

Who are we? •	• if we're not careful turns into reality
Woe is me •	• Just a speck of dust within the galaxy?
Don't you dare let our best memories bring you sorrow •	• Where we're dancing in our tears and
Turn the page maybe well find a brand new ending •	• Yesterday I saw a lion kiss a deer

⑤ 주어진 단어들로 가사 완성하기

단어를 뒤죽박죽 섞어서 학생들이 다시 원래의 가사를 맞히게 하는 유형입니다. 문제 유형 중에서 어려운 편입니다.

Question 5. 주어진 단어로 가사를 완성하세요.
(가사 : ABBA의 Lay All Your Love On Me)

wasting / emotion / your / go / Don't

____

your / on / love / Lay / all / me

____

devotion / sharing / go / Don't / your

____

all / love / Lay / your / me / on

____

⑥ 가사에 들어 있지 않은 단어 골라내기

가사 한 문장에 들어 있지 않은 단어 하나를 집어넣습니다. 학생들이 노래를 들으면서 해당 단어를 찾아내는 문제입니다. 교사는 문제를 쉽게 만들지만, 학생들은 조금 어려워할 수도 있습니다. 난이도 조절을 위해 가사 한 줄에 딱 한 단어만 넣도록 하고 그 이상은 넣지 않습니다. 이왕이면 학생들이 알만한 단어를 선정합니다.

Question 6. 가사에 들어 있지 않은 단어를 고르세요.
(가사 : One Direction의 Live While We're Young)

Hey girl, its now or never forever, its now or never.
Don't over-think, just let it go.
And if we get together, yeah, get together.
Don't let the good pictures leave your phone, oh.
Yeah, well be always keep doing what we do.
Just pretending that were very cool so tonight.

⑦ 쉬운 단어는 첫 알파벳만 알려주고 쓰게 하기

쉬운 단어는 시작하는 첫 알파벳만 제시하고 밑줄 안에 해당 단어를 쓰게 합니다. 어려워할 수도 있지만 도전 가능한 정도의 '쉬운' 단어로 문제를 구성합니다. 해당 단어를 제대로 맞혔을 때 다른 문제 유형보다 성취감이 높습니다.

> **Question 7. 해당 알파벳으로 시작하는 단어를 적어보세요.**
> **(가사 : Carly Rae Jepsen의 Call Me Maybe)**
>
> Hey, I just met you and this is c________.
> But here's my number, so call me maybe
> It's hard to look r________ at you baby
> But here's my number, so call me maybe
> Hey I just met you and this is crazy
> But here's my number, so call me maybe
> And all the other b________ try to chase me
> But here's my number, so call me maybe

⑧ 동사의 원형만 주고 과거형 또는 현재진행형으로 바꾸게 하기

동사의 과거형을 배웠다면 가사 학습지에 이를 반영합니다. 동사의 원형을 제시하고 노래를 들으면서 과거형 표현을 쓰게 합니다. 현재진행형을 학습한 후라면 동사의 원형을 제시하고 현재진행형으로 바꾸게 해도 좋습니다.

> **Question 8. 괄호 안의 단어를 과거형으로 바꿔보세요.**
> **(가사 : Carly Rae Jepsen의 Call Me Maybe)**
>
> I ________(throw) a wish in the well.
> Don't ask me I'll never tell.
> I ________(look) to you as it fell.
> And now you're in my way.

⑨ 몇 개의 단어를 다른 단어로 바꿔놓고 고치게 하기

틀린 단어로 바꿔놓고 고치게 할 수도 있습니다. 문제로 낼 단어는 이미 학습한 단어 중에서 고릅니다. 틀린 단어 밑에 원래의 단어를 쓰도록 문제를 만듭니다.

3. 가수의 사진을 학습지에 틈틈이 넣는다

외국 가수는 학생들에게 낯설 수 있습니다. 한국 가수와는 달리 교사에게 처음 들었을 가능성이 큽니다. 학습지에 틈틈이 가수의 사진을 삽입하여 가수에 대한 호기심과 흥미를 더할 수 있습니다.

4. 가사에 대한 해석이나 발음은 생략한다

가사를 한 줄 한 줄 해석해준다면 그 노래에 대한 이해도는 높아지겠지만, 자칫 독해 수업으로 흐르게 됩니다. 팝송에 대한 흥미는 사라지고 지루한 수업이 될 수도 있습니다. 가사를 해석해주고 싶은 교사의 욕구를 꾹 누르고, 정말 중요하거나 재미있는 부분만 조금 해석해줍니다.

예를 들어 Justin Bieber의 Baby라는 노래에 "Are we an item?"이라는 부분이 있습니다. 게임 좀 해봤다 싶은 학생들은 당연히 '게임 아이템'을 생각하겠지만, 미국 학생들 사이에서 item은 커플(사귀는 사이)이라는 의미로 통용됩니다. 따라서 "Are we an item?"은 "우리 사귀는 거야?" 정도로 해석할 수 있습니다. 이런 부분은 학생들이 재미있어 할 지점이므로 해석해줍니다.

학생들을 위한 학습지가 준비되었다면 이제 효과적으로 팝송을 지도해봅시다. 수년간 팝송을 지도하면서 가장 효과적인 지도 순서는 다음과 같았습니다.

가수에 대한 배경지식 또는 단어 등을 PPT로 지도한다

가수에 대한 배경지식을 알게 되면 그 가수가 더 친근하게 느껴지고, 노래에 대한 흥미가 생겨납니다. 가수의 이름(예명, 본명) 또는 출신지, 나이, 데뷔 앨범, 노래 내용 등에 대해 파워포인트를 제작합니다. 학생들이 관심 가질 만한 가십거리가 있다면 그것도 다른 배경지식과 함께 넣습니다.

파워포인트를 제작할 때는 앞부분에 가수 설명, 중간 부분에 당일 배울 노래 내용, 마지막에는 가사 속 단어 학습으로 구성합니다. 한 화면에 주로 사진 1장, 단어 또는 문장 1개를 큼직큼직하게 잘 보이도록 배치합니다. 화려한 효과보다 파워포인트 슬라이드를 여러 장 만들어서 화면을 빠르게 바꿔주면 학생들의 시선을 끌 수 있습니다.

공식 뮤직비디오로 노래를 들려준다

배경지식이나 단어에 대한 학습이 끝나면 바로 뮤직비디오를 시청합니다. 주로 공식 뮤직비디오를 틀어주는데, 유튜브에 '노래 제목'과 함께 'official'을 검색어로 넣으면 바로 찾을 수 있습니다.

학습지를 해결하며 노래를 학습한다

먼저 파워포인트에서 공부한 단어를 학습지로 복습합니다. 단어 복습이 끝나면 학습지의 활동 순서에 따라 노래를 다시 들어봅니다. 학습지 활동마다 3번씩 해당 부분을 반복해서 들려줍니다. 반복해서 들으며 학습지의 문제를 해결한 후에는 바로 답을 알려줍니다. 노래를 들려줄 때는 주로 자막이 없는 공식 뮤직비디오를 활용합니다.

가사가 크게 나오는 동영상으로 노래를 불러보게 한다

학습지 활동을 모두 마무리하면 처음 맛보기로 들었던 것을 포함하여 총 4번씩 들어본 셈이 됩니다. 노래가 익숙해져 흥얼거리는 학생들이 생겨납니다. 이제 가사가 크게 적혀 있는 동영상을 틀어주고 따라 부르게 합니다. 분명 열심히 따라 부르는 학생들이 눈에 들어올 것입니다.

가사가 크게 적혀 있는 동영상은 유튜브 검색 시 노래 제목 옆에 'lyrics'를 넣으면 금방 찾을 수 있습니다. 글자가 적당히 크고 글씨체가 학생 기준에서 알아보기 쉬운 동영상을 고릅니다. 필기체는 가독성이 좋지 않습니다. 혹시라도 적당한 동영상을 찾지 못했을 땐 완성된 학습지를 보면서 노래를 불러보게 합니다.

이렇게 지도를 하면 효과적으로 팝송을 가르칠 수 있습니다. 단순히 가사만 적혀 있는 A4 용지를 주는 것보다 몇 배의 효과를 볼 수 있습니다. 대부분 노래를 다시 듣고 싶어서 집에 가서 들어본다거나 다음 시간에 또 틀어달라고 하게 될 것입니다. 팝송이 영어 공부의 전부는 아니지만, 이렇게 팝송으로 영어에 더 많이 노출된다면 저절로 영어 학습이 이루어질 것입니다.

※ 빠진 가사를 입력해야 노래가 재생되는 Lyrics Training

학생들이 영어 노래에 흥미가 생겼다면 www.lyricstraing.com이나 Lyricstraining 애플리케이션을 소개해주세요. 계정을 만들고 이메일로 인증을 한 다음에 사용할 수 있습니다.
노래를 선택하고 재생 버튼을 클릭하면 하단에 가사가 나옵니다. 노래를 들으면서 가사 속 빈칸을 입력해야 노래가 계속 재생됩니다. 처음 재생할 때 Beginner, Intermediate, Advanced, Expert 등으로 학습자의 수준을 정할 수 있습니다. Beginner는 단어를 1~2줄에 하나씩 입력하고, 윗 단계로 갈수록 입력해야 하는 단어의 양이 늘어납니다.
Beginner 수준일지라도 일반 팝송은 초등학생들에게 어려울 수 있습니다. 노래의 장르를 Children's song으로 설정하면 영어 동요 중에서 고를 수 있습니다. 앞으로 가기 화살표 버튼을 이용해서 한 번 더 듣거나 뒤로 가기 버튼을 눌러 답을 패스할 수 있습니다.
맨 위에는 점수표가 나옵니다. 문제의 개수(빈칸의 수)와 정답 및 오답의 개수를 확인할 수 있습니다. 복습하고 싶어서 처음부터 재생하면 문제가 똑같지 않습니다. 지겹지 않게 여러 차례 들으며 노래를 학습할 수 있습니다.

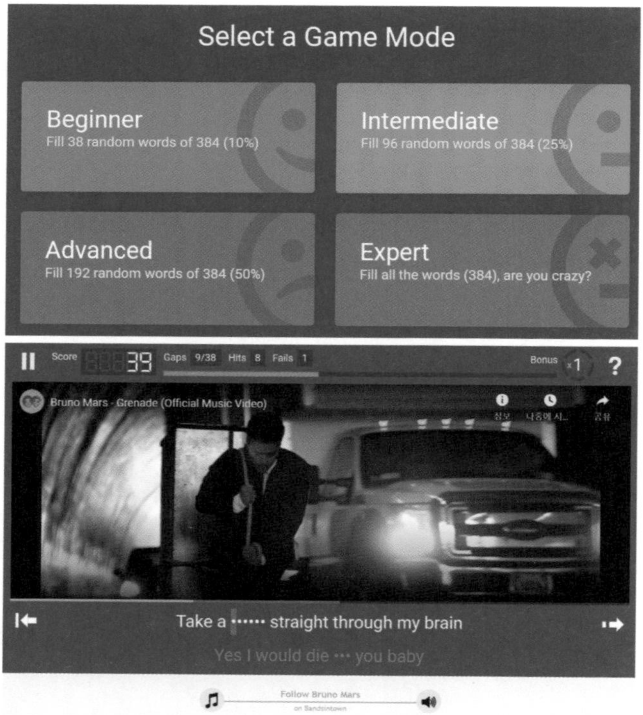

02 문화를 퀴즈로 'Culture Time'

영어를 공부하다 보면 자연스럽게 다른 나라의 문화를 함께 공부하게 됩니다. 초등 영어 교육과정의 3가지 목표 중 하나가 '문화 이해'이기도 합니다.

문화 부분을 단순히 교사의 설명으로만 가르치면 잘 알지 못하는 내용인데다 지루해지기 쉽습니다. 그래서 여러 시행착오를 거쳐 퀴즈 방식인 'Culture Time'으로 문화 수업을 하게 되었습니다. 학생들은 모둠 대항으로 퀴즈를 풀면서 문화를 학습합니다.

게임 준비

① 주제에 맞게 파워포인트로 퀴즈를 준비한다.

세계 여러 나라의 국기	세계 여러 나라의 대표 동물
세계 여러 나라의 인사말	세계 여러 나라의 전통 악기
세계 여러 나라의 인구	세계 여러 나라의 지도
세계 여러 나라의 옷차림	세계 여러 나라의 유명 관광지
세계 여러 나라의 독특한 교통수단	세계 여러 나라의 학교
세계 여러 나라의 예절	세계 여러 나라의 스포츠
세계 여러 나라의 유명한 시장	세계 여러 나라의 명절
세계 여러 나라의 유명한 우화	세계 여러 나라의 전통
세계 여러 나라의 전화 표현	세계 여러 나라의 길거리 음식
세계 여러 나라의 계절별 축제	기네스북 기록
세계 여러 나라의 유명한 음식	영어권 동물 울음소리
세계 여러 나라의 유명한 궁전	

('Culture Time'에서 다룰 만한 주제)

② 화이트보드, 보드 마커, 지우개를 모둠 수만큼 준비한다.

게임 방법

① 오늘의 Culture Time 주제를 안내한다.

② 모둠마다 화이트보드, 보드 마커, 지우개를 각 1개씩 나눠준다.

③ 파워포인트로 퀴즈를 보여주면 각 모둠은 정답을 화이트보드에 적는다.

④ 교사가 "Three, two, one, up!"을 외치면 모든 모둠이 동시에 화이트보드를 든다.

⑤ 정답을 맞힌 모둠은 1점을 얻는다.

⑥ 점수가 가장 높은 모둠이 이긴다.

QUIZ

How many people live on planet Earth?

❶ About 7.7 million
❷ About 7.7 billion
❸ About 770 billion
❹ About 770 million

QUIZ

What is the world's most populated city?

❶ New York
❷ Tokyo
❸ Seoul

QUIZ

Where is KTX from?

❶ 
❷ 
❸ 
❹ 

QUIZ

What transportation is famous in Pyeongyang?

❶ plane
❷ subway
❸ taxi
❹ train

QUIZ

When was it built?

❶ in 1461
❷ in 1661
❸ in 1761
❹ in 1861

QUIZ

What's this?

❶ fish stick
❷ pork on sticks
❸ iced rice cake
❹ ice-cream

('Culture Time' 문제지)

03 혀는 꼬이지만 재미있는 'Tongue Twister'

'Tongue Twister'는 혀(tongue)가 꼬일(twist) 정도로 발음하기 어려운 표현을 뜻합니다. 발음이 비슷한 단어들이 종합 세트로 들어 있습니다. 예를 들면 "I scream, you scream, we all scream for ice cream!"이 있습니다. 비슷한 발음으로 말이 되게끔 문장 또는 단락을 써두었다고 생각하면 됩니다.

초등 교과서에는 혀가 꼬일 정도로 발음이 어려운 표현은 없습니다. 교과서에는 없지만 구글링으로 Tongue Twister를 쉽게 찾을 수 있습니다. 문장 단위부터 단락 단위까지 많은 Tongue Twister가 있으므로 초등 수준에 맞게 선택합니다.

게임 준비

① 적절한 수준의 Tongue Twister를 선정한다.
② 교사가 시범을 보여야 하므로 반복해서 읽으며 연습한다. 교사의 시범이 가장 효과적이지만, 어려울 때는 유튜브에서 해당 Tongue Twister 영상을 찾아 보여준다.
③ 학생들에게 배부할 Tongue Twister 학습지를 준비한다.
④ 문장이 짧다면 같은 문장 3번 읽기를 하거나 다른 문장을 추가로 넣어 분량을 적절히 조절한다.

게임 방법

① 게임을 할 Tongue Twister를 화면에 띄우고 교사가 시범을 보인다.
② 학생들에게 Tongue Twister 학습지를 나눠준다.
③ 교사가 한 단어씩 정확히 발음하고 학생들은 따라서 읽는다.
④ 교사가 문장 단위로 읽고 학생들은 따라서 읽는다. 처음에는 천천히 읽다가 점차 빠르게 읽는다.
⑤ 모둠 안에서 서로 협력하여 일정 시간 동안 읽기 연습을 한다.
⑥ 연습 시간이 끝나면 모둠의 순서를 뽑는다.
⑦ 자기 모둠 차례가 되면 모둠 번호 1번부터 4번까지 차례로 일어나 Tongue Twister를 읽는다. 만약 모둠원이 3명뿐이면 3명 중 1명이 2번 읽게 한다.

⑧ 교사는 학생들이 읽은 시간을 스톱워치로 측정하고 모둠 점수판에 시간을 적는다.
⑨ 단어를 빼고 읽었다면 '1단어당 2초 추가' 등의 패널티를 준다.
⑩ 가장 짧은 시간 동안 Tongue Twister를 읽은 모둠이 이긴다.

▶ **이렇게 지도하세요**
① 영어 문장 아래에 한글로 발음을 적은 학습지를 준비해서 느린 학습자에게 줍니다.
② 모둠원끼리 협력하여 모둠 전체의 연습이 되어야 함을 강조합니다.
③ 큰 소리로 연습하게 합니다.

1. She sells seashells by the seashore.
2. How can a clam cram in a clean cream can?
3. I scream, you scream, we all scream for ice cream.
4. Fuzzy Wuzzy was a bear. Fuzzy Wuzzy had no hair. Fuzzy Wuzzy wasn't fuzzy, was he?
5. Can you can a can as a canner can can a can?
6. You know New York, you need New York, you know you need unique New York.
7. I saw a kitten eating chicken in the kitchen.
8. If a dog chews shoes, whose shoes does he choose?
9. I thought I thought of thinking of thanking you.
10. Near an ear, a nearer ear, a nearly eerie ear.
11. A big black bear sat on a big black rug.
12. He threw three free throws.
13. Four fine fresh fish for you.
14. We surely shall see the sun shine soon.
15. Fred fed Ted bread, and Ted fed Fred bread.
16. I slit the sheet, the sheet I slit, and on the slitted sheet I sit.
17. A skunk sat on a stump and thunk the stump stunk, but the stump thunk the skunk stunk.
18. Lesser leather never weathered wetter weather better.
19. I saw Susie sitting in a shoeshine shop. Susie works in a shoeshine shop. Where she shines she sits, and where she sits she shines.
20. How much wood would a woodchuck chuck if a woodchuck could chuck wood? He would chuck, he would, as much as he could, and chuck as much wood. As a woodchuck would if a woodchuck could chuck wood.
21. Peter Piper picked a peck of pickled peppers. A peck of pickled peppers Peter Piper picked. If Peter Piper picked a peck of pickled peppers. Where's the peck of pickled peppers Peter Piper picked?
22. Betty Botter bought some butter. But she said the butter's bitter. If I put it in my batter, it will make my batter bitter. But a bit of better butter will make my batter better. So 'twas better Betty Botter bought a bit of better butter.

(출처: https://www.engvid.com/english-resource/50-tongue-twisters-improve-pronunciation/)

※ 나만의 Tongue Twister 만들기

이미 만들어진 Tongue Twister를 따라 해도 되지만, 학생들이 직접 만들 수도 있습니다. 자신이 만든 것을 친구들에게 읽어보게 한다거나 Tongue Twister Contest를 열 수도 있습니다. 만약 대회를 열어 우수작으로 뽑혔다면 영어 교실에 포스터 형식으로 만들어 일정 기간 전시합니다.

나만의 Tongue Twister 만들 때는 다음 순서에 따라 단어를 하나씩 씁니다.

① 내 이름 또는 아무 이름이나 하나 쓰기 (예, Mina)
② 행동 쓰기 (예, meet)
③ 장소의 이름 쓰기 (예, meat market)
④ 때를 가리키는 단어 쓰기 (예, morning)
⑤ 행동의 이유 쓰기 (예, to meet Mattt)

사용하는 단어는 모두 같은 알파벳으로 시작해야 합니다. 혹은 발음이 비슷한 것으로 대체할 수도 있습니다. 위의 5가지 내용을 다 쓴 후에 그 단어들을 조합하여 하나 또는 두 개의 문장으로 만들면 나만의 Tongue Twister가 완성됩니다.

예) Mina meets Matt at the meat market in the morning.

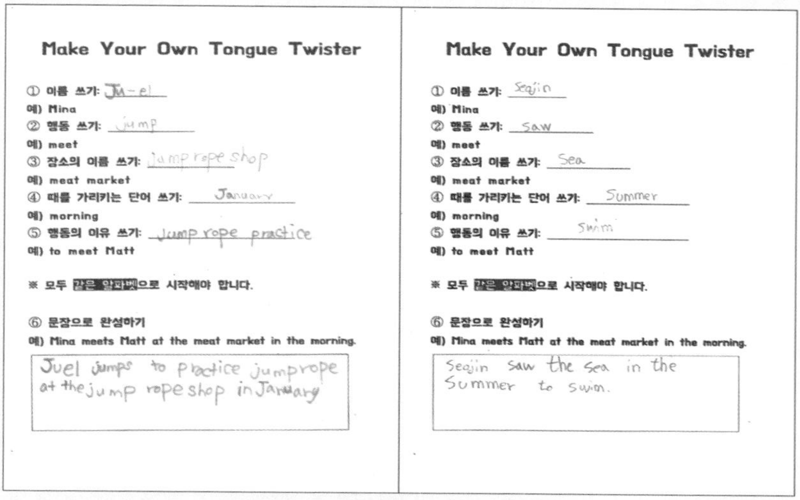
Make Your Own Tongue Twister

① 이름 쓰기: Ju-el
예) Mina
② 행동 쓰기: jump
예) meet
③ 장소의 이름 쓰기: jump rope shop
예) meat market
④ 때를 가리키는 단어 쓰기: January
예) morning
⑤ 행동의 이유 쓰기: jump rope practice
예) to meet Matt

※ 모두 같은 알파벳으로 시작해야 합니다.

⑥ 문장으로 완성하기
예) Mina meets Matt at the meat market in the morning.

Juel jumps to practice jumprope at the jump rope shop in January

Make Your Own Tongue Twister

① 이름 쓰기: Seajin
예) Mina
② 행동 쓰기: saw
예) meet
③ 장소의 이름 쓰기: Sea
예) meat market
④ 때를 가리키는 단어 쓰기: Summer
예) morning
⑤ 행동의 이유 쓰기: Swim
예) to meet Matt

※ 모두 같은 알파벳으로 시작해야 합니다.

⑥ 문장으로 완성하기
예) Mina meets Matt at the meat market in the morning.

Seajin saw the sea in the Summer to swim.

(나만의 'Tongue Twister' 만들기 학생 작품)

04 예시 자료만 봐도 재미있는 'Typotionary'

'Typotionary'(타이포셔너리)는 Typography와 Dictionary를 합친 말입니다. Typography는 글씨체 및 글자를 예쁘게 배치하거나 디자인하는 것, Dictionary는 사전을 의미합니다. 즉 그림이 포함된 글자를 이용해 뜻을 알 수 있게 한 것이 Typotionary라고 할 수 있습니다. 구글에서 Typotionary를 검색하여 예시 자료를 찾으면 거의 우리나라 자료만 보입니다. 그만큼 한국 교실에서 많이 하는 활동임을 알 수 있습니다. 영어뿐만 아니라 사회, 과학, 국어 등 다양한 교과에서 활용됩니다.

Typotionary 활동을 할 때 학생들은 어떻게 하면 뜻을 잘 표현할지 고민하게 됩니다. 그렇게 탄생한 결과물은 학생 관점에서 단어의 뜻을 가장 잘 이해할 수 있게 표현됩니다. Typotionary를 만들어 전시 및 2차 활동(게임)을 하면 해당 단어를 몰랐던 학생들까지 그 뜻을 알게 되는 학습 효과가 있습니다.

('타이포셔너리' 학생 작품)

Typotionary를 만드는 것은 보통 다음의 차례에 따라 이루어집니다.

① 예시 자료와 함께 Typotionary를 설명한다.
② 종이를 1장씩 나눠준다.
③ 단어를 하나 정하고 그 의미를 어떻게 표현할지 생각해본다.
④ 밑그림을 구상한다.
⑤ 색연필, 사인펜 등으로 그림을 그린다.

교사가 가장 신경 써서 준비해야 할 부분이 있습니다. 바로 예시 자료입니다. 전년도 학생들의 작품이 있다면 보여주고, 그렇지 못하다면 구글에서 예시 자료를 찾아 보여줍니다. 예시 자료는 많으면 많을수록 좋습니다. 예시 자료를 보면서 영어 단어를 읽어보고 뜻을 추측하게 합니다. 이 과정을 반복하면 자세히 설명하지 않아도 학생 스스로 활동 방법을 알게 됩니다.

Typotionary가 완성되면 작품을 벽면 또는 정해진 게시판에 전시합니다. 알파벳 순으로 또는 단어의 의미별로 게시합니다. 알파벳 순으로 게시하면 Typotionary에 숨어 있는 Dictionary의 의미를 제대로 살린 모습이 되고, 의미별로 게시한다면 마인드맵을 보는 것처럼 멋진 모습이 됩니다.

자신의 영어 교실이 있는 영어 교과전담교사라면 여러 학급 학생들이 만든 Typotionary를 게시판에 빼곡히 전시해서 워드월(Word Wall) 효과를 노릴 수 있습니다. 워드월은 영어 교실에서 사용하는 고전적인 학습 방법입니다. 보통은 빈도가 높은 단어, 학습한 단어를 알파벳 순으로 게시하여 학생들이 자주 보게 하면서 자연스럽게 익히는 방법입니다.

※ Typotionary 작품으로 활동하기

1. Word Race

<게임 방법>
① 복도나 교실 벽면에 Typotionary 작품을 길게 일자로 부착한다.
② 모둠 대항으로 게임을 한다.
③ 모둠 안에서 경주할 순서를 정하여 줄을 선다.
④ 첫 번째 주자들이 양 끝에 있는 단어 앞에 각각 선다.

⑤ 끝에 있는 단어부터 막대기(또는 포인터)로 가리키며 하나씩 읽어 나간다.

⑥ 읽다가 상대편을 만나면 가위바위보를 한다.

⑦ 이긴 학생은 계속 단어를 읽어나가고, 진 학생은 자기 모둠의 맨 끝으로 가서 선다. 진 학생의 모둠에서 두 번째 주자가 나와 처음 단어부터 읽기 시작한다.

⑧ 읽다가 다시 만나면 '⑥~⑦'의 활동을 반복한다.

⑨ 먼저 반대편 끝의 단어를 읽은 모둠이 이긴다.

⑩ 한 번의 게임으로 끝내지 않고 3판 2승으로 승부를 가린다.

2. Typotionary Bingo

<게임 방법>

① Typotionary 작품을 칠판에 게시한다. 많이 게시할수록 좋다.

② 단어 16개를 골라 빙고 종이에 적는다.

③ 한글 뜻을 불러주면 영어 단어에 표시한다. 뜻을 모르면 Typotionary 작품을 참고한다.

④ 정해진 빙고 규칙에 따라 승패가 결정된다.

3. 문장 만들기

문장 만들기 활동은 2가지로 할 수 있습니다. Typotionary를 만든 학생이 작품의 맨 밑에 해당 단어를 사용하여 문장을 만들어 쓰게 하거나 다른 학생이 문장을 만들어서 작품 위에 포스트잇으로 붙이게 하는 활동입니다. 두 가지를 모두 할 수도 있습니다. 단어에 대한 이해를 높이면서 활용법까지 익혀 장기 기억으로 이어집니다.

05 감정을 표현하는 'My Own Emoticon'

Emoticon(이모티콘)은 Emotion(감정)과 Icon(아이콘)의 합성어입니다. 더 줄여서 Emote(이모트)라고도 합니다. 즉, 감정을 나타내는 아이콘을 뜻합니다. 여기서 소개할 활동은 감정을 나타내는 단어를 학습하고 'My Own Emoticon'으로 표현하기입니다.

하지만 여기서 끝나지 않습니다. 반마다 그린 이모티콘을 모아서 가장 잘된 작품을 선정한 후 게임을 합니다. 단어를 학습할 때 한 번, 어떻게 그릴까 고민하면서 한 번, 마지막으로 게임을 하면서 한 번 등 총 3번 익힐 수 있습니다.

My Own Emoticon

1. angry 화난
2. happy 행복한
3. sad 슬픈
4. tired 피곤한
5. busy 바쁜
6. excited 신난
7. surprised 놀란
8. nervous 긴장한
9. annoyed 짜증난
10. shy 부끄러운
11. bored 심심한, 지루한
12. disappointed 실망한
13. hurt 상처받은
14. lonely 외로운
15. jealous 질투하는
16. ________(원하는 것이 있으면 하나 더)

☺ 위에 있는 단어 중 12개를 골라 나만의 이모티콘을 만들어보세요.

('My Own Emoticon' 학습지)

<1차시>

① 감정을 나타내는 단어를 학습한다.

② 학생들에게 학습지를 나눠준다.

③ 학습지에 나온 15개의 단어를 큰 소리로 같이 읽는다.

④ 좁은 칸에 12개의 단어를 골라 쓴다.

⑤ 단어 위의 넓은 칸에 이모티콘을 그린다.

<1차시가 끝난 후>

① 학생들의 학습지를 걷어서 잘된 작품을 추려낸다.

② 몇 장은 스캔하여 복습용 자료로 만든다. 이모티콘을 보고 어떤 감정을 나타내는 것인지 추측해보는 퀴즈 형식으로 파워포인트를 만든다.

③ 몇 작품은 카드 모양으로 잘라서 세트로 만들어둔다.

<2차시>

① 학생들의 이모티콘이 포함된 파워포인트로 감정을 나타내는 단어를 복습한다.

② 이모티콘 카드 게임을 한다. 규칙은 고스톱과 비슷하다. 점수를 내는 방식만 다르다.

<게임 방법>

① 카드를 잘 섞어서 모둠원들에게 7장씩 나눠준다.

② 나눠주고 남은 카드 중 6장은 책상 가운데에 보이게 두고, 나머지는 뒤집어놓는다.

③ 가위바위보를 하여 이긴 학생부터 시계 방향으로 게임을 한다.

④ 자기 차례가 되면 가진 카드 중 한 장을 책상에 낸다. 카드를 낼 때는 영어 단어를 큰 소리로 읽는다.

⑤ 책상 위에 놓인 카드 중 단어가 같은 것이 있다면 낸 카드와 같은 카드를 모두 가져올 수 있다. 같은 카드가 없을 때는 카드를 내기만 한다.

⑥ 카드 더미에서 1장을 빼서 테이블 위에 앞면이 보이게 놓는다. 이때 영어 단어를 큰 소리로 읽는다.

⑦ 카드 더미에서 뺀 카드가 테이블 위에 놓인 카드와 같다면 그 2장의 카드를 모두 가져올 수 있다.

⑧ 가져온 한 쌍의 카드는 자기 앞에 놓는다. 한 쌍의 카드는 1점이다.

⑨ 이와 같은 방법으로 더는 낼 카드가 없을 때까지 '④~⑧'의 활동을 반복한다.

⑩ 가장 많은 쌍의 카드를 가진 학생이 이긴다.

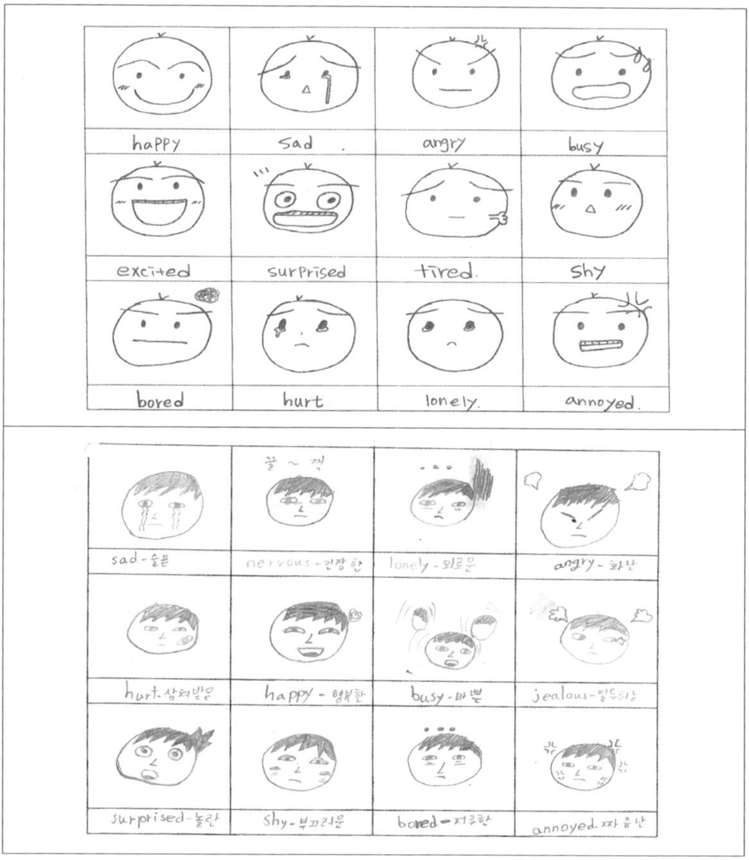

('My Own Emoticon' 학생 작품)

06 대안 행맨 게임과 'Guess My Sentence'

'Hangman Game'은 널리 알려져 있습니다. 행맨(Hangman)에서 hang은 '매달다'라는 뜻입니다. 행맨을 사전에서 찾아보면 '교수형을 집행하는 사람'이라고 나옵니다. 구글에서 행맨 게임을 검색하면 'classic letter guessing game'으로 나옵니다. 원래의 뜻과는 다르지만, 행맨 게임은 교수형에 처해 매달려 있는 사람을 그리며 영어 철자를 맞혀나가는 활동입니다.

행맨 게임은 아무런 도구 없이 할 수 있어서 수업 시간이 조금 남았을 때 전체 학생들을 대상으로 활동하기 쉽습니다. 학생들끼리 서로 단어 공부한 것을 확인하며 게임을 하기도 합니다. 단어가 아니라 문장으로도 할 수 있습니다.

(클래식 '행맨' 게임)

클래식 행맨 게임의 순서는 다음과 같습니다.

① 문제를 내는 사람이 단어 또는 문장에 들어가는 철자만큼 밑줄을 긋는다. 만약 Hangman이라는 단어를 문제로 내려면 알파벳은 총 7개이므로 7개의 밑줄을 긋는다.

② 처음에는 교수대만 그린다.
③ 첫 번째 게임 참가자가 단어에 있을 것 같은 알파벳을 하나 말한다.
④ 만약 그 알파벳이 단어에 포함되어 있다면 해당 밑줄 위에 쓴다. 문제에 속하지 않은 알파벳이라면 한 번 틀릴 때마다 아래의 순서대로 교수대에 사람의 모양을 천천히 그린다.

⑤ 중간에 정답이 떠오르면 그 단어를 외친다. 외친 단어가 틀렸다면 그림의 다음 단계를 그린다.
⑥ 사람 모양을 다 그리기 전에 단어를 맞히면 이긴다.

잔인한 고전 행맨 게임, 대안 행맨 게임으로 바꿔보는 건 어떨까요?

간단한 규칙으로 사랑받았던 게임이지만, 이 게임이 과연 교육적일까요? 한 사람의 목숨을 매달게 될 교수대를 그리면서 시작하는 이 그림이 학생 정서에 긍정적이지는 않을 것입니다. 행맨 게임에 대해 문제의식을 느끼고 있는 교사들이 대안으로 다음과 같은 형식으로 그림을 바꿔 사용합니다. 구글에서 Hangman Alternative로 검색하면 다양한 방법이 나옵니다.

대안으로 사용하는 그림은 2가지로 분류됩니다. 하나는 조금씩 덧붙여 그리는 방법, 다른 하나는 조금씩 지워나가는 방법입니다. 그중 몇 가지를 소개하면 다음과 같습니다.

<행맨 게임을 UFO Game으로>

기본 규칙은 클래식 행맨 게임과 같습니다. 그림만 다르게 그릴 뿐이죠. 게임을 시작할 때 사람을 먼저 그립니다. 단어를 빨리 맞혀야 이 사람을 구할 수 있습니다. 철자를 틀릴 때마다 UFO를 점점 그려 나갑니다. 그리는 순서는 교사 마음입니다. 대신 학생들에게는 몇 번의 기회가 있다고 꼭 말해주어야 합니다.

<행맨 게임을 Shark Game으로>

기본 규칙은 클래식 행맨 게임과 같습니다. UFO 게임처럼 몇 회 안에 단어를 맞혀야 헤엄치고 있는 사람을 구할 수 있습니다. 게임을 시작할 때 파도 모양과 맨 끝에 헤엄치고 있는 사람을 그립니다. 교사가 정한 횟수에 따라 파도의 물결 수가 달라집니다. 철자를 하나씩 틀릴 때마다 맨 왼쪽부터 상어의 지느러미를 파도 물결 사이에 하나씩 그려줍니다.

위의 게임이 덧붙여 그리는 방식이라면 하나씩 지워나가는 방식으로도 바꿀 수 있습니다. 하나씩 지워나가기에 아쉬울 만한 것을 생각해보세요. 초등학생에게는 먹을 것이 좋습니다. 식판에 아이들이 좋아할 만한 치킨, 피자, 떡볶이 등을 그리고 틀릴 때마다 하나씩 지워나갑니다. 아래처럼 아이스크림이나 눈사람을 조금씩 지워나가도 좋습니다.

<행맨 게임을 Ice Cream이나 Snowman Game으로>

아이스크림 또는 눈사람은 녹는 성질이 있습니다. 철자를 맞히지 못할 때마다 조금씩 위에서부터 지워나갑니다. 지울 때마다 학생들의 탄식이 들립니다.

위와 같은 대안 행맨 게임은 현장에서 주로 '교사 vs 전체 학생'으로 이루어집니다. 이럴 경우 게임이 몇몇 학생 위주로 흘러가 아쉬울 때가 있습니다. 학생들에게 방법을 알려주고 '짝 또는 모둠 활동'으로 하면 학생 참여율을 높일 수 있습니다.

지금부터는 문장으로 할 수 있는 변형 행맨 게임을 소개합니다. 'Guess My Sentence'라고 이름 지었습니다. 행맨 게임과 규칙은 같지만, 주사위의 불확실성을 활용해 재미를 더해줍니다. 개인전으로도 할 수 있지만 모둠 대항전으로 할 때 더 재미있습니다.

<Guess My Sentence>

게임 방법

① 문장에 들어가는 철자 수만큼 칠판에 밑줄을 그린다. 예를 들어 'I am a boy.'라면 밑줄을 '1개 2개 1개 3개'로 띄어쓰기해서 그린다.
② 모둠 순서대로 게임을 진행한다.
③ 자기 모둠의 차례가 되면 먼저 주사위를 굴린다.
④ 문장에 있을 것 같은 알파벳을 하나 말한다.
⑤ 그 알파벳이 문장에 들어 있으면 해당하는 곳에 알파벳을 적는다. 그리고 알파벳이 쓰인 횟수에 주사위 눈의 수를 곱해 점수를 부여한다. 예를 들어 주사위 눈의 수가 5이고 문장에 a가 3번 들어가면 5 X 3 = 15점이다.
⑥ 문장에 들어가는 알파벳을 맞히지 못하면 점수를 받지 못하고 다음 모둠에 차례가 넘어간다.
⑦ 자기 모둠 차례에 알파벳 대신 단어의 일부나 문장 전체를 맞힐 수도 있다.
⑧ 문장을 맞히면 아직 채우지 못한 빈칸의 수만큼 점수를 가져갈 수 있다. 예를 들어 문장에 빈칸이 4개 있는 상태에서 맞힌다면 주사위 눈 수에 상관없이 4점을 받는다.

하나를 맞혔다고 1점이 아니라 빈도가 높은 알파벳을 맞히고 주사위 눈 수가 많이 나와야 높은 점수를 받을 수 있어서 실력보다는 운에 맡긴 게임입니다. 단원 마무리, 학기 또는 학년 마무리할 때 복습용 게임으로 큰 준비 없이 할 수 있습니다.
주사위가 없다면 구글에 'online dice'를 검색해서 사용하세요. 게임 중에 교과서는 얼마

듣지 찾아보도록 안내합니다. 이렇게 하면 어떤 Review 게임보다 효과적인 복습 활동이 됩니다.

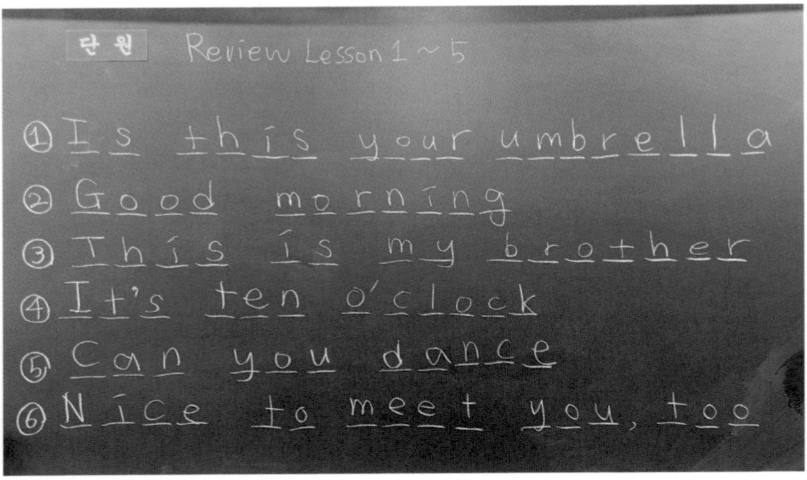

07 모둠 대항 'Boggle'

'Boggle'은 시중에 출시된 보드게임입니다. 예산이 넉넉하다면 실물 보드게임을 구매하길 추천합니다. 학교에 준비되어 있지 않다면 다음과 같이 학습지 형태로 활동할 수 있습니다.

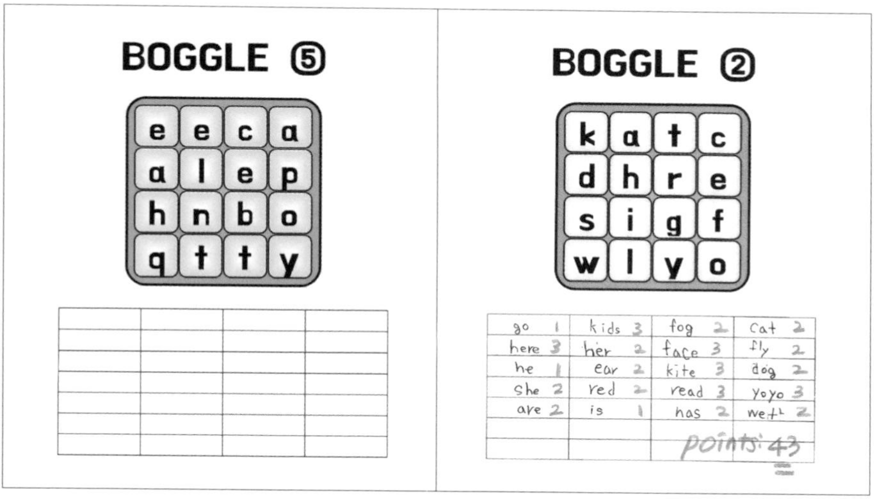

('Boggle' 학습지)

게임 준비

① Boggle 학습지와 타이머를 준비한다.

게임 방법

① 모둠당 한 장의 Boggle 학습지를 나눠준다.
② 모둠원들끼리 상의하여 최대한 많은 단어를 찾아내 학습지에 쓴다.

③ 알파벳이 가로, 세로, 대각선 등으로 연결되어 있어야 단어를 만들 수 있다.

④ 정해진 시간이 끝나면 모둠끼리 학습지를 바꿔서 점수를 매긴다.

⑤ 알파벳 2개짜리 단어는 1점, 3개짜리 단어는 2점, 4개짜리 단어는 3점 등으로 점수를 계산한다.

⑥ 점수가 높은 모둠이 이긴다.

▶ 이렇게 지도하세요

① 학생들이 어려워한다면 규칙을 수정합니다. 원조 게임의 규칙은 가로, 세로, 대각선 등으로 알파벳이 연결되어야 합니다. 게임의 재미 요소인 동시에 학생들이 어려워하는 부분입니다. 연결되지 않아도 학습지에 나와 있는 알파벳을 조합하여 단어를 만들 수 있게 규칙을 바꿔줍니다.

단어로만 즐기는 'Hot Seat'

처음 'Hot Seat' 게임을 접했을 때 과연 이 게임을 초등학생도 할 수 있을까 의심이 들었습니다. 그렇게 미뤄두다가 6학년을 대상으로 학기 마무리용 게임으로 했는데 반응이 폭발적이었습니다.

일반적으로 핫 시트 게임은 앞에 나와 있는 학생의 눈을 가리고 하지만, 초등학생에게 너무 어려울 수 있어서 눈을 가리지 않고 말 또는 동작으로 설명하게 합니다.

('Hot Seat' 파워포인트)

게임 준비

① 문제 세트를 모둠 수만큼 준비한다.

② 타이머를 준비한다.

게임 방법

① 모둠 안에서 문제를 맞힐 학생 2명과 설명할 학생 2명을 정한다.

② 게임을 할 모둠의 순서를 정한다.

③ 문제를 맞힐 학생들은 TV 화면을 등지고 앉거나 선다.

④ 문제를 설명할 학생들은 화면에 제시된 단어를 말 또는 동작으로 설명한다.

⑤ 문제를 설명하다 막히면 "Pass!"라고 외치고 다른 단어를 설명할 수 있다. 패스한 단어는 나중에 다시 설명해도 된다.

⑥ 제한 시간 안에 제시된 단어를 최대한 많이 맞힌 모둠이 이긴다.

▶ 이렇게 지도하세요

① 문제는 학생 수준에서 맞힐 수 있는 단어로 구성합니다. 이왕이면 교과서에서 배운 단어가 좋습니다.

② 모둠의 수, 수업 시간 등을 고려하여 제한 시간을 설정합니다. 보통 3~5분 사이로 정합니다.

③ 문장으로도 할 수 있습니다. 일정한 언어 형식을 따르는 문장으로 문제를 구성합니다.

09 여름방학 전후에 하기 좋은 활동

여름방학이 끝나고 학생들을 만났을 때 바로 수업을 시작하지 않고 'Ice-breaking' 활동을 종종 합니다. 주로 방학 때 있었던 일을 말해보는 것이죠. 여름방학 전후에 하기 좋은 활동을 소개합니다.

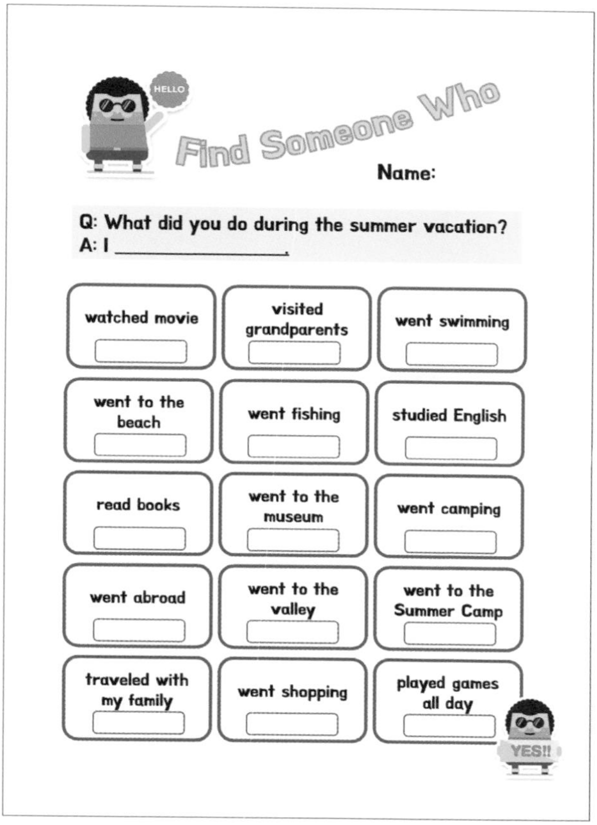
HELLO

Find Someone Who

Name:

Q: What did you do during the summer vacation?
A: I ________.

watched movie	visited grandparents	went swimming
went to the beach	went fishing	studied English
read books	went to the museum	went camping
went abroad	went to the valley	went to the Summer Camp
traveled with my family	went shopping	played games all day

YES!!

('Find Someone Who' 활동지)

<방학 후에 해볼 만한 활동>

1. 나는 네가 여름방학에 한 일을 알고 있다 'Find Someone Who'

정말 즐겨하고 널리 알려진 활동입니다. 방학 후뿐만 아니라 질문과 내용을 바꾸면 아무 때나 할 수 있습니다. 그만큼 재미있고 유익합니다. 친구들이 방학 동안 무엇을 했는지 알아보는 활동입니다.

질문은 닫힌 질문이나 열린 질문 중 하나로 합니다. 닫힌 질문은 Yes, No로 답하게끔 "Did you ____?"을 묻고, 열린 질문은 "What did you do during the summer vacation?"으로 묻습니다. 이외에도 학생 수준에 맞게 적절히 질문과 답을 바꿔서 활용합니다.

게임 방법

① 학생들에게 활동지를 한 장씩 나눠준다.
② 활동지에 나와 있는 표현을 함께 읽는다.
③ 연필과 활동지를 들고 돌아다니면서 묻고 답하기 활동을 한다.
④ 물을 때는 "What did you do during summer vacation?"으로 말한다.
⑤ 답할 때는 "I ______."라고 한 일을 과거형으로 말한다.
⑥ 답한 친구의 이름을 해당 칸에 적는다.
⑦ 교사가 "Stop!"이라고 외칠 때까지 묻고 답하기 활동을 한다.
⑧ 학생들이 몇 명의 친구를 찾았는지 확인하고 활동을 마친다.

2. 여름방학 진진가 '2 Truths & 1 Lie'

게임 방법

① 방학 때 했던 일로 2개의 진실과 1개의 거짓 문장을 만든다.
② 모둠 안에서 순서대로 자기가 만든 문장 3개를 읽고 거짓말 고르기 활동을 한다.
③ 가장 많이 거짓말을 맞힌 학생이 이긴다.
④ 2 Lies & 1 Truth로 바꿔서 활동해도 된다. 이럴 때는 진실한 문장 1개를 골라야 한다.

3. 4컷 그림으로 나타내기

4컷으로 나눠진 학습지를 배부하고 그림과 함께 과거형 문장을 사용하여 여름방학에 한 일을 적게 합니다. 학생들이 만든 작품은 꼭 게시판 등에 전시하여 여러 학생이 볼 수 있게 합니다.

방학 후 활동만 해보는 것이 아니라 방학 전 활동도 해보면 좋습니다. 방학 전에 1학기 영어 교육과정이 모두 마무리되고 남는 자투리 시간이 있습니다. 이 시간에 영화를 보여주기보다 아래와 같은 활동을 해보면 어떨까요?

<방학 전에 해볼 만한 활동>

1. The Craziest Thing(I Would Like to Do on Vacation)

Phineas and Ferb(피니와 퍼브)는 디즈니에서 제작한 TV 애니메이션입니다. 2007년부터 2015년까지 오랫동안 방영된 것으로 주인공인 피니와 퍼브는 의붓형제 관계입니다. 형제가 104일이라는 여름방학 동안 다양한 모험을 하는 것이 주 에피소드입니다. 모험의 내용이 롤러코스터 만들기, 뒷마당에다 해변 만들기, 나무 전투 로봇 만들기, 우주 여행, 시간 여행 등으로 기상천외합니다.

여기에서 아이디어를 얻어 여름방학에 하고 싶은 'The Craziest Thing'을 써보는 활동을 해보면 학생들이 즐거워합니다.

게임 방법

① 유튜브로 짧게 주제가만 시청한 후 미국은 여름방학이 약 90일 정도로 길다고 설명한다. 'Theme Song Phineas and Ferb'로 검색하면 주제가를 쉽게 찾을 수 있다.
② 만화 속 피니와 퍼브처럼 여름방학에 하고 싶은 기상천외한 일을 발표한다.
③ A4 절반 크기의 종이에 자신이 하고 싶은 The Craziest Thing을 적고 그림을 그린다.
④ 다 쓴 후에는 발표해보거나 학생들이 잘 볼 수 있게 전시한다.

('The Craziest Thing' 학생 작품)

2. 4 Corners Game

방학 때 하고 싶은 일로 '4 Corners Game'을 해보세요. 학생들 수준에서 여름방학에 하고 싶을 법한 일을 목록으로 정리해서 게임을 하면 표현도 익히고 방학에 대한 기대감도 높일 수 있습니다.

학생들은 여름방학에 무엇을 하고 싶어 할까요? 미리 포스트잇 붙이기 등으로 조사 활동을 하고 4 Corners Game을 계획해도 좋습니다. 게임 방법은 다음과 같습니다.

게임 방법

① A4 크기로 큼직하게 숫자 1~4를 출력한다.
② 교실의 네 군데 장소를 지정해 출력한 종이를 붙인다.
③ 학생들에게 게임 활동지를 1장씩 나눠준다.

4 Corners Game

Name: ___________

Round 1	Round 2	Round 3	Round 4	Round 5	Round 6	Round 7	Round 8	Round 9	Round 10	Total

('4 Corners Game' 활동지)

④ 파워포인트로 4개의 행동을 제시한다.
⑤ 학생들은 하나를 골라 교실의 4개 코너 중 하나로 간다.

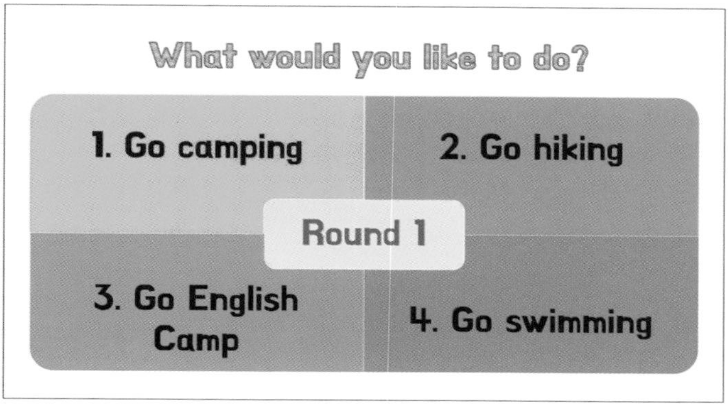

⑥ 대형 주사위를 굴려 1이 나오면 1에 있는 학생들이, 2가 나오면 2에 있는 학생들이, 3이 나오면 3에 있는 학생들이, 4가 나오면 4에 있는 학생들이, 5가 나오면 모든 학생이 1점씩 받는다. 6이 나오면 '꽝'이다.
⑦ 파워포인트로 여러 개의 슬라이드를 만들어 다양하게 행동을 제시하고 위의 활동을 반복한다.
⑧ 점수가 가장 많은 학생이 이긴다.

※ 4 Corners Game을 복습할 때 아래와 같이 활용해보세요.

<게임 방법>

① 술래 학생 1명을 뽑는다.

② 술래는 칠판에 그려진 4개의 각 코너에 표현을 쓰고, 칠판을 바라보고 선다.

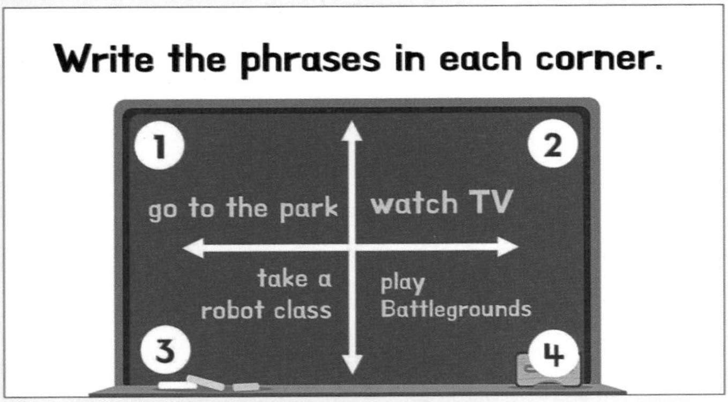

③ 교사가 각 코너에 질문을 던지면 해당 코너의 학생들은 표현을 이용해 큰 소리로 답합니다. 예를 들어 교사가 "Corner 1, What do you do on weekends?"라고 물으면 1번 코너에 있는 학생들은 "I go to the park."라고 답한다.

④ 술래는 각 코너의 답변을 다 들은 후 마음에 안 드는 2개의 코너를 아웃시킨다.

⑤ 탈락한 학생들은 자기 자리로 돌아간다.

⑥ 나머지 학생들은 한 번 더 코너를 선택해 이동한다.

⑦ 교사가 다시 질문을 던지고 각 코너 학생들은 차례대로 대답한다.

⑧ 술래가 2개의 코너를 아웃시킨다.

⑨ 살아남은 학생들은 점수나 보상 티켓을 받는다.

⑩ 술래를 바꿔서 몇 차례 게임을 더 한다. 술래는 꼭 성별을 번갈아 가며 선정한다.

10 이럴 때 하려고 준비해둔 보드게임

학교 예산이 허락한다면 영어 보드게임을 준비해두면 좋습니다. 시중에 나와 있는 보드게임 중 사용 경험에 비추어 효과적이었던 게임을 소개합니다.

징고(Zingo)

징고는 코리아보드게임즈에서 판매 중인 게임으로 3~4학년 학생들과 함께 단어 공부하기 좋습니다. 게임판에 칩을 놓으면서 채워나가는 게임으로 칩에 영어와 그림이 함께 있어서 쉽게 할 수 있습니다. 게임판이 앞뒤 양면으로 되어 있어서 빨간색 판으로 첫 번째 게임을 한 후 연두색 판으로 게임을 합니다.
가져오고 싶은 단어를 빠르게 외쳐야 차지할 수 있어서 긴장감이 넘칩니다. 모든 칸에 게임 칩을 채우는 것이 원래의 규칙이지만, 일반 빙고처럼 3줄 빙고 또는 모양 빙고로도 할 수 있습니다. 가격이 저렴하여 내구성, 효과성 면에서 가성비가 좋습니다.

(징고)

바나나그램스(Bananagrams)

바나나그램스는 자기가 알고 있는 영어 단어를 머릿속에서 최대한 끌어내게 합니다. 주어진 알파벳 대문자 타일로 가로세로를 연결하면서 영어 단어를 만들어갑니다. 철자가 틀리면 아무리 열심히 해봤자 마지막에 '썩은 바나나'가 되므로 알고 있는 영어 단어도 한 번 더 점검하게 됩니다.

'초등 영어 단어 목록'을 1부씩 출력하여 나눠주고 단어가 생각나지 않을 때 보고 하게 합니다. 게임을 통해 아는 단어를 늘어놓을 뿐만 아니라 몰랐던 단어까지 외우게 됩니다.

(바나나그램스와 초등 영어 단어 목록)

잉글리시 퍼즐(English Puzzle)

스크래블(Scrabble) 오리지널 게임은 널리 알려져 있습니다. 알파벳 타일로 단어를 만들어 게임 보드에 올려놓으면 단어를 만든 만큼 점수를 받습니다. 스크래블 게임을 많이 해보았다면 잉글리시 퍼즐도 해보길 추천합니다.

스크래블과 기본 규칙은 거의 흡사하지만 알파벳을 추가로 사용할 수 있고, 타일 위에 타일을 올려놓는 방식으로 점수를 획득할 수도 있으며, 점수 계산이 단순합니다. 초등학생이 느끼기에 스크래블 오리지널보다 더 쉽습니다. 가격도 저렴한 편입니다.

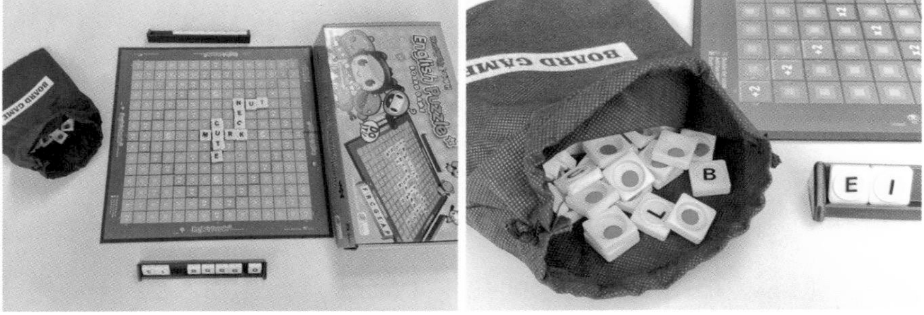

(잉글리시 퍼즐)

고 피시(Go Fish)

고 피시는 시중에 12가지 종류로 판매되고 있습니다. 알파벳, 명사, 동사, 형용사, 나라 이름과 도시 이름, 여행, 집, 학교, 슈퍼마켓, 동네, 테마파크 등입니다. '행복한바오밥'(www.happybaobab.com)에서 구매할 수 있습니다. 유명한 게임이기 때문에 규칙을 잘 알고 있는 학생도 많아 시간이 남을 때 부담 없이 하기 좋은 영어 학습 게임입니다.

또한 고 피시는 사진 또는 그림이 단어와 함께 제시되어 있어 직관적으로 뜻을 파악할 수 있습니다. 단순하게 기본 규칙만 가지고 하다가 카드에 붙어 있는 추가 기능을 이용하여 더 복잡하게 점수 계산을 해도 좋습니다. 같은 종류를 여러 세트 구매해도 좋지만, 예산이 넉넉하지 않다면 여러 가지 종류를 1~2세트씩 구매 후 학생들이 골라 게임을 하게 하는 것도 추천합니다.

(고 피시)

팝콘 게임(Popcorn Game)

러닝리소스에서 만든 팝콘 게임은 종류가 다양합니다. 알파벳, 파닉스, 사이트 워드(sight word) 등으로 종류마다 학습하는 내용이 다릅니다. 규칙이 단순해서 쉽게 할 수 있고 게임 속도가 빠릅니다. 게임의 승패가 실력이 아니라 운에 따라 결정되도록 규칙을 살짝 바꾸고, 어려운 단어는 서로 도와가며 읽을 수 있게 지도합니다.

(팝콘 게임-사이트 워드 편)

시퀀스 레터스(Sequence Letters)

골리아쓰에서 판권을 가지고 있는 시퀀스 레터스는 알파벳을 가지고 단어를 말하는 게임입니다. 같은 색깔 4개의 게임 칩을 게임판 위에 놓고 "Sequence!"라고 외치면 이기게 됩니다. 3~4학년 수업에서 해볼 만한 게임으로 단어의 첫소리 알파벳을 구별하는 것을 익힘과 동시에 어휘력을 높일 수 있습니다.

게임판에 영어는 없고 각 칸에 1개씩 총 48개 그림이 그려져 있습니다. 게임 규칙이 쉽고 단순해서 학생들이 빠르게 게임에 몰입할 수 있습니다. 영어 단어도 익히지만, 게임 칩을 어떻게 놓을지 잘 판단해야 하므로 문제해결력도 기를 수 있습니다.

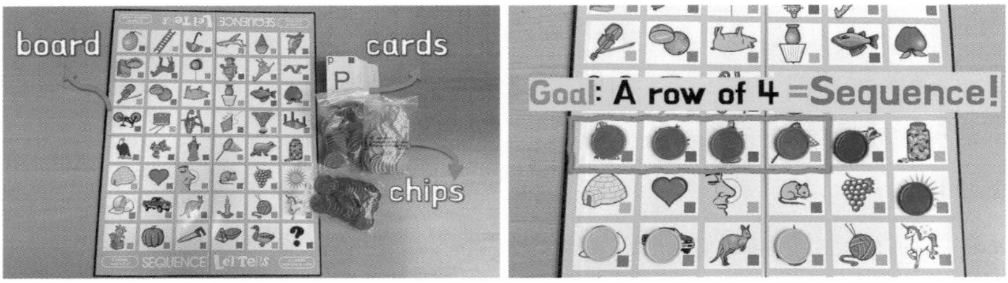

(시퀀스 레터스)

뭉치뭉치

뭉치뭉치는 카드로 영어 문장을 만들어가는 게임입니다. 카드 하나에 영어 표현이 뭉치(chunk)로 들어 있습니다. 표현이 다양해서 여러 가지 문장을 만들 수 있으며, 카드에 힌트가 있어서 초등학교 4학년 학생부터 즐겁게 할 수 있습니다.

카드로 문장이 다 만들어지면 "뭉치! 뭉치!"라고 외치고 가져옵니다. 교사가 순회 지도로 도와주기도 하지만, 모르는 표현이 있을 때는 옆 학생에게 물어보게 합니다. 게임 개발자인 오영일 씨 유튜브에 들어가면 게임 설명을 영상으로 볼 수 있습니다. 기본 규칙 외에 학습자 수준에 맞게 바꿔서 사용하기에도 좋습니다.

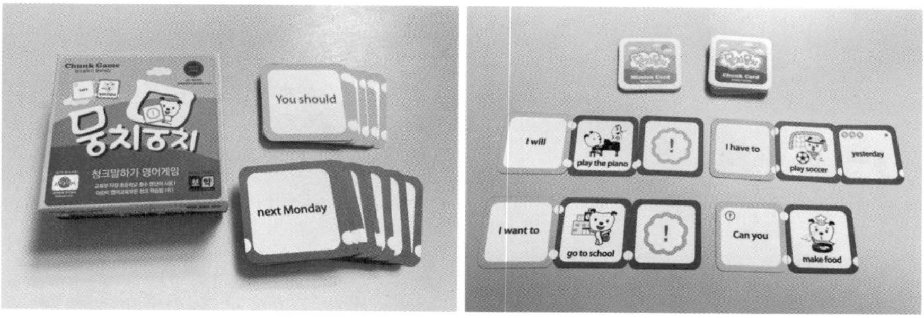

(뭉치뭉치)

게스 후(Guess Who)

게스 후는 생김새를 묘사하는 표현을 익히기 좋은 게임입니다. 게스 후 게임을 하려면 학생들이 질문할 줄 알아야 합니다. 게임 전에 "Does he/she have~?" 또는 "Is he/she wearing~?"의 패턴으로 연습합니다.

기본적으로 생김새를 나타내는 어휘를 알고 있어야 원활하게 게임이 진행되므로 몇 가지 핵심 어휘는 짚어주고 시작해야 합니다. 판이 양면(사람, 동물)이므로 첫 번째 게임이 빨리 끝난 모둠은 뒤집어서 한 판 더 하면 됩니다.

(게스 후)

11 화이트보드 하나면 준비 끝 'Category Game'

영어사전에서 Category를 검색하면 그 의미가 '범주 또는 집합'이라고 나옵니다. 초등학생에게 범주나 집합이라는 단어가 어렵게 느껴질 수 있으므로 '같은 종류로 묶어 놓은 것'이라고 풀어 설명합니다.

'Category Game'은 학생들이 알고 있는 영어 단어로 하는 게임입니다. 교사가 카테고리 하나를 제시하면 그 범주 안에서 알고 있는 모든 단어를 총동원하게 됩니다.

게임 규칙은 단순합니다. 다른 모둠이 쓰지 않은 단어를 선택해 썼을 때 더 많은 점수를 획득합니다.

게임 준비

① 칠판에 부착 가능한 화이트보드, 보드 마커, 화이트보드용 지우개를 모둠 수 이상으로 준비한다.

② 카테고리 몇 가지를 골라 파워포인트로 준비한다.

- 알파벳 대문자	- 채소	- 나라 이름	- 운동
- 알파벳 소문자	- 과일	- 색깔	- 과목
- 숫자(영어로 쓰기)	- 음식	- 신체 부위	- 교실에 보이는 물건
- 월 명칭	- 마실 것	- 장소	- 요일
- 동물	- 직업	- 가구	

(Category 예시)

③ 타이머를 준비한다. TV에 파워포인트 화면을 띄우기 때문에 칠판 부착용 타이머를 준비하면 좋다.

Round 1	**5 alphabets**
Round 2	**3 numbers** (from 0 to 10)

(Category Game 파워포인트)

게임 방법

① 한 모둠에 하나씩 모둠 활동용 화이트보드, 보드 마커, 지우개를 나눠준다.
② 교사가 파워포인트로 카테고리 1개와 숫자를 제시한다.
③ 모둠원들끼리 상의하여 해당하는 숫자만큼 화이트보드에 단어를 적는다.
④ 제한된 시간이 다 되면(보통 1분 30초~2분) 화이트보드를 모두 걷어 칠판에 게시한다.
⑤ 2개 이상의 모둠이 똑같이 쓴 단어는 모두 지운다.
⑥ 단어의 철자가 틀렸거나 존재하지 않는 단어를 썼을 때도 지운다.
⑦ 남아 있는 단어의 개수가 그 모둠의 점수가 된다. 예를 들어 모둠이 쓴 단어 중 2개가 다른 모둠과 겹치지 않았다면 2점을 받게 된다.

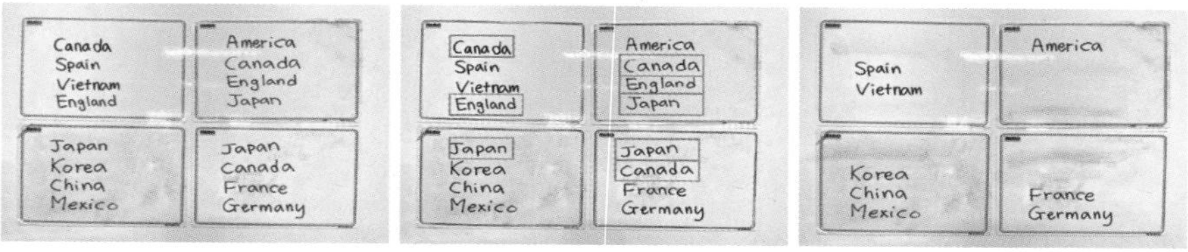

('Category Game' 활동 예시)

⑧ 다시 화이트보드를 모둠에 돌려주고 '②~⑦'의 활동을 반복한다.
⑨ 가장 많은 점수를 획득한 모둠이 이긴다.

▶ 이렇게 지도하세요

① 학년과 학생 수준에 맞게 카테고리를 설정해야 합니다. 3학년 1학기라면 단순히 알파벳 대, 소문자만으로 게임을 진행해도 좋습니다.
② 단어의 철자나 실제 있는 단어인지 등은 인터넷 영어사전 화면을 띄우고 확인합니다. 활동의 재미를 더하면서 추가 학습의 기회를 제공하게 됩니다.
③ 비슷한 단어는 같은 것으로 취급할지 미리 학생들과 이야기해봅니다. 예를 들어 색깔 sky blue, navy blue, blue 등, 신체 부위 toenail, fingernail, nail 등, 마실 것 orange juice, grape juice, juice 등을 하나로 볼지 서로 다른 것으로 볼지 미리 이야기해봅니다.

★ 게임 변형하기

1. 복습 게임으로 하기
교과서를 활용한 복습 게임으로 변형 가능합니다. 1단원의 단어 5개 적기, 2단원의 단어 3개 적기 등으로 게임을 한다면 학생들이 교과서를 열심히 찾으며 복습하게 됩니다.

2. 모둠 대항이 아니라 모둠 안에서 게임하기
모둠 안에서 각자 단어를 써서 비교해보는 게임으로 바꿔서 할 수 있습니다.

12 도전! 영시 쓰기 'Cinquain Poem'

영시 쓰기를 지도하려고 하면 어렵게 느껴지기 마련입니다. 한국어로 시 쓰기도 어려운데 영시 쓰기라니? 그러나 여기에서 초등학생과 함께 쓰고자 하는 영시는 전통적인 영시와는 다릅니다. 라임을 맞출 필요도 없고 짧은 시간 안에 뚝딱 만들 수 있어 단순합니다. 구글에서 인스턴트 시(Instant Poem)로 검색하면 실제 영어권 교실 수업에서 많이 활용되고 있는 것을 볼 수 있습니다. 시 생성기(Poem Generator)라는 사이트도 있어서 단어 몇 개만 넣으면 시가 자판기에서 음료수 뽑듯 쉽게 만들어집니다. 인스턴트 시 종류는 많지만, 그중에서 학생들과 해보았던 'Cinquain Poem'을 소개합니다.

1. Cinquain Poem : 5행시를 뜻합니다. 전제적인 시 모양이 다이아몬드 같습니다.
2. Cinquain Poem 쓰기 규칙

My mom
명사 1개

Strong Scary
형용사 2개

Attacking, Cleaning, Killing
-ing로 끝나는 말 3개

She likes to clean my room in the morning
문장 1개

Danger
명사 1개

▶ **이렇게 지도하세요**

① 문법이 완벽할 필요는 없습니다. 완벽하기보다 시를 완성하는 즐거움을 느끼게 합니다.

② 어려워하는 학생들은 순회 지도를 하면서 포스트잇을 활용해 학생들이 쓰고자 하는 말을 영어로 써주고, 그것을 보고 쓰게 합니다.

③ 완성 후 시간이 남는 학생들은 모둠 안에서 어려워하는 친구를 도와주거나 남는 공간에 그림을 그립니다.

④ 인스턴트 영시 쓰기 활동에 매료되었다면 추가 활동을 계획해보세요. shaped poem, five senses poem, 5W poem, list poem, diamante 등이 인스턴트 시의 종류에 속합니다. 구글에서 검색하면 이런 종류의 시를 어떻게 쓰는지 방법을 쉽게 찾을 수 있습니다.

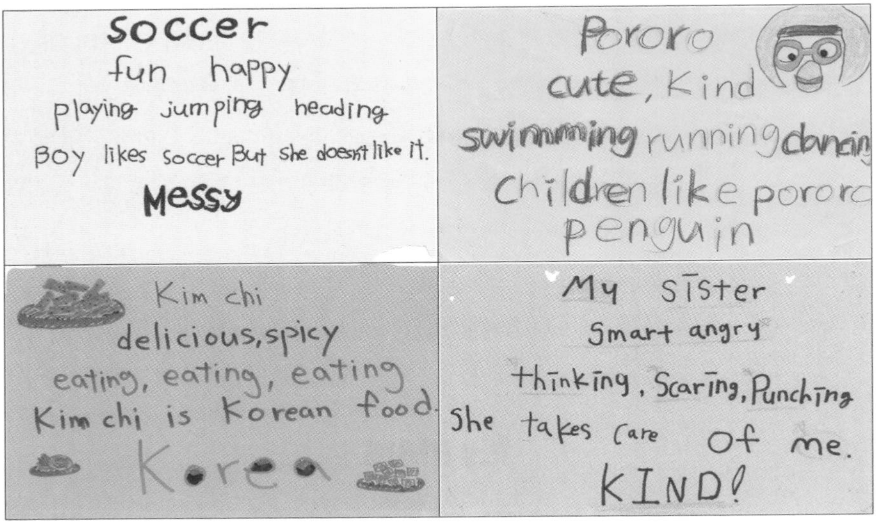

('Cinquain Poem' 학생 작품)

13 최대한 많은 단어를 만들자 'Seven Letter Word'

'Seven Letter Word'는 7개의 알파벳으로 이루어진 단어를 뜻합니다. 7개의 알파벳 타일을 이리저리 조합하여 최대한 많은 단어를 만드는 활동입니다. 7개의 알파벳 타일을 모두 사용하여 단어를 만들 수도 있고 철자 3개짜리 단어도 만들 수 있습니다.

예를 들어 t, e, a, c, h, e, r이라는 알파벳 타일로 teacher를 만들 수 있지만, 일부만 조합하여 her, tea, tee, teach 등의 단어를 만들어도 됩니다. 규칙이 단순해서 이 활동을 하다 보면 시간 가는 줄을 모르고 몰입하게 됩니다.

게임 준비

① Seven Letter Word 중에서 적당한 단어를 모둠 수만큼 고른다.

② 골라놓은 단어에 들어 있는 알파벳 7개를 1세트로 묶어 모둠 수만큼 준비한다. 알파벳 타일을 검색하면 종류가 다양한데 소문자, 대문자 크게 상관없다. 적당한 알파벳 타일 1통만 있으면 된다. 만약 바나나그램스나 스크래블 같은 보드게임이 있다면 그 안에 포함된 알파벳 타일을 사용해도 된다. 단순히 알파벳을 인쇄하고 잘라서 준비해도 좋다.

③ 단어를 적을 학습지를 모둠 수만큼 출력하고, 타이머를 함께 준비한다.

address, airport, balloon, because, bedroom, between, brother, captain, cheetah, chicken, clothes, company, control, culture, diamond, English, factory, feeling, fishing, forever, healthy, history, holiday, however, husband, January, kitchen, library, mistake, morning, network, nothing, outside, painter, partner, perfect, picture, plastic, popular, problem, program, rainbow, science, sixteen, snowman, society, someone, special, student, subject, teacher, Tuesday, weather, weekend, welcome, working, writing

('Seven Letter'로 이루어진 단어)

※ Seven Letter Word는 주로 모음이 2~3개인데 이 중 모음이 3개인 단어가 본 활동에 더 적합합니다. www.allscrabblewords.com에 접속해서 학생들의 예상 답변을 둘러본 후에 단어를 선정합니다. allscrabblewords 사이트에서 seven letter word 중의 하나인 'bedroom'을 검색하면 7개로 이루어진 단어부터 2개로 이루어진 단어까지 조합할 수 있는 모든 단어를 보여줍니다.

게임 방법

① 모든 모둠에 알파벳 타일 한 세트(알파벳 7개)와 정답을 적을 학습지 1장을 나눠준다.
② 7개의 알파벳 타일로 제한 시간 2분 동안 최대한 많은 단어를 만든다.
③ 만든 단어는 학습지에 적는다.
④ 제한 시간이 지나면 미리 정한 순서대로 알파벳 타일 세트를 다른 모둠에 전달한다. 보통은 1 모둠은 2 모둠, 2 모둠은 3 모둠, 3 모둠은 4 모듬에게 전달한다.
⑤ 새롭게 전달받은 알파벳 타일로 제한된 시간 동안 '②~③'의 활동을 한다.
⑥ 게임이 종료되면 작성한 학습지를 모둠끼리 서로 바꿔서 채점을 한다.
⑦ 알파벳 2개짜리 단어는 2점, 3개짜리 단어는 3점, … 6개짜리 단어는 6점, 7개짜리 단어는 15점으로 점수를 매긴다.
⑧ 점수의 총합을 적어 학습지 맨 위에 적는다.
⑨ 가장 많은 점수를 획득한 모둠이 이긴다.
⑩ 단어의 철자가 틀렸거나, 존재하지 않는 단어를 적었거나, 단어를 중복해서 썼다면 해당 단어에 점수를 부여하지 않는다.

Round 1	Round 2	Round 3	Round 4	Round 5	Round 6
1. he	1. air	1. no	1. he	1. the ○	1. room ○
2. sing	2. ray	2. son	2. she	2. eat ○	2. bed ○
3. she	3. bay	3. man	3. lie	3. hat ○	3. me ○
4. in	4. by	4. won	4. sing	4. cat ○	4. mood ○
5. hug	5. liy ×	5. Snow	5. hug	5. ear ○	5. or ○
6.	6. rab ×	6. swam	6. hen	6. terace ×	6. mep ×
7.	7.	7.	7. sin	7. at ○	7. be ○
8.	8.	8.	8. in	8.	8.
9.	9.	9.	9. ghen ×	9.	9.
10.	10.	10.	10. hil ×	10.	10.
11.	11.	11.	11. len ×	11.	11.

('Seven Letter Word' 활동 예시)

▶ **이렇게 지도하세요**

① 2개 이상의 알파벳으로 이루어진 단어만 만듭니다. 예를 들어 I 또는 a는 알파벳 하나로도 단어가 되지만 이런 단어는 쓰지 않습니다.

② 한 번 쓴 단어는 두 번 쓰지 않습니다.

③ 영어사전이 설치되어 있는 태블릿 등을 제공하여 채점할 때 검색하게 하면 좋습니다.

④ 채점 기준을 바꿔도 좋습니다. 규칙을 바꿔 모든 단어를 1점으로 채점할 수도 있습니다.

⑤ 만들어진 단어들을 활용해 이야기 만들기를 시키면 쓰기 활동이 됩니다.

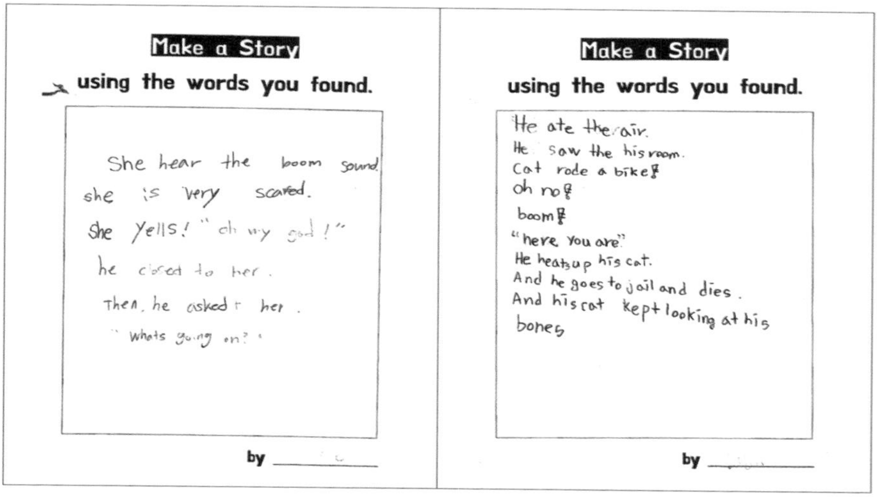

('Seven Letter Word' 활동 후 이야기 만들기 학생 작품)

14 학생들의 수준이 높다면 'Mad Gab'

It's not what you SAY, it's what you HEAR!

'Mad Gab'은 카드형 게임으로 실제 판매되고 있습니다. 위의 표현은 Mad Gab을 판매하는 사이트에서 옮겨온 홍보용 문구입니다. 쓰여 있는 대로 말한 것이 아니라 어떻게 들리는가가 핵심입니다. 예를 들어 'Dew wino hue'라는 영어 문장은 실제로 없습니다. 여러 차례 반복해서 말하다 보면 'Do I know you?'를 의도했음을 알 수 있습니다. 적혀 있는 말은 실제 영어 문장이 아닙니다. 영어 문장을 비슷한 발음으로 옮겨놓은 것입니다.

처음 본 영어 단어를 보고 대충이라도 읽을 수 있다면 이 게임을 할 수 있습니다. 판매되고 있는 Mad Gab 카드는 수준이 높아서 초등학생에게는 매우 어렵습니다. 따라서 난이도를 조절해서 문제 형태로 제공하고 모둠 대항 게임으로 진행합니다.

게임 준비

① Mad Gab 문제지, 답을 적을 모둠 학습지, 정답지, 타이머를 준비한다.
② 문제지는 모둠끼리 돌려서 볼 예정이므로 문제당 1장만 출력한다.
③ 게임 설명을 위한 파워포인트를 준비한다.

게임 방법

① 답을 적을 모둠 학습지를 각 모둠당 1장씩 나눠준다.
② 게임이 시작되면 한 모둠당 서로 다른 문제지 1장을 라운드별로 잘라서 나눠준다.

Round 1

1. Pen Silly Raise Her
2. Weenie Toot Hawk
3. Dan Sink Wean
4. Sea Yule Hater
5. Welk Hum Ohm

Round 2

1. Par Dummy
2. Debt Score Wrecked
3. Noose Pay Purse Tanned
4. Whence Dane Height
5. Moe's Art

Round 3

1. Wand Her Womb Hen
2. Noose Raid He Owe
3. Soup Herman
4. Prey Tee Womb Anne
5. Tack Seed Rye Fur

Round 4

1. Spy Term Han
2. Dawned Hutch Mi
3. Sock Herb Hauls
4. Thirst Hay Even Ink
5. Bee Foreign Halved Her

Round 5

1. Sick Steamy Knits
2. Pull Ease Leaf Mia Lone
3. Eye Screams Hand Witch
4. Nose Moe Kings Own
5. Weigh Cup Pin Theme Awning

Round 6

1. Strobe Bury Sink Ream
2. Mass Turk Hard
3. Arrow Man Tick Calm Eddy
4. Leaf Meal Own
5. Toy Lit Issue

Round 7

1. Aisle Me Jewel Hater
2. Whole Imp Pig Aims
3. Mill Can Goo Keys
4. Hay Tease Hicks
5. High Wheel Hall Weighs Loaf View

Round 8

1. Noose Eel Hand
2. Par Keens Pace
3. For Dee Hay Towers
4. Gnu Your Cassidy
5. Nor Thumb Air Reckon

('Mad Gab' 문제지)

③ 제한 시간 2분 동안 문제를 여러 차례 읽어보고 표현을 유추해 학습지에 적는다.

④ 타이머가 울리면 가지고 있는 문제지를 다른 모둠에 전달한다. 예를 들어 1 모둠은 2 모둠, 2 모둠은 3 모둠, ……, 6 모둠은 1 모둠에 전달한다.

⑤ 교사가 타이머를 재생하면 새로운 문제지로 '③~④'의 활동을 반복한다.

⑥ 게임이 끝나면 답을 적은 학습지를 모둠끼리 교환하여 정답지를 보면서 채점한다.

한 문제당 1점씩으로 채점해주세요.

Question 1	Question 2	Question 3	Question 4
1. Pencil Eraser	1. Pardon Me	1. Wonder Woman	1. Spiderman
2. We Need to Talk	2. That's Correct	2. News Radio	2. Don't Touch Me
3. Dancing Queen	3. Newspaper Stand	3. Superman	3. Soccer Balls
4. See You Later?	4. Wednesday Night	4. Pretty Woman	4. Thursday Evening
5. Welcome Home	5. Mozart	5. Taxi Driver	5. Before and After
Question 5	**Question 6**	**Question 7**	**Question 8**
1. Sixty Minutes	1. Strawberries and Cream	1. I'll Meet You Later	1. New Zealand
2. Please Leave Me Alone	2. Master Card	2. Olympic Games	2. Parking Space
3. Ice Cream Sandwich	3. A Romantic Comedy	3. Milk and Cookies	3. 48Hours
4. No-Smoking Zone	4. Leave Me Alone	4. Eighty-Six	4. New York City
5. Wake Up in the Morning	5. Toilet Tissue	5. I Will Always Love You	5. North America

('Mad Gab' 정답지)

⑦ 정답 하나당 1점으로 채점하고 총점을 학습지에 적는다.
⑧ 가장 점수가 많은 모둠이 이긴다.
⑨ 쓴 답의 철자가 틀렸다면 오답으로 처리한다.

▶ 이렇게 지도하세요

① 지나치게 어렵지 않도록 난이도를 적절히 조절합니다.
② 반복해서 발음하다 보면 정답을 맞힐 수 있다고 안내합니다.
③ 동시에 같은 문제지를 배부하면 옆 모둠 베껴 쓰기 등의 문제가 생길 수 있으므로 서로 다른 문제지를 배부하고 한 라운드가 끝나면 문제지를 다른 모둠에 전달합니다.
④ 본격적인 게임에 들어가기 전에 교사와 충분히 연습합니다.
⑤ 한 학생은 읽고 다른 학생은 듣고만 있는 것도 Mad Gab을 풀 수 있는 하나의 방법입니다.

Chapter 07

어떻게 하면 영어 교사로 살아남을 수 있을까요?

01 자료 제작의 기술

어떤 폰트를 써야 할까?

영어 교사라면 한 번쯤 고민해보는 문제입니다. 특히 폰트는 소문자 a와 g의 모양을 고려해서 선정해야 합니다. 한글 프로그램에서 기본으로 제공하는 폰트 중에는 'HY나무L, 한컴 윤고딕230, 한컴 윤체 B, HY강B'와 같은 것들이 영어 학습지 제작용으로 사용하기 무난합니다. 시중에 무료로 배포되는 폰트 중에서 쓸 만한 것은 '배달의 민족'이라는 회사에서 만든 '한나체'입니다. 회사 측의 설명에 따르면 상업적인 목적이 있는 출판물의 표지, 본문, 인쇄물 및 광고에까지 사용할 수 있습니다.

게임 카드 제작의 기술

카드 게임을 하고 난 후에 교실 바닥을 보면 종종 카드가 떨어져 있거나 섞일 때가 있습니다. 아직 어린 학생들이다 보니 게임을 하다가 또는 정리하면서 떨어뜨릴 수도 있습니다. 문제는 그 카드가 어떤 세트에서 빠진 것인지 알려면 모든 카드 세트를 찾아보아야 한다는 것입니다.

이를 방지하기 위해 처음 카드를 제작할 때 세트별로 서로 다른 색상의 A4용지에 인쇄합니다. 6세트라면 6가지 색상으로 인쇄하여 카드를 만듭니다. 이렇게 만들면 카드 1~2장이 떨어져 있을 때 어떤 세트에서 분실된 카드인지 쉽게 알 수 있습니다.

만약 색지가 없다면 카드 뒷면에 번호를 적습니다. 1번 세트의 카드 뒷면에는 숫자로 1이라고 쓰고, 2번 세트의 카드 뒷면에는 2라고 적습니다. 또는 뒷면을 1111, 2222, 3333 식으로 숫자를 넣어 인쇄합니다.

카드 보관

영어는 다른 교과보다 카드를 많이 사용합니다. 그만큼 카드를 통한 학습 효과가 뛰어나기 때문입니다. 알파벳이나 단어, 그림 카드는 물론이고 파닉스를 가르칠 때도 만듭니다. 그런데 카드를 만들어놓고 보관을 제대로 하지 못한다면 다음 해에 또다시 같은 카드를 제작해야 할지도 모릅니다.
이를 방지하기 위해 다양한 크기의 지퍼백이 필요합니다. 지퍼백은 부피를 많이 차지하지 않으면서 튼튼하고 저렴합니다. 카드를 세트별 또는 종류별로 담아두기 위해 다양한 크기의 지퍼백을 갖춰두고 사용합니다.

PPT 제작, 이렇게 해보세요

효과적인 수업 자료에 도움이 되는 파워포인트 제작 팁을 소개합니다.

① 디자인은 단순하게

파워포인트 디자인이 꼭 필요한가요? 수업에서 파워포인트를 활용하는 목적을 생각해보세요. 예쁜 디자인을 선보이기 위한 것이 아닙니다. 중요한 내용을 효과적으로 전달하기 위해서입니다. 슬라이드의 배경이 내용과 무관하다면 지워주세요. 흰 바탕에 글만 간략히 있는 슬라이드가 더 효과적일 수 있습니다.

② 애니메이션 효과는 필요할 때만

화려한 애니메이션 효과가 필요한 때가 있습니다. 하지만 대부분 단순히 '나타내기' 효과로도 충분합니다. 애니메이션이 지나치게 많으면 내용 전달이 느려지거나 거추장스럽습니다. 수업 내용이 바뀌어 파워포인트를 수정할 때도 애니메이션 효과의 순서를 생각해야 하므로 시간이 오래 걸리고 복잡합니다. 애니메이션 효과는 필요한 곳에만 간단히 넣어주세요.

③ 텍스트의 양은 줄이세요

한 장의 슬라이드에 텍스트를 가득 담는 경우가 종종 있습니다. 많은 텍스트를 꼭 문자로 전달해야 한다면 차라리 학습지가 좋습니다. 슬라이드 1장에는 문장 1개가 적당합니다. 설명을 끝내고 마지막에 정리할 때만 여러 문장을 한꺼번에 제시하세요.

④ 필요 없는 배경은 지우세요

필요 없는 배경을 지움으로써 무엇을 학습할지 명확해집니다. 파워포인트 안에서 배경 제거가 가능합니다. 슬라이드에 삽입된 이미지를 선택하고 상단 메뉴에 '그림 형식'을 클릭

후 왼쪽을 보면 '배경 제거' 버튼이 있습니다. 이 버튼을 눌러서 삭제하거나 배경을 간단히 제거해주는 사이트를 활용해도 됩니다. png generator를 검색하거나 'Onlinepngtools'라는 사이트를 이용해도 됩니다. 간단히 이미지를 드래그하기만 해도 배경을 지워줍니다. 애초에 배경이 없는 이미지를 찾아 삽입하는 것도 하나의 방법입니다. 구글 이미지 검색할 때 오른쪽 tool을 눌러서 transparent 클릭하고 clip art 등을 클릭하면 배경이 없는 이미지를 쉽게 얻을 수 있습니다.

⑤ 슬라이드를 자주 넘기세요

파워포인트 위주의 수업을 할 때는 슬라이드를 최대한 자주 넘겨주어야 합니다. 그래야 파워포인트가 제 기능을 합니다. TV라고 생각해보세요. TV 화면이 정지된 것을 상상할 수 있나요? 정지되어 있고 음성만 나온다면 라디오를 듣는 것과 같습니다. 슬라이드 한 장을 정지하고 말하는 것은 한글 파일을 띄워놓고 설명하는 것과 다르지 않습니다. 학생들이 설명에 집중하길 원한다면 슬라이드를 적절하게 자주 넘기세요.

라벨지 활용하기

다양한 영어 수업 활동에 라벨지를 활용합니다.

① 대화문이나 노래 순서 맞히기

② 단어 뜯어서 종류별로 분류하거나 마인드맵 하기

③ 건물 이름을 출력해서 지도 만들어 길 안내 표현 쓰기

④ 등 뒤에 라벨지로 출력한 동물의 이름을 붙이고 돌아다니면서 묻고 답하며 동물 이름 맞히기

⑤ 핵심 표현 정리해서 출력하여 나눠준 후 공책에 붙이게 하기(학습지 배부 대신 활용)

코팅 대신 L자 파일

일반 보드게임판, Flick the Coin 게임판, 단어 읽기 게임판, 지도 찾기 게임판 등 영어에서 사용하는 다양한 게임판을 코팅하는 것이 부담스러울 때가 많습니다. 이때는 L자 파일을 활용합니다. L자 파일은 가격이 저렴하고 재사용이 가능합니다. 투명 L자 파일을 여러 장 구입해서 가지고 있다가 필요할 때 게임판으로 출력한 종이를 L자 파일에 끼워 코팅한 것처럼 사용합니다.

칠판에 게시할 자료를 코팅한다면 무광으로

카드 자료 등을 만들 때는 적당한 가격의 유광 코팅지를 사용합니다. 무광 코팅지는 때가 잘 타기 때문에 학생들에게 배부해서 많이 사용하는 자료는 유광 코팅을 합니다. 유광은 말 그대로 빛을 반사하기 때문에 칠판에 게시하거나 들고 설명해야 하는 자료에 적절하지 않습니다. 게시용 자료는 여러 곳에서 봐도 빛이 반사되지 않고 잘 보일 수 있게 무광 코팅지를 사용합니다.

영어 자료는 활동별, 주제별, 차시별로 정리

혹시 여러 곳에서 자료를 내려받기만 하고 정리를 미루고 있지는 않나요? 날 잡아서 해야지 하다가 미루고 미뤄서 이런저런 자료가 뒤죽박죽되면 나중에 정리하는 데 시간이 오래 걸릴뿐더러 필요한 자료를 찾기 어렵습니다.

영어 자료는 먼저 듣기, 말하기, 읽기, 쓰기, 알파벳, 단어 학습 등 활동별로 정리합니다. 하지만 활동별로 정리해두면 아쉬울 때가 있습니다. '작년에 내가 이 주제를 가르칠 때 어떻게 했지?' 하면서 기억이 안 날 때가 있기 때문입니다. 활동별 정리를 하고 주제별 정리를 합니다.

초등 영어에서 가르치는 내용은 크게 몇 가지 주제로 나뉘어 있습니다. 주제별로 생산했거나 내려받은 자료를 모아두세요. 마지막으로 단원의 수업 기록을 남길 겸 교과서 이름과 학년-단원-차시별로 정리하면 좋습니다.

이렇게 정리한 자료는 꼭 이중 삼중으로 백업합니다. USB 메모리카드를 맹신하지 말고 다른 곳에 정기적으로 백업하길 권장합니다. 요즘에는 교육청에서 원 드라이브를 지원하거나 구글 교육용 계정을 사용할 수 있어서 용량 제한 없이 올릴 수 있는 곳이 많습니다.

캔버(Canva)를 활용하세요

많은 선생님께서 디자인 플랫폼을 수업 자료 제작에 활용합니다. 디자인 플랫폼 사이트로 '캔버'를 추천합니다. 영어 수업 또는 영어교실 운영에 최적인 서식을 쉽게 얻을 수 있습니다. 영어권 국가의 선생님들이 많이 이용하기 때문에 그들이 만들어 공유한 자료를 활용할 수 있습니다.

캔버에서 교실 포스터, 수업 규칙, 알파벳 등을 검색해보세요. 영어로 검색하면 더 정확한 값을 얻을 수 있지만, 한글로 검색해도 비슷한 결과가 나옵니다. 교육용 계정으로 가입을 하고 로그인하면 메인 화면에 교육용 서식이 나오기 때문에 필요에 따라 메뉴를 선택해서 자료를 만들면 됩니다.

02 준비한 수업이 끝났는데 시간이 남았다면?

계획한 수업이 일찍 끝났을 때 아무런 준비가 되어 있지 않다면 당황하기 쉽습니다. 이제 당황하지 말고 아래의 방법들을 사용해봅시다.

빙고 활동

빙고는 간편하게 짧은 시간 동안 할 수 있습니다. 수업 바구니에 9칸 또는 16칸짜리 빙고 종이를 넣어둔다면 빙고 칸을 그리는 데 시간을 허비하지 않고 바로 빙고 활동으로 넘어갈 수 있습니다. 수업 시간에 나온 단어를 써보고 빙고까지 하면 훌륭한 나머지 활동이 됩니다.

공책 활용

공책에 당일 배운 단어를 반복하여 2~3번 써본다거나 핵심 문장을 적게 합니다. 또는 핵심 패턴을 이용하여 학생들만의 응용 문장 만들기를 하고 발표까지 시켜봅니다. 수업 시간에 노래를 배웠다면 남은 시간 동안에 노래 가사를 그대로 공책에 써보는 활동도 학습에 도움이 됩니다.

Line-up 활동

Line-up 활동은 일종의 평가 활동이기도 합니다. 핵심 문장 또는 단어를 5개 정도 칠판에 적어두고 뜻과 함께 외우게 합니다. 다 외운 학생은 줄을 서서 검사를 받습니다.
교사는 시간에 따라 학생들에게 5개 모두 또는 1~2개만 질문할 수도 있습니다. 틀린 학생은 줄의 맨 뒤로 가서 완벽하게 외운 다음에 다시 평가를 받습니다. 이렇게 하다 보면 꼭 배워야 하는 표현을 최소한 1개는 익힐 수 있습니다. 이 활동은 수시 평가이자 과정 중심 평가로도 좋습니다.

포스트잇 활용

포스트잇을 1장씩 나눠줍니다. 당일 배운 내용 중 핵심 표현을 3개 골라 포스트잇에 적게 한 후 칠판이나 게시판에 붙이게 합니다. 붙인 포스트잇 중 몇 개를 골라 교사가 읽어주고 학생들이 따라 읽게 하면 복습 및 정리(Review) 활동으로 좋습니다. 수업 시간 내 집중하지 못했던 학생들도 갑자기 내준 과제에 교과서를 뒤적이며 공부하게 되는 효과도 있습니다. 때론 포스트잇을 '수업 평가'의 도구로도 사용합니다. 이번 시간 수업에 대해 어떻게 생각하는지 5~10점 사이에서 점수를 매기라고 한 후 선생님께 하고 싶은 말을 한마디 적게 합니다.

03 원어민 강사 100% 활용하기

이명박 정부에서 광범위하게 초중학교에 원어민 영어 보조교사를 배치한 후로 아직도 많은 학교에서는 원어민 강사 고용을 이어가고 있습니다. 원어민 강사의 가장 큰 업무는 수업이지만, 고용계약서에서는 교구 제작 등을 포함하여 더 포괄적으로 업무의 범위를 정합니다.

저는 여러 명의 원어민 강사와 함께 협력 수업을 해왔고 영어 센터에서도 많은 원어민을 만났습니다. 그만큼 그간 학교에서 어떻게 하면 원어민 강사를 100% 활용할 것인가 고민을 해왔습니다. 아래의 내용은 그 고민의 해결 과정입니다.

숙제 검사를 맡겨보세요

단순히 반복해서 써오는 숙제를 포함하여 쓰기 숙제의 첨삭을 원어민 강사에게 맡깁니다. 한국인 교사는 틀에 박힌 표현, 한국인다운 표현에 멈춰 있을 때가 많아 첨삭해줄 때도 그 한계를 벗어나기 어렵습니다. 그러나 원어민 강사는 본인의 언어이기에 학생들의 문장을 더 실제적이며 자연스러운 영어 문장으로 바꿔줄 수 있습니다.

창의적인 글쓰기를 요구하는 쓰기 숙제라면 더더욱 원어민에게 첨삭을 포함한 숙제 검사를 맡겨봅니다. 학생들과의 교감까지 부수적으로 얻을 수 있습니다. 학교 예산으로 원어민 이름이 박힌 자동 스탬프를 사준다면 더할 나위 없이 좋습니다.

일주일에 한 단어, 교과서 밖 'Word of the Week'(WOW)

5~6학년 수업 시간에 'Word of the Week'(WOW) 코너의 운영을 부탁하고, 유용한 표현, 자주 쓰는 표현, 그러나 교과서에는 잘 나오지 않는 표현을 선정합니다.

원어민이 선정한 단어를 일주일에 한 번씩 큼직하게 출력하여 교실 벽면에 붙여두고 학생들이 익히게 합니다. 뜻과 응용 문장까지 아래에 적어 놓습니다. 원어민 본인만의 코너이기 때문에 스스로 더 정성껏 준비합니다. 일주일에 한 번은 파워포인트로 5분 정도 해당 표현을 익히고 그다음 수업 시간에는 그 단어를 반복하여 2~3번 말해보게 합니다. 단지 배우는 것만으로도 학생들이 WOW를 즐길 수 있지만, 어느 정도 배운 단어가 상당한 수가 되었을 때는 그간 배웠던 단어들을 게임이나 퀴즈로 복습합니다.

수업과 말하기 수행평가를 동시에

수행평가 영역에는 말하기, 듣기, 읽기, 쓰기가 있습니다. 한 영역만 평가하거나 2~3개 영역을 포함하여 평가하기도 합니다. 이 중 말하기 평가를 원어민에게 맡기면 평가뿐만 아니라 학생들이 원어민과 1:1로 대화할 기회가 생기므로 효과가 좋습니다.

협력 수업의 파트너인 한국인 교사가 학생들을 가르치는 동안 원어민 강사가 복도 또는 별도의 교실에서 학생들을 1:1로 만나 말하기 수행평가를 합니다. 이렇게 하면 학생 수에 따라 다르겠지만 2차시 정도면 모든 학생을 평가할 수 있습니다. 원어민 강사에게 평가의 기준을 알려주고 학생들을 상, 중, 하 또는 해당 학교의 단계에 맞게 평가합니다.

원어민을 1:1로 만나면 긴장하는 학생들이 더러 있습니다. 평가할 때 학생들을 천천히 기다려주며 하도록 요청합니다.

효율적인 수업 시간 역할 분배

원어민 강사마다 장단점이 다릅니다. 어려운 일일 수도 있으나 협력 교사가 원어민 강사의 장단점을 파악하여 수업 시간 내 역할 분배를 해야 합니다. 어떤 원어민 강사는 활발하고 유쾌한 성격에 제스처까지 커서 게임 설명을 기가 막히게 하고, 어떤 원어민 강사는 목소리도 적고 소극적이지만 차분하고 천천히 교과 내용을 잘 설명해줍니다. 원어민 강사 성향에 따라 역할을 주고, 한국어로 설명했을 때 더 효율적인 부분, 특히 문법은 한국인 교사가 지도합니다.

보통 한국인 협력 교사들은 원어민 강사에게 수업의 하이라이트인 게임 및 놀이 활동을 많이 맡깁니다. 원어민 강사 중에는 학습에 도움이 되는 게임을 직접 만들어오는 사람도 있고, 웹사이트에서 내려받은 내용을 확인조차 하지 않고 수업 시간에 사용하는 사람도 있습니다. 한국인 교사는 수업을 주도적으로 이끌어 가야 합니다. 협력 수업의 책임은 한국인 교사에게 더 많이 있습니다.

원어민 강사가 실질적으로 학습에 도움이 되지 않는 '게임을 위한 게임'을 가져와서 지도한다면 강하게 개입하여 활동을 다른 것으로 바꾸도록 요구해야 합니다. 만약 지속적으로 요구를 했으나 바뀌지 않는다면, 게임이나 놀이 활동은 한국인 교사가 담당하고, 원어민 강사에게 다른 역할을 제시해야 합니다.

학생들의 이름을 부르게 하세요

원어민 강사가 한국어로 된 학생들의 이름을 불러준다는 것은 생각만큼 쉽지 않습니다. 조금 번거롭지만 학생들의 한글 이름을 소리 나는 대로 영어로 써서 자리 배치표를 만들어 원어민 강사에게 제공합니다. 원어민 선생님이 자기 이름을 불러 주면 학생들이 좋아할뿐더러 라포 형성에도 좋습니다.

04 효율성과 효과성을 높이는 수업 도구

온라인 스톱워치 & 타이머

online-stopwatch.com이라는 사이트에는 수업 도구 플래시가 많이 있습니다. 그중 가장 간편하게 많이 쓰는 것이 온라인 스톱워치, 카운트다운(타이머), 주사위입니다.

하단에 있는 'Use the Online Stopwatch Full Screen'을 클릭하면 전체화면으로 볼 수 있는데 이보다 더 꽉 찬 느낌으로 보고자 할 때는 'Super Full Screen!'을 클릭합니다.
위의 단순한 타이머 외에도 다양한 타이머 디자인을 볼 수 있습니다. 기호에 맞게, 하지만 주객이 전도되지 않게 선별해서 사용합니다. 수업의 목적은 학생들의 영어 학습이지 화려한 플래시를 선보이는 데 있지 않기 때문입니다.

온라인 주사위

간편하게 사용 가능한 온라인 주사위 2가지를 소개합니다.

① 구글 온라인 주사위

가장 쉽고 편하게 사용 가능한 주사위입니다. 구글에서 'roll dice' 또는 'roll a die'를 검색하면 바로 화면에 나타납니다. 빠르게 온라인 주사위를 사용할 수 있다는 점, 모양이 다양하며 20면체까지 있다는 점, 제한 없이 동시에 여러 개를 굴릴 수 있다는 것이 장점입니다. 먼저 학생들이 잘 볼 수 있도록 'Ctrl+마우스 스크롤'을 사용해 화면을 확대합니다. 구글 주사위는 기능이 직관적이고 간단합니다. '정사면체, 정육면체, 정팔면체, 정십면체, 정십이면체, 정이십면체'의 6가지 종류입니다. 주사위 모양을 클릭하면 해당 주사위의 모양이 화면에 나타납니다.

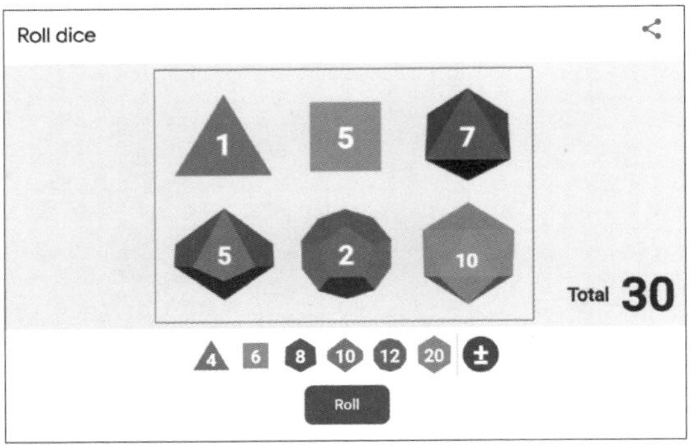

선택한 주사위를 없애고 싶을 때는 주사위를 클릭합니다. 아래에 있는 Roll 버튼을 누르면 주사위가 구르는 모습이 보입니다. 잠깐 굴렀다가 바로 결과를 보여줍니다.

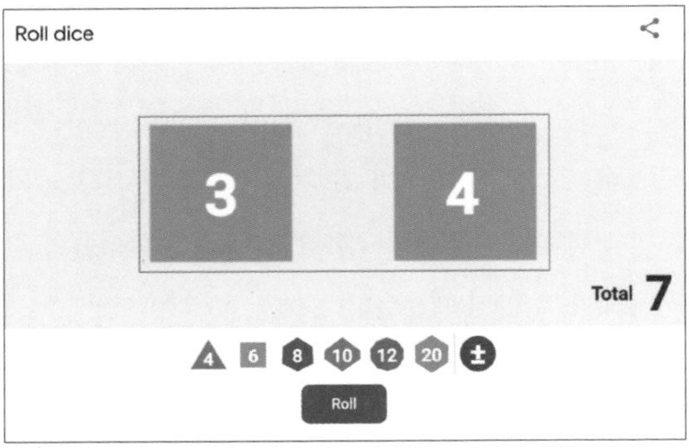

아래의 주사위 모양을 클릭하면 할수록 주사위의 개수가 거의 무제한으로 늘어납니다. 2개 이상의 주사위를 클릭 후 Roll 버튼을 누르면 모든 주사위가 한꺼번에 굴러가는 것을 볼 수 있습니다. 오른쪽 아래에 있는 Total 값은 주사위 눈 수의 총합입니다.

② 다양한 모양의 온라인 주사위 online-stopwatch.com

online-stopwatch.com 사이트에서 'Chance Game'을 클릭하면 흥미로운 플래시 게임들을 볼 수 있는데 이 중 하나가 '온라인 주사위'입니다. 가장 큰 장점은 광고 없이 깔끔하게 전체화면으로 볼 수 있다는 것과 소리 효과입니다. 1~4개까지 동시에 굴릴 수도 있습니다.

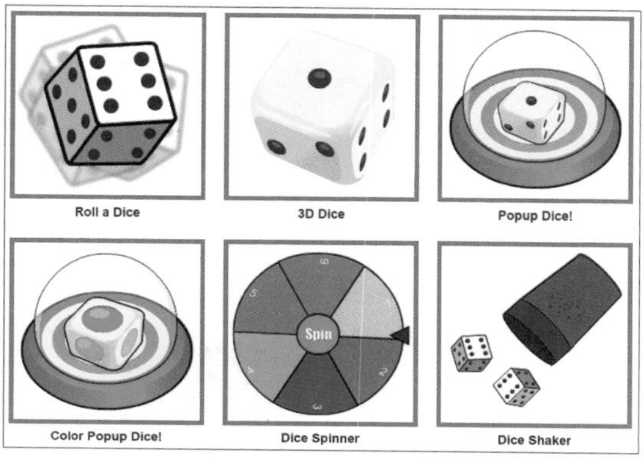

취향에 따라 다양한 버전으로 온라인 주사위를 즐길 수 있으며, 마우스로 클릭할 때마다 주사위를 굴릴 수 있습니다.

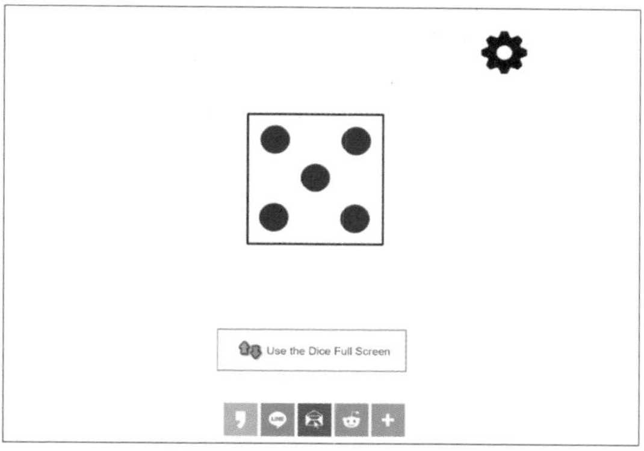

주사위 아래에 'Use the Dice Full Screen'을 클릭하여 전체화면으로 넘어갑니다. 전체화면 상태에서 맨 위 가장 오른쪽 귀퉁이에 'Super Full screen'이라는 버튼이 보입니다. 이 버튼을 클릭하면 인터넷 창의 메뉴까지 사라지고 화면 전체를 주사위 화면으로 볼 수 있습니다. 주사위를 클릭하면 주사위가 굴러가며 소리가 함께 들립니다. 오른쪽 위의 톱니바퀴 버튼을 누르면 1~4개까지 설정할 수 있습니다. 구글 주사위처럼 많지는 않지만 총 4개까지 가능해서 크게 부족하지는 않습니다.

숫자(번호) 뽑기

online-stopwatch.com에 접속 후 상단에 있는 메뉴 중 'Random Number Generators'를 클릭합니다. 이 사이트에 있는 숫자 뽑기 프로그램의 장점은 전체화면 기능을 지원하고 소리 효과가 있다는 것입니다. 아래와 같이 다양한 숫자 뽑기 프로그램이 나오는데 두 번째 LCD Number Generator를 추천합니다.

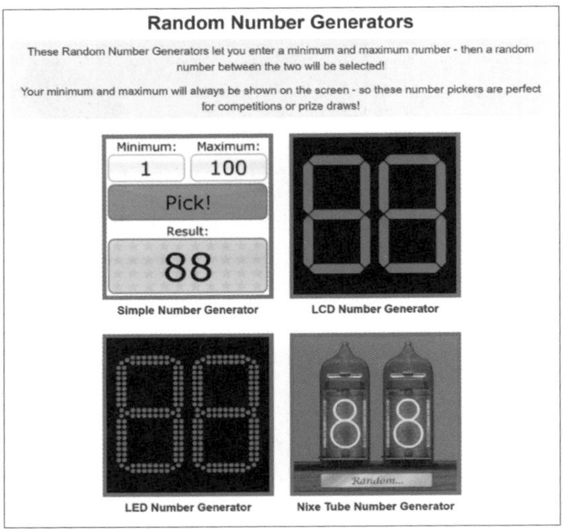

'LCD Number Generator'를 클릭해 들어가서 바로 써도 되지만 아래에 있는 Full Screen 버튼을 클릭하면 전체화면으로 볼 수 있습니다. 왼쪽 아래의 톱니바퀴 버튼을 클릭해서 설정을 바꿀 수 있습니다.

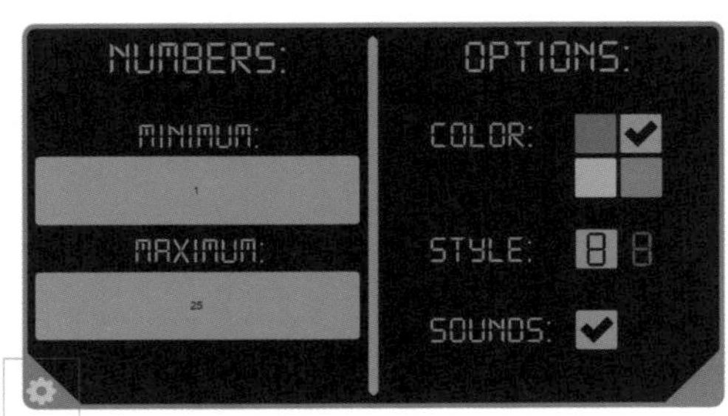

왼쪽은 숫자의 범위를 설정하는 화면이고, 오른쪽은 화면의 색상, 형태, 소리 효과를 제어하는 화면입니다. 숫자의 범위는 최대 1~999까지 설정할 수 있습니다. 예를 들어 학생들이 총 25명이라면 위에 1, 아래에 25를 적으면 1번부터 25번 사이에서 숫자를 뽑을 수 있습니다. 색상은 4개 중에 고르고, 형태는 실선과 점선 중에서 고를 수 있습니다. 소리 효과는 켜고 끄는 것만 가능합니다.
설정 후에는 다시 왼쪽 아래의 톱니바퀴 버튼을 클릭해서 설정 화면을 닫아줍니다. 숫자가 나오는 창을 클릭하면 소리 효과와 함께 무작위로 숫자를 뽑을 수 있습니다.

순서 뽑기 : 뽑아서 순서 나열하기 numgen.net

단순 숫자(번호) 뽑기 프로그램은 인터넷에 많지만 뽑은 숫자를 나열해서 보여주는 프로그램은 찾기 힘듭니다. 특히 모둠 대항 게임을 진행하다 보면 모둠의 순서를 뽑는 일이 많습니다. 뽑아서 전체 모둠의 순서를 나열해서 보여줄 때 numgen.net을 검색해서 사용합니다.

① 사이트에 접속했을 때 첫 화면은 아래와 같습니다. 접속하자마자 뽑기 프로그램 부분만 확대해서 학생들이 잘 볼 수 있게 합니다. 화면 확장은 간단히 키보드의 Ctrl 키와 마우스 스크롤로 할 수 있습니다.

② 화면에서 숫자 아래에 1-2, 1-3, 1-4, 1-5, 1-6 등의 버튼이 보입니다. 간단하고 빠르게 사용하도록 도와주는 버튼들입니다. 모둠의 수가 5개라면 1-5를, 모둠의 수가 6개라면 1-6을 선택합니다.

③ 그다음 해야 할 일은 숫자 바꾸기입니다. 몇 개의 숫자를 뽑을 것인지 맨 앞의 네모 칸에 적습니다. 만약 6 모둠이고 모든 모둠의 순서를 뽑아야 한다면 숫자 6을 입력합니다. 또는 모둠의 수가 6이고 시간이 부족해 3 모둠만 발표시킨다면 맨 앞의 네모 칸에 3을 입력합니다.

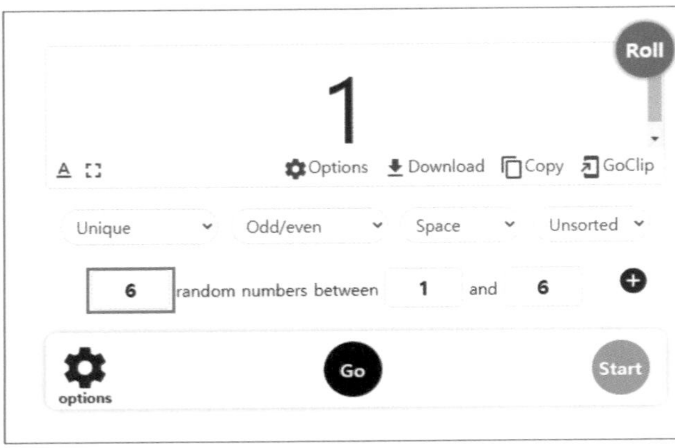

④ 이제 모든 준비는 되었습니다. 숫자를 굴리기 위해 오른쪽 위 끝에 있는 Roll 버튼을 클릭합니다. Roll 버튼을 클릭하면 바로 결과가 나타납니다. 그러나 재미를 위해서 Roll 버튼을 누른 상태로 손가락을 떼지 않고 커서를 버튼 바깥으로 이동시킵니다. 커서를 옮기자마자 숫자가 굴러가는 것을 볼 수 있습니다.

⑤ 큰 창에 굴러가고 있는 숫자가 보임과 동시에 오른쪽 아래를 보면 새로운 버튼이 생성된 것을 볼 수 있습니다. 바로 Zoom, One, Stop입니다.

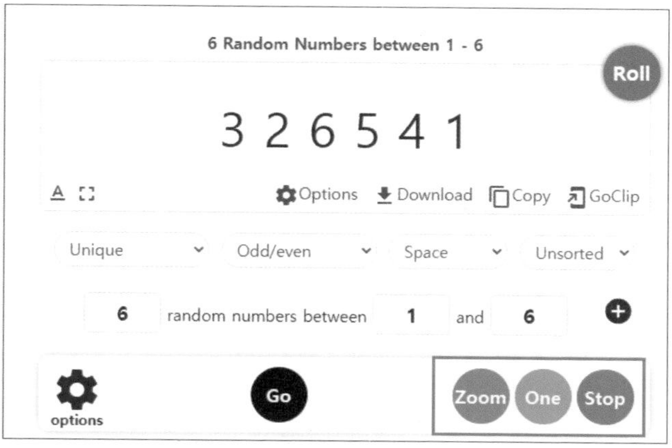

- Zoom 버튼을 누르면 숫자가 자동으로 하나씩 멈추게 됩니다.
- One 버튼을 누르면 수동으로 숫자를 하나씩 멈추게 할 수 있습니다.
- Stop 버튼을 누르면 모든 숫자를 멈추게 할 수 있습니다.

⑥ 검은색 숫자가 점차 녹색으로 바뀌며 결과를 확인할 수 있습니다.

⑦ 이 사이트의 프로그램을 활용하면 전체 학생들의 순서도 정할 수 있고(급식 순서 등), 전체 학생 중에서 숙제 검사받을 학생 또는 발표할 학생을 무작위로 뽑을 수도 있습니다. 다양하게 응용할 수 있으므로 여러 가지 기능을 직접 체험해보길 권장합니다.

아래는 반 학생들이 25명이라고 가정하고 25명 모두의 개별 순서를 뽑은 화면입니다.

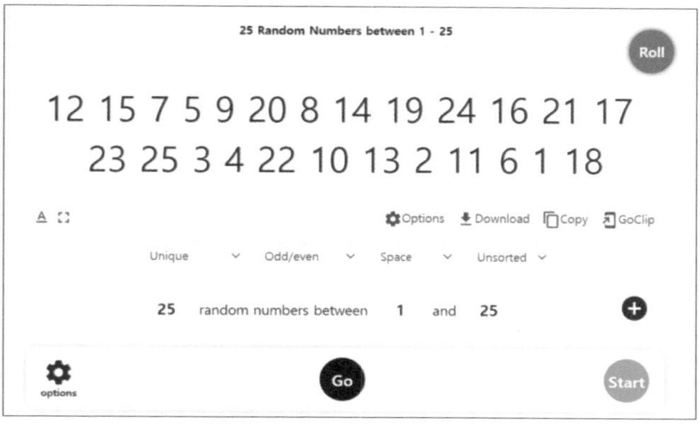

워드써치, 크로스워드 퍼즐 만들기

구글에서 online puzzlemaker를 검색하면 가장 먼저 아래 사이트가 나타납니다. puzzlemaker.discoveryeducation.com은 다양한 종류의 퍼즐을 손쉽게 만들어 학습지 형태로 학생들에게 제공할 수 있는 사이트입니다.

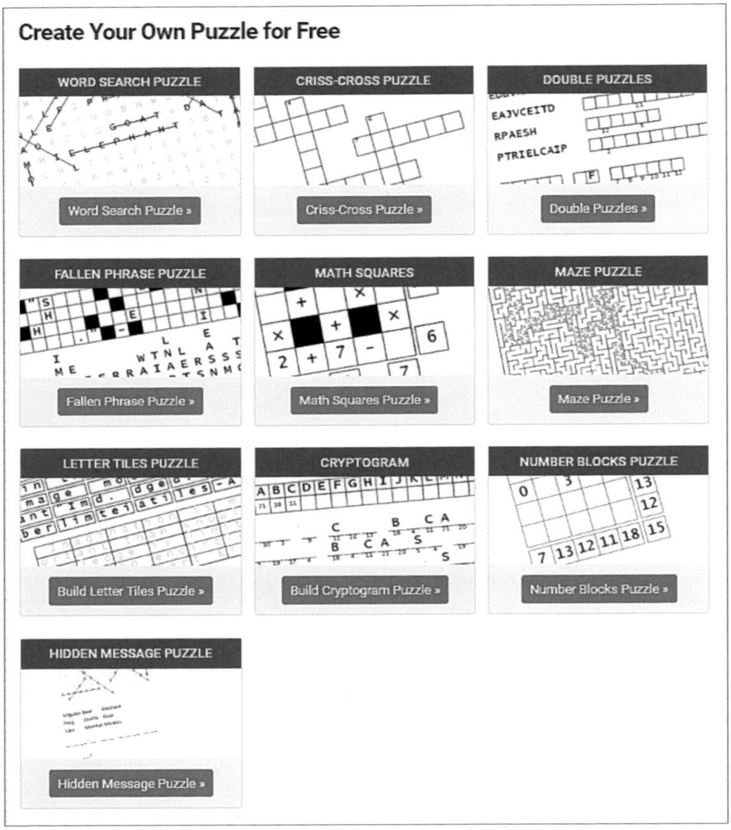

이 중에서 가장 많이 사용하는 퍼즐은 Word Search Puzzle과 Criss-cross Puzzle입니다. Word Search Puzzle 만드는 방식은 다음과 같습니다.

<Word Search Puzzle 만드는 방법>

STEP 1.

Enter a title for your puzzle

The title will appear at the top of your page. (49 characters or fewer.)

Enter title

학습지의 제목을 적는다.

STEP 2.

Enter the size of your word search puzzle

Your puzzle can be up to 40 letters by 40 letters and still fit on one page. The optimum puzzle size is 15 letters by 15 letters.

Number of Letters Across: 15

Number of Letters Down: 15

퍼즐의 크기를 가로세로 구분하여 숫자로 입력한다. 예를 들어 가로에 15글자, 세로에는 20글자라면 15와 20을 각 칸에 넣는다.

STEP 3.

Word search puzzle options

Puzzles where the words do not share any letters are faster to generate and easier to solve. If you choose to share letters as much as possible, the computer will take a little longer to generate the puzzle.

- ○ Use each letter only once.
- ◉ Share letters occasionally.
- ○ Share letters as much as possible.

퍼즐 옵션을 선택하는데 주로 두 번째 옵션으로 많이 사용한다. 각 옵션은 '① 글자를 겹치지 않게 만들기 ② 글자를 조금씩 겹치게 만들기 ③ 글자를 가능한 한 많이 겹치게 만들기'이다.

STEP 4.

Word search puzzle output type

Choose puzzle output as either and image or HTML.

◉ Image
○ HTML

출력 형식을 고르는 단계인데 간편하게 사용하려면 image를 선택한다. 글자의 폰트 등을 바꾸고 싶으면 HTML로 출력 후 워드 써치 부분을 복사하여 한글 프로그램에 '원본으로 붙여넣기'를 하면 된다.

STEP 5.

Case Options

Choose if you would like your puzzle to be built using all uppercase, all lowercase or mixed case letters.

◉ All Uppercase Letters
○ Mixed Uppercase and Lowercase Letters
○ All Lowercase Letters

모두 대문자나 소문자로 할지, 섞어서 할지 고르는 단계이다.

STEP 6.

Enter your words

Separate your words with commas, spaces or type each word on a new line.
Any character that is not a letter will be considered a space.

banana, apple, kiwi, pear, peach, strawberry, pineapple,
lemon, orange, watermelon

Fill with Sample Data

워드 써치를 할 단어를 적는다. 단어 사이를 ','로 구별하거나 '스페이스 바'를 한 번 치는 것으로 구별해도 되고, '엔터'를 쳐서 줄을 바꾸면서 적어도 된다.

STEP 7.

Show instructions

☑ Check this box if you want instructions to appear below the puzzle.

퍼즐 아래에 어떻게 하는지 설명을 첨가하고 싶으면 상자에 표시하고 아니면 그대로 놔둔다.

STEP 8.

Check your puzzles

Puzzlemaker uses a word filter to prevent the random creation of offensive words. After you create your puzzle, proofread it carefully to check for the placement of unintended words created by random letter combinations. You can regenerate your puzzle by selecting the "Back" button in your browser and pressing the "Create My Puzzle" button again.

지금까지 작성한 내용을 전체적으로 살펴보는 단계이다. 퍼즐 메이커는 단어 필터 시스템이 작동하기 때문에 비속어 등의 단어가 무작위로 생성되지 않게 해준다. 그렇다고 할지라도 의도치 않은 단어가 배치되었을 때는 'Back'(뒤로 가기) 버튼을 눌러서 퍼즐을 수정할 수 있다.

Create My Puzzle

마지막으로 'Create My Puzzle' 버튼을 클릭하면 퍼즐이 생성된다. 생성된 퍼즐을 학습지로 간편하게 출력하려면 'Print Puzzle' 버튼을 클릭한다. 퍼즐 내용은 사이트상에서 뒤로 가기 버튼을 클릭하면 간편히 수정할 수 있다. 세심하게 학습지를 편집해서 배부하고자 한다면 퍼즐을 드래그하여 복사 후 한글 프로그램에 붙여 넣어 수정한다.

Lesson 1. What do you like?

Print Puzzle　Show Answer

P	Y	T	P	F	A	B	G	V	E	O	P	W	U	C
B	U	E	S	N	C	D	M	L	E	R	T	K	D	B
U	A	M	A	C	G	J	P	Z	D	A	D	Y	H	N
R	N	N	A	A	I	P	S	R	Y	N	W	D	T	Z
Y	A	K	H	X	A	X	H	L	Q	G	Q	B	X	I
B	R	H	X	E	A	E	V	I	Z	E	T	J	J	P
A	E	R	N	O	L	E	M	R	E	T	A	W	C	R
N	K	I	E	D	O	E	J	N	Z	R	J	U	K	H
A	P	I	E	B	Z	V	N	T	S	N	O	R	E	P
M	P	U	W	X	W	B	Q	A	V	F	Y	W	G	C
G	Q	L	C	I	L	A	P	P	L	E	M	K	R	S
H	C	A	E	P	C	P	R	L	E	M	O	N	C	T
W	R	W	L	R	Q	K	P	T	D	U	S	V	O	M
F	V	C	M	E	N	S	I	U	S	G	N	U	K	L
D	H	I	K	D	G	C	U	Z	N	C	N	M	P	T

apple	banana	kiwi
lemon	orange	peach
pear	pineapple	strawberry
watermelon		

(Word Search Puzzle로 만든 학습지)

십자형 퍼즐(십자 말 퍼즐)을 생성하고 싶다면 이 사이트에서 Criss-cross Puzzle 부분으로 들어가 보세요. 3단계를 거쳐 손쉽게 십자형 퍼즐을 완성할 수 있습니다.

<Criss-cross Puzzle 만드는 방법>

STEP 1.

Enter a title for your puzzle

The title will appear at the top of your page. (49 characters or fewer.)

Lesson 2. What's Your Hobby?

학습지의 제목을 적는다.

STEP 2.

Enter your words and clues

On each line enter a word followed by a space and then the clue for that word.

baseball 방망이로 공을 치고 열심히 달리는 운동
soccer 발로 공을 차서 골인시키는 운동
reading 책과 함께하는 것

Fill with Sample Data

단어와 뜻을 함께 적는다. 단어와 뜻 사이에는 스페이스 바를 한 번 눌러 공백을 준다. 만약 학생들의 실력이 출중하다면 단어뿐만 아니라 뜻도 영어로 써주면 좋다.

STEP 3.

Show instructions

☑ Check this box if you want instructions to appear below the puzzle.

학습지 아래에 퍼즐을 어떻게 하는지 설명을 첨부하고 싶다면 상자에 표시한다.

Create My Puzzle

마지막으로 Create My Puzzle 버튼을 클릭하면 자동으로 퍼즐이 생성된다. 생성된 퍼즐의 모양이 마음에 들지 않는다면 '뒤로 가기' 버튼을 눌러 다시 Create My Puzzle 버튼을 누르면 퍼즐이 새로운 모양으로 바뀐다. 사이트상에서 바로 'Print Puzzle'을 눌러서 인쇄할 수도 있지만 좀 더 예쁘게 편집하여 학생들에게 나눠주려면 퍼즐 내용을 드래그하여 복사 후 한글 프로그램에 붙여 넣어 수정한다. 단 퍼즐의 모양은 이미지 형식이라 모양 수정은 어렵다.

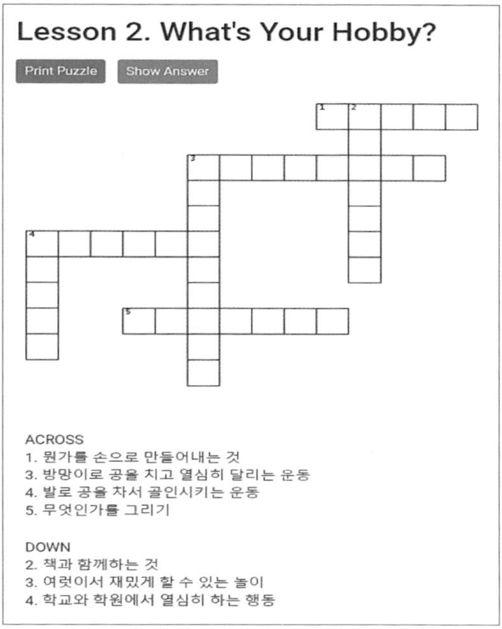

('Criss-cross Puzzle'로 만든 학습지)

랜덤 시계

초등 영어 교육과정에서 현재의 시각을 묻고 답하는 표현이 나오는데, 전체 학생들과 이 표현을 여러 차례 반복 연습하기에 랜덤 시계만 한 것이 없습니다. online-stopwatch.com에 접속 후 상단에 있는 메뉴 중 Random Number Generators를 클릭합니다. 스크롤을 내리면 다음과 같이 랜덤 시계 메뉴가 나옵니다.

클릭 후 들어간 후 바로 시계를 클릭하면 시계의 분침과 시침이 돌아가다가 무작위로 아무 시각이나 화면에 보여줍니다.

이 상태로 사용해도 되지만, 초등 교과서에서 다루는 시각은 대부분 30분 단위입니다. 왼쪽 아래 끝에 있는 톱니바퀴 버튼을 클릭하여 설정을 바꿔서 사용합니다.

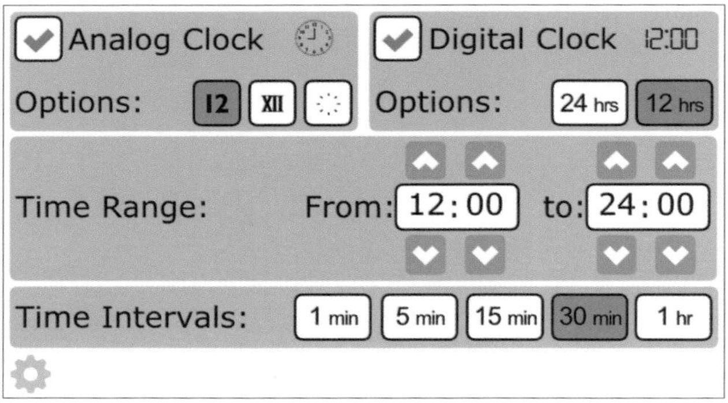

30분 단위로 시각을 설정하려면 맨 아래 Time Intervals에서 '30 min'을 클릭한 후 다시 톱니바퀴 버튼을 눌러 설정 화면을 닫아줍니다.
랜덤 시계를 활용하면 시각을 묻고 답하는 표현을 익히기 위한 학습지 제작이 쉬워집니다. 랜덤 시계의 화면을 캡처하여 학습지 만드는 데 사용해보세요.

게임용 말

주사위의 말은 EVA 사각칼라막대 또는 사각폼막대를 잘라 사용합니다. 두께는 2cm 정도가 적당합니다. 1개의 길이가 주로 1m 정도 되고 가격이 저렴합니다. 색상 선택의 폭이 넓으니 취향대로 고르면 됩니다. EVA 사각칼라막대를 자른 후 색상을 섞어 4인 1세트로 작은 지퍼백에 담아두면 수업 시간에 유용하게 쓸 수 있습니다.

주사위

보통 학교에는 '아크릴 투명 주사위'가 가장 많습니다. 저렴하고 잘 깨지지도 않을뿐더러 거의 영구적이라 많이 사용합니다. 그러나 영어 말하기, 듣기 등의 능력을 포함하는 게임이면서 다수가 주사위를 굴려야 하는 상황이라면 아크릴 주사위를 굴리는 소리가 매우 시끄럽게 느껴지거나 집중에 방해가 될 수 있습니다. 이럴 때는 '스펀지 주사위'를 사용하면 좋습니다.

스펀지 주사위 또는 소프트 주사위로 검색하면 상당히 많은 검색 결과가 나오는데 교육 전문쇼핑몰에서 검색하면 더 정확하게 원하는 결과를 찾을 수 있습니다. 다수의 학생 앞에서 보여주기 위해 주사위를 굴린다면 대형 스펀지 주사위가 좋습니다. 스펀지 주사위에 헝겊이 둘려 있는 것과 그렇지 않은 것으로 2가지 종류가 있는데 크게 성능 차이가 없으므로 취향에 따라 갖추면 됩니다.

아크릴 주사위	스펀지 주사위	헝겊+스펀지 주사위

(상황에 따라 사용하는 다양한 주사위)

타이머

온라인 타이머는 TV 화면으로 보여줘야 하는 단점이 있습니다. 부피는 좀 크지만, 칠판 부착형 실물 타이머를 하나 갖춰둔다면 이런 불편함을 해소할 수 있습니다.

실물 타이머는 용도에 따라 아래 2가지를 주로 사용합니다. 2가지 모두 크기는 다양합니다. 모든 학생이 볼 수 있도록 크면 좋습니다. 칠판에 부착하기 위해 자석이 붙어 있는지 확인 후 구매하세요.

① 파이 타이머

먹으면 먹을수록 점점 없어지는 파이처럼 시간이 사라진다고 해서 파이 타이머입니다. 손으로 가운데 다이얼을 돌려 시간을 정할 수 있습니다. 남은 시간이 빨간색 파이 모양으로 표현되고 점점 줄어드는 시간을 '양'적으로 느낄 수 있어서 직관적입니다. 활동을 10~30분으로 제한할 때 좋으며, 종류에 따라 다르지만 보통 1~59분으로 시간을 설정할 수 있습니다.

② LED 타이머

제한 시간을 짧게 2~3분으로 할 때는 초 단위로 시간을 확인할 수 있는 LED 타이머가 좋습니다. 학생들에게 활동 시간을 안내하기 위한 용도이므로 잘 보이게 칠판 부착도 가능한 큰 LED 타이머를 구매하길 추천합니다.

자동 스탬프

교사들의 필수품입니다. 공책 검사, 과제 검사 등을 위한 용도로 하나 이상 갖춰두면 좋습니다.

육각 미니 자석 보드

수업 중 전체 학생들의 생각을 알아볼 때, 즉 브레인스토밍이나 마인드맵 활동에 활용합니다. 보드판, 보드 마커, 지우개가 모두 필요하기에 준비가 조금 번거롭습니다. 그래도 가끔 수업이 지루할 때 큰 준비 없이 할 수 있는 활동이라 좋습니다.
학생 1명당 하나의 보드판을 나눠주고 보드 마커로 주제에 대해 자기 생각을 쓰게 한 후 칠판에 부착합니다. 예를 들어 'School' 하면 생각나는 영어 단어를 하나씩 적게 하고 칠판에 붙이게 합니다. 이때 육각 모양을 살려서 비슷한 단어들끼리 붙이게 합니다.

포스트잇

생각을 공유하기에 좋습니다. 게시판이나 우드락에 주제를 붙여두고 자신의 생각을 포스트잇에 써서 붙이게 합니다. 예를 들어 주제가 "What did you do last weekend?"라면 학생들은 주말에 한 일을 포스트잇에 적어 붙입니다. 활동이 끝난 후 일정 기간 전시해두면 좋습니다. 활동 자체는 쓰기 활동이지만 다른 학생들이 무엇을 했는지 읽어보며 자연스럽게 '읽기 활동'으로 넘어가기 때문입니다.

수업 마무리용으로도 좋습니다. 당일 배운 단어 중 기억이 나는 것 3개 쓰기, 들어본 대화문에서 기억나는 문장 1개 쓰기 등으로 활용 가능합니다.

포스트잇을 활용해 조사하기 활동을 해도 좋습니다. 예를 들어 주제를 '좋아하는 과목 또는 취미'로 정해서 자기가 좋아하는 것을 쓰게 합니다. 다 쓴 후에 비슷한 것끼리 붙이게 하면 어디에 포스트잇이 많이 붙었는지 보여서 학생들이 좋아하는 것을 한눈에 파악 가능합니다.

수업 만족도 설문조사도 포스트잇으로 가능합니다. "오늘 선생님의 수업은 5~10점 중 몇 점이니?"라고 묻고 점수와 그 이유를 포스트잇에 쓰게 합니다. 쓴 후에는 교사의 책상 위에 겹치게 쌓아가며 붙이고 퇴장하게 합니다. 스스로 수업에 대해 점검도 하고 학생들의 생각을 알 수 있어서 좋습니다. 물론 상처받지 않을 용기가 필요합니다.

05 집중시키거나 조용히 시키거나

담임교사는 학급 학생들과 집중구호를 약속해서 반복적으로 사용합니다. 영어 교과전담 교사도 마찬가지입니다. 수업을 듣는 학생들과 집중구호를 약속합니다. 특히 학년 초에 처음 학생들을 만났을 때 집중구호를 약속해서 반복적으로 사용해야 효과적입니다.

Class? Yes!

교사와 학생 사이에도 '티키타카'가 필요합니다. 'Class-Yes'는 영어 교사들 사이에서 널리 알려진 방법으로 쉽고 간단하며 재밌습니다. Class-Yes를 4가지 방식으로 해볼 수 있습니다.

① 기본

교사가 "Class!"라고 외치면 학생은 "Yes."라고 응답합니다. 교사가 "Class! Class!"라고 하면 학생도 "Yes. Yes."로 두 번 말해야 합니다. 교사가 "Class!"를 외칠 때 학생들은 하던 동작을 멈추고 응답해야 한다고 약속합니다.

② 내용 다양하게 하기

Class 앞뒤로 단어나 문구를 넣어 말하면 학생들도 해당 내용을 똑같이 넣어서 Yes라고 답해야 합니다. 예를 들면 다음과 같습니다.

Yo **Class** - Yo **Yes**
Class Oh **Class** - **Yes** Oh **Yes**
Yummy Nummy **Class** - Yummy Nummy **Yes**
Class Shacka Lacka - **Yes** Shacka Lacka
Class Yabba Do - **Yes** Yabba Do
Hey There **Class** - Hey There **Yes**

③ 목소리 톤과 속도 바꾸기

교사가 낮은음, 높은음, 경쾌한 음, 묵직한 음, 빠르게, 느리게 등으로 목소리의 톤과 속도를 바꿔서 Class를 외치면 학생들은 교사가 의도한 대로 Yes를 해야 합니다. "Class! Class! Class!"를 아주 빠르게 했다면 "Yes. Yes. Yes." 하면서 아주 빠르게 맞받아쳐야 합니다.

④ 제스처와 함께하기

교사가 제스처와 함께 "Class!"를 외치면 학생도 제스처를 따라 하며 "Yes."를 외칩니다. 교사가 두 팔을 앞으로 뻗어 손을 흔들면서 "Class!"라고 한다면 학생도 똑같이 동작하며 "Yes."라고 답합니다.

수업 규칙 번호와 동작

Chapter 01에서 수업 시간에 지켜야 할 규칙을 학기 초에 안내해야 한다고 설명했습니다. 동작과 함께 수업 규칙을 안내했다면 규칙을 어긴 행동이 발생할 때마다 규칙을 되새겨 줍니다. 예를 들어 Pay attention이 3번 규칙이라면 "Rule number 3!"이라고 말한 후 해당 규칙 동작을 합니다. 그런데도 한 번에 집중하지 못한다면 동작만 반복하며 집중할 때까지 기다려주세요.

카운트다운

손가락을 올려 숫자를 천천히 셉니다. "Ten, nine, eight, seven, …." 말과 함께 세도 되고 손가락으로만 셀 수도 있습니다. 또는 말로 하다가 점점 말을 줄이고 손가락으로 마무리하기도 합니다.

수업 중 활동을 마무리 짓지 못하고 분위기가 어수선할 때, 쉬는 시간이 끝나고 수업이 시작되었는데 자리에 앉지 않고 돌아다니는 학생이 있을 때 합니다. 숫자를 10부터 또는 5부터 천천히 세기 때문에 어느 정도 학생들을 기다려주면서 집중시키는 방법입니다. 숫자를 세면서 별도로 말을 덧붙일 필요도 없습니다. 무엇을 할 시간인지는 학생들이 더 잘 알고 있습니다.

침묵 신호 손가락

조용히 시키는 동작으로 검지를 입에 가져다 대고 학생들을 한 명 한 명 쳐다봅니다. 학생들이 이 동작을 따라 하게 시키기도 합니다. 검지를 입술에 가져다 대는 것은 3살짜리 유아도 알고 있는 신호입니다. 말을 덧붙이지 말고 동작만 한 채 학생들이 집중할 때까지 기다려주세요.

머리 위에 손 반짝반짝

조작 활동을 하고 있다면 교사가 "Stop!"을 외쳐도 여전히 가위질을 하거나 물건을 만지작거리게 됩니다. 이럴 때는 원인을 제거해야 하므로 "Hands up." 또는 "Raise your hands." 라고 말해보세요. 교사도 함께 손을 올립니다. 그런 다음 "Twinkle, twinkle." 하면서 손을 흔들어봅니다. 유치하지만 모든 학생이 잘 따라 합니다.

"Hands on your head, hands on your shoulder, hands on your knees."라고 하면서 손을 천천히 아래로 내리게 합니다. 간단하지만 동작을 멈추고 교사를 바라보게 하는 데 효과적입니다. 때로는 중간 동작을 바꿔서 양옆으로 뻗거나 손뼉을 치게 할 수도 있습니다.

스트레칭

나른한 날씨, 혹은 점심 직후라 학생들 눈에 잠이 쌓여 있나요? 수업하다 보면 학생들이 축 처져 있고 호응이 적을 때가 있습니다. 기온이나 호르몬 문제일 수 있으므로 집중구호를 아무리 외쳐도 소용없곤 합니다. 이럴 때 모든 학생을 자리에서 세워 스트레칭을 시킵니다.

팔다리를 쭉쭉 뻗고 목을 돌리고 허리를 늘려보게 합니다. 적당한 스트레칭은 긴장된 몸을 이완시켜 스트레스를 감소시키고 혈류에 긍정적인 영향을 끼칩니다. 엔도르핀 등의 호르몬 분비를 촉진시킬 수도 있습니다. 5분의 스트레칭으로 나머지 35분 수업에 집중할 수 있다면 하지 않을 이유가 없습니다.

종 활용하기

요즘 종이 없는 학급도 많습니다. 단독 교실을 사용한다면 교탁 위에 종을 둡니다. 할리갈리를 할 때 사용하는 작은 종이 적당합니다. 이런저런 집중구호가 지겨울 때면 클래식하게 종을 한 번 쳐줍니다.

종을 칠 때 주의할 점은 '한 번만 치고 기다리기'입니다. 종을 치고 나서 학생들이 집중할 때까지 기다립니다. 종을 침과 동시에 말을 추가로 덧붙이지 않습니다. 종을 친 후에는 집중할 때까지 조용히 학생 한 명 한 명을 바라보면서 기다려주세요.

해도 해도 안 되겠다 싶을 때는 한국말 구호

초등학교 어느 학급에나 통용되는 집중구호가 있습니다. 교사가 "○학년!"이라고 외치면 학생들이 "○반!"이라고 외치는 것도 그중 하나입니다. 교사가 "선생님을!", 학생들이 "보세요."라고 말하거나 "박수 ○번 시작!"으로 할 수도 있습니다. 집중하지 못하고 아까운 시간이 흘러가는 것보다 빨리 수업에 집중시키는 것이 낫겠다 싶을 때 한국어 구호를 사용합니다.

기본 중의 기본, 학생 이름 부르기

여러 가지 구호보다 집중하지 못하는 학생 한두 명의 이름을 따뜻하며 묵직한 목소리로 불러주는 것이 효과적일 때가 있습니다. 교과전담 교사로 일주일에 2번 또는 3번 만나면서 모든 학생의 이름을 외운다는 것은 어렵습니다. 하지만 약간의 노력만 있다면 할 수 있습니다.

학기가 시작될 때 담임교사에게 명렬표 및 자리 배치표를 받습니다. 수업 중 자리 배치표를 보면서 꾸준히 학생의 이름을 불러줍니다. 이름을 거의 다 외울 때까지는 자리가 바뀔 때마다 자리 배치표를 새로 수정해야 합니다. 반복하다 보면 어느새 자리 배치표를 보지 않고도 이름을 부르게 됩니다.

무엇보다 중요한 건 집중할 수 있는 수업의 흐름입니다. 수업 설계가 잘되어 있다면 한 차시 수업이 진행되는 내내 집중구호는 필요 없을 것입니다. 혹시 집중구호를 자주 외쳐야 할 정도로 수업의 흐름이 끊기고 있나요? 그렇다면 수업이 어떻게 디자인되어 있는지를 먼저 살펴야 합니다.

수업에 문제가 있어서 집중을 못 하는데, 온갖 집중구호를 한들 배움이 이루어지지 않습니다. 그러나 집중하지 못하는 학생이 극소수라면 걱정할 필요가 없습니다. 모든 학생을 만족시킬 수 없는 것과 마찬가지로, 모든 학생을 집중시키는 수업은 거의 불가능하니까요.

06 학습지 정리하기

공책만 사용하면 좋겠지만, 다른 교과처럼 영어 시간에도 학습의 효율성을 위해 다양한 종류의 학습지가 학생들에게 배부됩니다. 학습지는 주로 A4의 절반 크기로 제작해서 배부하는데 영어 시간 내에서 사용하는 학습지는 다음과 같이 5가지 종류가 있습니다.

종류 1. 핵심 표현 정리 학습지
종류 2. 활동용 학습지
종류 3. 노래 학습지
종류 4. 단어 시험지
종류 5. 단원평가 시험지

여기서 종류 2는 게임이나 활동을 하면서 사용했던 학습지이므로 과감히 재활용 종이함에 넣게 합니다. 나머지 학습지는 추후 학습을 위해 정리하게 합니다.
그렇다면 학습지 정리를 어떻게 지도하면 좋을까요? 학습지 정리는 다음의 5가지로 예를 들 수 있습니다.

방법 1. 자유롭게 보관하기
방법 2. 공책에 붙이기
방법 3. 고리로 묶기
방법 4. L자 파일에 넣기
방법 5. 클립 활용하기

첫 번째 **자유롭게 보관하는 방법**은 학생들에게 맡기는 것입니다. 추후 학습을 위해 알아서 정리하라고 합니다. 정리를 잘하는 학생들은 자신만의 방법으로 깔끔하게 학습지를 모아가겠지만, 다수 학생은 책이나 공책 사이에 학습지를 끼워서 들고 다니다가 복도에 흘리거나 너덜너덜하게 됩니다.

두 번째 **공책에 붙이는 방법**은 공부한 순서대로 공책에 붙여나가므로 좀 더 정리가 수월합니다. 공책에 붙이기 위해서는 풀과 붙일 시간이 필요합니다. 학생들이 두 번째 방법으로 정리하길 바란다면 수업 시간이 끝나기 전에 일정 시간을 할애해서 학습지를 붙이게 지도해야 합니다.

풀과 시간이 필요하다는 점과 붙이다 보면 공책이 두꺼워지고 전에 붙인 학습지가 밑에 깔려 있어 공책에 필기하기 어려워지는 단점은 있습니다. 단점을 해결하려면 학생들이 숙달할 수 있게 초반에 도와주고 공책의 왼쪽 면에만 학습지를 붙이게 해야 합니다.

세 번째 **고리로 묶는 방법**은 학습지에 작은 구멍을 내서 고리를 끼우는 것입니다. 학습지를 배부하기 전 모서리 쪽에 펀치로 구멍을 뚫어 주면 학생들이 학습지를 고리에 걸어서 모아나갑니다. 학습지에 구멍을 뚫어서 나눠주므로 교사의 시간과 노력이 필요하다는 점과 고리 사용법을 처음에 익혀야 하는 단점이 있습니다.

고리는 플라스틱과 쇠 2가지가 있는데 둘 다 장단점이 있습니다. 플라스틱 고리는 다루기 쉽지만 느슨해지거나 부러지기 쉽고, 쇠 고리는 내구성이 좋지만 열기 힘들어 적응하는 데 시간이 걸립니다. 어떤 재질이든 간에 고리 끼우는 방법을 초등학생 눈높이에서 자세히 알려줘야 합니다.

더불어 앞뒤 표지 역할을 할 수 있도록 얇은 OHP 필름이나 PVC 북커버를 절반 잘라 구멍을 뚫어 나눠주면 좋습니다. 가장 깔끔하게 학습지를 모아나갈 수 있지만 오래전 배부한 학습지들은 구멍이 낡아지면서 찢어질 때가 간혹 있습니다. 이점까지 고려해서 지도해야 합니다.

네 번째는 **L자 파일 등 파일 보관함**을 들고 다니게 하는 것입니다. 파일을 보관할 수 있는 여러 가지 파일철이 있지만, L자 파일을 많이 씁니다. 부피가 크지 않고 학습지를 넣는 데 시간이 걸리지 않기 때문입니다. L자 파일 가격이 저렴하므로 보통은 학습준비물 등의 예산으로 일괄 구매하여 나눠주고 사용하게 합니다.

학습지의 양이 점점 많아지면 L자 파일이 두꺼워지면서 잘못 떨어뜨렸을 때 학습지가 모두 쏟아지는 단점이 있습니다. 순서대로 정리하지 못하기 때문에 뒤죽박죽되기도 합니다.

마지막 방법은 **집게 모양의 클립**을 활용하는 것입니다. 철제 클립을 하나씩 배부하고 차곡차곡 학습지를 모으게 합니다. 가격이 저렴하고 큰 노력이 필요하지 않다는 장점이 있습니다. 그렇지만 클립을 자주 잃어버리는 학생들이 있습니다. 이럴 때 다시 줄 수 있도록 클립이 넉넉히 있어야 합니다.

위에서 나열한 다섯 가지의 방법은 모두 장단점이 있습니다. 이렇게 정리시키는 데 시간과 노력이 들어가니 학습지를 최대한 만들지 않는 것이 방법 아니냐고 반문할 수도 있겠지만, 이것도 쉽지는 않습니다. 교사와 학생의 성향에 따라 위의 다섯 가지 방법 중 선택할 수 있고, 여기서 소개한 것 이 외에 더 기발한 방법이 있을 것입니다.
학습지를 정리시키는 것도 자기 주도적 학습을 이끌기 위한 습관 만들기이자 영어 학습을 효율적으로 도와주는 방법이므로 시간과 노력이 들더라도 해야 합니다.

07 교실 영어 늘리기 전략

처음 영어 교과전담을 맡았을 때 가장 먼저 든 생각은 "내가 영어로 수업을 어떻게 하지?"였습니다. 영어라고는 수능 영어까지 '글'로 공부한 기억밖에 나질 않았습니다. 그마저도 영어를 썩 잘하진 못했습니다. 더군다나 원어민과 대화해 본 기억도 다섯 손가락으로 세고 남을 정도라 원어민 강사와의 소통도 문제였습니다.
당시에는 소위 '어륀지 교육'이라면서 영어 몰입식 교육이 공교육 현장에 파도처럼 밀어닥쳤습니다. 오렌지를 오렌지로 배운 내가 어떻게 어륀지로 가르치나 싶었습니다. 지금도 많이 부족하지만, 그때는 영어 벌거숭이였습니다. 그때 제가 했던 방법들을 소개합니다.

교과서 지도서의 영어 표현을 옮겨 적어보세요

처음 영어 전담교사를 시작했을 때입니다. 영어로 영어를 가르쳐야 한다는 압박은 있고 영어 실력은 모자라서 두려웠습니다. 그래서 교과서의 빈 곳에다가 지도서에 나와 있는 영어 표현을 빼곡히 옮겨 적었습니다. 여백이 부족하면 포스트잇을 동원해서 적기도 했습니다. 수업을 시작할 때 학생들과 나누는 small talk 내용부터 시작해서 마지막 수업을 마무리할 때 사용할 표현까지 적었습니다.
첫 영어 교담을 큰 학교에서 시작했기에 지도서에 깨알같이 적은 영어 표현을 일곱 개 반에 걸쳐 사용했습니다. 미리 읽어보며 외우고 수업을 들어갔음에도 처음 2~3개 반까지는 살짝 보면서 말해야 했습니다. 그리고 나머지 반은 거의 외워서 할 수 있었습니다. 이렇게 반복하다 보니 외우고 있는 영어 표현이 늘어나기 시작했고, 교과서에 옮겨 적는 영어 표현 개수가 줄기 시작했습니다.

오프라인 영어 연수에 참석해보세요

장소, 시간에 구애받지 않고 온라인 영어 연수를 들을 수도 있지만, 오프라인 영어 연수 기회가 있다면 놓치지 않고 신청하길 권합니다. 연수생들이 현장 교사들이라 고민거리가 비슷하고, 강사도 현장 교사가 많아 그들의 경험을 얻어갈 수 있습니다. 연수에서 활동을 설명할 때 어떤 어휘나 표현을 사용하는지 집중해서 들어보세요. 경험 많은 선배의 교실 영어 노하우를 획득할 수 있는 기회입니다.

출근길에 영어 라디오 방송을 들어보세요

저처럼 워킹맘이라면 출근길 시간조차 아껴 써야 할 때가 있습니다. 영어 실력을 늘리기에 출근길은 최적의 조건입니다. 공영으로 운영되고 있는 영어 라디오 방송이 지역마다 있습니다. 차량 내 라디오 주파수는 늘 영어 방송에 맞춰두고 출근길에 들어보세요. 라디오 영어 방송이 좋은 점은 발음이 명확하고 잘 들리는 것입니다. 주로 나오는 내용은 교통정보, 어제 있었던 주요 뉴스 등입니다. 뉴스는 날마다 달라서 다양한 어휘나 표현을 익힐 수 있습니다.

나 혼자 운전하는 차라면 큰 소리로 듣고 영어 발음도 소리 내서 따라 합니다. 혼자 발음 공부하기 최적의 공간입니다. 출근길에 영어를 듣는 것은 학교에 영어를 가르치러 가는 길이므로 일종의 준비 의식이기도 하고, 어제 있었던 뉴스에 관한 내용을 기억했다가 원어민 강사에게 "이런 일이 있었다던데 알고 있나요?" 하면서 말 한마디 걸 수 있는 수단이기도 합니다.

운전하지 않는다면 라디오 앱을 켜고 들으면서 속으로 따라 해봅니다. 버스나 지하철을 타고 간다면 손으로 스마트폰을 조작할 수 있으니 유튜브로 영어 공부를 해도 좋습니다. 그러나 유튜브를 보다가 다른 영상으로 샐 수 있으니 각종 교육연수원의 영어 원격연수를 신청해서 모바일로 수강하길 권장합니다. 유튜브보다 내용, 문법이 정선되어 있고 연수 시간까지 채울 수 있습니다. 꾸준함을 이기는 것은 없습니다. 매일 듣다 보면 어느새 귀가 트게 됩니다.

원어민 선생님을 활용하세요

학교에서 근무하는 원어민 영어 보조교사의 계약서는 지역마다 다를 수 있지만 대부분 비슷합니다. 계약서의 조항을 보면 영어 수업, 수업 자료 제작, 캠프 등을 해야 하고 '한국인 교사 및 학생에 대한 영어 회화 교육을 실시한다.'까지 들어 있습니다. 엄청난 예산을 들여 고용하기에 학생들뿐 아니라 교사들도 원어민 강사를 적절히 활용해서 영어 실력 향상을 도모해야 합니다.

먼저 원어민 강사의 영어 표현을 귀 기울여 들어보세요. 원어민 강사와 협력 수업을 한다면 수업 시간에 원어민 강사가 학생들에게 어떻게 설명하는지 집중해서 들어봅니다. 종종 내가 장황하게 설명했던 말을 원어민은 간단히 쉽게 설명하곤 합니다. 그런 표현을 잘 기억해두었다가 수업에서 말해보세요.

원어민 강사를 활용해서 내 영어 실력을 더 향상하고 싶다면 영어 회화 책을 한 권 사세요. 이왕이면 패턴 영어 회화책이 좋습니다. 그중 하나를 골라 그 패턴대로 하루에 하나씩 영어 표현을 원어민한테 써보세요.

주변에 원어민이 없다면 유튜브에서 미국은 수업을 어떻게 하는지 시청하세요. 한국과 마찬가지로 미국에도 교사 유튜버가 많습니다. 이들의 영상을 보면 교실 관리, 수업 관리 등에 관한 무수히 많은 표현을 들을 수 있습니다. 미국에서도 선생님들은 학생들이 제대로 알아듣도록 또렷또렷하게 말합니다.

유튜브 동영상이 재생될 때 단축키 C를 눌러 영어 자막을 켜서 들어 봅니다. 유익한 표현은 메모해뒀다가 수업에 써보면 더 좋습니다.

인스타그램, 블로그 등 SNS에서도 영어 공부를 하세요

야나두, 해커스 영어 등 잘나가는 영어 업체들을 포함하여 영어 강사로 성공하고 싶은 사람들이 홍보를 위해 SNS를 합니다. 광고만 하면 팔로우 수가 떨어지기 때문에 영어 회화 표현을 많이 올립니다. 그렇게 학생들이 영어 공부를 위해 유입되고 그들은 광고 효과를 봅니다. 이를 이용해서 공부해봅니다. 인스타그램이나 페이스북에는 카드 뉴스 형태로 영어 표현을 공부할 수 있게 올라옵니다.

틱톡처럼 짧은 영상도 물론 있습니다. 이들의 SNS를 구독하면 지인들의 SNS를 구경하다가 중간에 한 번씩 영어 표현을 보게 됩니다. 그렇게 잠깐의 시간에 영어 공부를 하는 겁니다. 짧고 잠깐 보는 것이라 부담 없이 할 수 있습니다.

블로그를 한다면 영어 공부 내용을 포스팅하는 양질의 블로그를 구독하는 것도 좋습니다. 블로그도 인스타그램, 페이스북처럼 실시간 피드로 스크롤을 내려가면서 볼 수 있습니다. 지인들의 블로그를 보다가 가끔 보이는 영어 학습 포스팅을 클릭해봅니다. 블로그 특성상 인스타그램, 페이스북보다 더 정성껏 글을 써두었기 때문에 영어 공부에 도움이 됩니다.

페이스북, 인스타그램 등에서 영어권 외국인을 팔로우하는 것도 도움이 됩니다. 그들이 실제 생활에서 무엇을 하고 사는지, 어떤 생각을 하는지를 자연스럽게 영어로 읽게 됩니다.

수업 준비 자료를 영어로 검색해서 찾아보세요.

구글이나 위키하우에 영어로 검색해서 수업 자료를 찾아보면 좀 더 자연스러운 영어를 익힐 수 있습니다. 예를 들어 작은 종이배를 만드는 수업이라면 'How to make a paper boat.' 등으로 검색합니다. 검색어를 영어로 넣었기 때문에 만드는 방법도 영어로 나오고, 이 영어 표현을 조금만 쉽게 다듬으면 수업에 사용할 수 있습니다. 읽어보고 초등학생이 알아듣기 쉽게 고쳐가면서 교수용 영어 실력이 한층 더 성장할 수 있습니다.

파파고, becorrect, corpus 등의 사이트를 활용하세요

교실 영어책을 한 권 구매해서 읽어보는 것도 좋지만 AI, 빅데이터 기반의 사이트를 활용하여 당장 내가 알고 싶은 영어 표현을 찾아봅니다. '수업 시간에 이렇게 말하고 싶은데 영어로 어떻게 하지?'라는 생각이 들 때 바로 파파고를 켜서 검색합니다. 파파고에서 검색한 내용은 학생들 앞에서 여러 번 반복하다 보면 결국 내 것이 됩니다. 물론 파파고가 완벽하지 않으므로 문장이 자연스러운지, 주어와 목적어가 제대로 번역된 것인지 확인을 거쳐야 합니다.

'영어로 이렇게 말하고 싶은데 문법적으로 맞나?'라는 생각이 들 때는 becorrect 사이트를 방문하거나 Grammarly를 활용합니다. becorrect 사이트는 빈 공백에 문장을 작성하면 바로 문법을 검토해줍니다. 어느 부분, 왜 틀렸는지 알려주기에 문법 공부하기에도 좋습니다. 다만 더 많은 기능을 이용해 첨삭을 받고자 하면 유료로 구독해야 합니다.

'원어민들은 이런 때 어떤 표현을 더 많이 쓰지?'라는 궁금함이 들 때 corpus를 제공하는 사이트를 방문합니다. corpus를 알기 위해 많이 방문하는 사이트는 코카(henglish-corpora.org/coca), 스켈(skell.sketchengine.eu), 롱맨사전(ldoceonline.com)입니다.

단어 2개를 입력해서 어떤 것의 빈도가 더 높은지, 단어가 구어 또는 문어 중 어디에서 더 많이 사용되는지, 해당 단어와 함께 쓰이는 단어는 무엇이 있는지, 그 단어와 함께 쓰이는 단어 중 가장 빈도가 높은 것은 무엇인지 등을 검색할 수 있습니다.
위에서 언급한 corpus 사이트 활용법은 따로 공부하여 익히길 추천합니다. 활용법이 무궁무진해서 책 한 권을 쓸 수 있을 정도입니다. 수업 계획부터 평가에 이르기까지 여러 곳에 활용할 수 있습니다.

실제 수업에서 사용할 표현 위주로 공부하세요

나에게 어려운 영어 표현은 초등학생에게 더 어려운 법입니다. 영어를 영어로만 설명하다가 남들도 다 같이 못 알아듣고 있는데 나만 못 알아듣는 것은 아닐까 하는 학생들의 좌절감만 커질 수 있습니다.
교사의 영어 실력을 한 단계 높이기 위해 많은 단어를 학습하는 것은 물론 바람직합니다. 하지만 우리가 가르치는 대상은 '초등학생'이며 EFL 학습자임을 기억해야 합니다. 보통 어려운 단어보다 쉬운 단어로 말할 때 초등학생은 집중을 더 잘합니다. 쉬운 단어로 대체할 수 없는 표현도 분명 있지만, 수업을 위한 영어 표현은 쉬운 단어로 간결하고 명료하게 표현해주세요. 나 자신의 만족이 아니라 영어를 잘 가르치려고 공부하기 때문입니다.
교실 영어는 교사만 공부하는 것이 아니라 학생들도 공부해야 합니다. 가랑비에 옷 젖듯이 학생들이 시간마다 1문장씩 교실 영어를 학습하게 하세요. 영어는 아는 만큼 들립니다. 내가 유창한 교실 영어를 해봐야 이해 가능한 수준의 입력(comprehensible input)으로 작용하지 못한다면 소용없습니다.

08 이렇게 했더니 실패

이 책의 앞부분에 이런저런 나름 성공적이었던 경험과 조언을 소개했다면, 여기서는 실패한 경험을 허심탄회하게 늘어놓고자 합니다. 읽다 보면 '아, 나도 저런 경험이 있는데.' 하는 공감과 '나는 저러지 말아야지.' 하는 교훈을 동시에 느낄 수 있습니다.

실패담 1. 아이들이 보기에 흥미로우면 최고의 수업 아이템?

태국 여행을 가서 사 온 예쁜 보드게임용 말(marker)이 있었습니다. 이 제품은 보드게임용 말로 판매된 것은 아니었지만 제 눈에는 말로 쓰기 딱 맞았습니다. 고이 한국까지 모셔온 후 영어 시간에 보드게임을 위해 게임용 말로 나눠주었습니다. 이전에는 지우개나 연필 뚜껑 등을 말로 썼다면 아기자기하게 예쁜 게임용 말로 재미를 더해주고 싶었죠.

그런데 게임용 말이 정말 흥미로웠나 봅니다. 보드게임을 하면서 영어 표현을 익히는 것이 주가 되어야 하는데 게임용 말을 만지작거리고 노는 일에 더 집중하더라고요. 어찌나 좋아하던지 "선생님, 저 이거 하나만 가지면 안 돼요?"라고 묻는 학생이 많았고, 그렇게 물 건너 바다 건너온 아이템은 제 책상 속에 영원히 갇히게 되었습니다.

이 일을 계기로 보드게임용 말은 이 책에서도 소개했다시피 EVA폼 사각막대를 자른 아주 단순한 모양으로 통일했습니다. 수업 시간에 사용하는 소품이 학생들의 호기심을 자극한다고 다 좋은 것이 아님을 배웠습니다.

실패담 2. 게임을 배울 것인가, 영어를 배울 것인가

한참 영어 학습 게임을 제작할 때는 어떤 게임이든 다 영어에 적용할 수 있겠다 싶었습니다. 각종 보드게임을 볼 때 영어 시간에 어떻게 써볼까 생각하곤 했죠. 그러다가 'Simsons Clue'라는 게임을 발견했습니다.

원조 심슨 클루 게임의 목적은 만화 심슨(The Simsons)에 나오는 캐릭터로 방을 돌아다니면서 '어떤 방에서 어떻게 범죄를 행했는지' 밝혀내는 것입니다. 여기에서 아이디어를 얻어 bedroom, kitchen, bathroom, living room 등을 배울 때 사용할 수 있는 보드게임으로 바꿨습니다. 게임판도 재미있어 보였고 논리적으로도 잘 맞았습니다. 패턴을 유지하면서 영어 문장을 다양하게 구사할 수 있는 점도 참 마음에 들었습니다.

나름 잘 구조화된 보드게임을 완성했다고 자만하면서 학생들 앞에서 이 게임을 소개했는데 바로 첫 시간부터 좌절했습니다. 가장 큰 문제는 게임을 이해하기 어렵다는 점이었습니다. 저로서는 흥미로웠지만 학생들에게는 복잡하기만 한 게임이었던 것이죠. 게임의 부속품도 많아 사용법을 익혀야 하고 무엇인가를 반복적으로 추리해나가야 하니 학생들에게는 부담이었습니다.

고생해서 만들었지만 한 해 사용한 후 눈물을 머금고 구석에 넣어두었습니다. 이후 영어 연수에서 만난 한 고등학교 선생님께서 이 게임 이야기를 들으시고 굉장히 탐내하셔서 한 세트를 제외하고 모두 드렸습니다. 네, 맞습니다. 고등학생들이나 할 법한 어려운 학습 게임이었습니다. 학습 게임을 수업에 적용할 때는 학생 수준을 꼭 고려하세요.

실패담 3. 게임과 학습의 어색한 만남

위에서 말한 뼈아픈 경험으로 복잡한 학습 게임을 더는 만들지 않았습니다. 학생 관점에서 쉬운 활동이어야 설명하는 시간을 아끼고 학생들의 학습 시간을 늘린다고 생각했기 때문입니다.

그러던 어느 날 'Blockers'라는 게임을 보게 되었습니다. 단순한 규칙, 학생들이 흥미로워할 만한 요소에 반해 이걸 어떻게 영어 활동으로 연결할 수 있을까 고민했습니다. 그래서 재탄생한 영어 수업용 블로커스 게임. 첫 시간부터 인기였습니다. 학생들뿐만아니라 저도 만족스러웠죠. 게임을 위한 블록을 코팅하고 자르면서 학생들이 즐거워할 모습에 전혀 수고스럽지 않았습니다.

장시간 저의 노력을 투자해서 만들었고 게임도 쉬웠지만, 결과적으로 지금은 쓰지 않고 있습니다. 효율성이 떨어지기 때문이었죠. 부속품은 낡아서 계속 새롭게 출력해서 코팅하며 오려야 하고, 접착용 풀을 제공해야 할 뿐만 아니라 게임 속에 영어가 있지 않고 별도로 읽기 학습지를 제공해야 해서 뭔가 어색했습니다. 자연스럽게 배움이 일어날 수 있는 학습 게임이라고 볼 수는 없었죠. 게임과 학습이 어색하게 만났다고나 할까요. 효율성은 당연히 낮고 학습 효과조차 떨어진다고 생각하니 더는 사용할 수가 없었습니다.

실패담 4. 즐겁기만 하고 배움이 없지는 않았나요

처음 영어 교담을 맡고 나서 두려움이 컸지만, 저에게는 초등교사들의 커뮤니티 '인디스쿨'이 있었습니다. 인디스쿨에서 영어 자료를 검색하여 이것저것 내려받아 수업에 사용했습니다. 마리오 게임, 폭탄 게임 등은 저의 애용품이었습니다. 파워포인트 자료만 있으면 다른 준비물 없이 학생들을 즐겁게 할 수 있었죠.

모둠 대항으로 신나게 게임을 하고 수업을 마치면 스스로 '오늘도 수업 참 잘했다.' 싶었습니다. 영어 수업 준비도 편하고, 학생들도 만족하고 나도 뿌듯한 수업이라 평생 영어교담을 하고 싶다, 초등영어수업 별거 없다 싶었습니다.

그러나 제가 놓친 부분이 있었습니다. 바로 '느린 학습자'였습니다. 당시에는 초등학생도 중간고사, 기말고사를 보았는데 학생들의 시험지를 채점하다 보니 느린 학습자의 결과에 반성하게 되었습니다. 세밀하게 활동을 계획하지 못한 탓에 전체 게임, 모둠 대항 게임을 많이 하면서 잘하는 학생들만 참여하고 느린 학습자들은 방치되었던 것입니다.

학원이나 어학원은 수준별로 반 편성이 되어 있을 때가 많습니다. 반면 국공립학교는 학습자들의 수준이 다양하게 섞여 있어서 교사들이 수업을 치밀하게 디자인하지 못하면 한 손으로 모래를 들어 올리는 것과 같습니다. 스르르 손가락 사이를 빠져나가는 모래처럼 수업에 배움이 없는 거죠. 재미가 우선인가요, 학습자들의 배움이 우선인가요? 수업이 아니라 교단 위에서 '쇼'를 하진 않았나요?

'교단 위의 광대'라는 역할도 때로는 필요하지만 학생들의 배움이 자연스럽게 일어날 수 있는 수업 설계가 우선되어야 합니다. 모두를 만족시킬 수 있는 수업이란 존재하지 않지만 적어도 누군가가 방치되는 수업 활동은 계획하지 않아야 합니다.

09 클래식한 단어 시험, 단원평가

과거에는 학습을 마치고 나서 평가를 했습니다. 평가 결과로 어느 정도 학업 성취를 이루었는지 판단했는데 최근에는 과정 중심 평가가 강조되고 있습니다. 학습으로서의 평가, 학습을 위한 평가라고 말합니다. 모든 학습이 끝난 후 결과를 따지기보다 학생의 학습이 점점 나아지게 수시로 과정 안에서 평가하는 것입니다. 이에 따라 평가 후 피드백이 중요해졌습니다.

저는 수시로 평가하고 학습하는 것을 좋아합니다. 게임 활동 중에는 체크리스트로 평가하고 학생 행동 중 발전적인 점이 있다면 꼼꼼히 기록합니다. 평가에 있어 다양한 도구를 활용하지만 하나의 단원을 가르칠 때 앞과 뒤에 꼭 하는 것이 있습니다. 앞에서 하는 것은 단어시험이고 뒤에서 하는 것은 단원평가입니다.

단어 시험

첫 수업을 하기에 앞서 교과서와 지도서를 살펴보면서 1년간 학습해야 할 필수 단어를 추립니다. 단어를 정리하여 1쪽짜리 학습지로 만들어서 모든 학생에게 배부하고 교과서 표지 안쪽에 학습지를 붙이게 합니다.

한 단원의 1차시에서 단어를 새로 배웠다면 다음 차시에서는 단어 평가를 봅니다. 단어 시험을 보는 날, 수업 시작과 동시에 단어 공부를 할 시간을 5분 정도 줍니다.

보통 느린 학습자는 단어 공부를 안 해온 경우가 많습니다. 그 5분이 단어 공부의 전부일 수도 있습니다. 느린 학습자가 하나의 단어라도 더 외우길 바라는 마음으로 공부 시간을 주고 단어 시험을 봅니다. 시험 볼 때는 학습한 단어가 총 10개일지라도 5개 정도로 제한합니다. 시험이 시작하면 느린 학습자 중 한 명에게 "○○아, 넌 무슨 단어를 외웠니?"라고 대놓고 묻기도 합니다. 어떤 단어를 외웠다고 하면 바로 그 단어를 시험 문제로 냅니다. 물론 학생과 교사 간 라포가 형성되어 있어야 가능합니다.

< 4학년 단원별 단어목록 >

< 1급 >
알파벳 대문자
A B C D E F G H I J K L M N O P Q R S T U V W X Y Z
알파벳 소문자
a b c d e f g h i j k l m n o p q r s t u v w x y z

2급(1단원)
① morning 아침
② afternoon 오후
③ evening 저녁

3급(1단원)
① fox 여우
② fan 선풍기
③ van 승합차
④ vase 꽃병

4급(2단원)
① father 아빠
② mother 엄마
③ brother 남자형제
④ sister 여자형제

5급(2단원)
① grandfather 할아버지
② grandmother 할머니
③ zebra 얼룩말
④ sad 슬픈

6급(3단원)
① time 시간
② lunch 점심
③ homework 숙제
④ class 수업, 반

7급(3단원)
① bed 침대
② dad 아빠
③ hit 치다
④ sit 앉다

8급(4단원)
① firefighter 소방관
② singer 가수
③ cook 요리사
④ teacher 교사

9급(4단원)
① dancer 댄서
② doctor 의사
③ leg 다리
④ bag 가방

10급(5단원)
① umbrella 우산
② shoe 신발
③ watch 손목시계
④ cap 모자

11급(5단원)
① jacket 외투
② fun 재미있는
③ gum 껌
④ ham 햄

12급(6단원)
① Sunday 일요일
② Monday 월요일
③ Tuesday 화요일
④ Wednesday 수요일

13급(6단원)
① Thursday 목요일
② Friday 금요일
③ Saturday 토요일
④ map 지도

14급(7단원)
① badminton 배드민턴
② baseball 야구
③ basketball 농구
④ soccer 축구

15급(8단원)
① in ~안에
② on ~위에
③ under ~아래에
④ where 어디에

16급(9단원)
① touch 만지다
② push 밀다
③ line up 줄서다
④ be quiet 조용히 하다

17급(10단원)
① skirt 치마
② glove 글러브
③ sweater 스웨터
④ hundred 백

18급(11단원)
① read 읽다
② clean 청소하다
③ wash 씻다
④ play 놀다

3학년 __반 __번 이름 : ______________

①

②

③

④

⑤

※부모님 확인란

다음(10월24일 화요일)
받아쓰기는 6단원입니다.

(1년간 공부할 단원별 단어 목록과 시험지)

이렇게 반복하면 영어 단어 시험 전에 ○○이에게 어떤 단어를 외우라고 주문하는 학생도 가끔 보입니다. 이렇게라도 해서 느린 학습자가 단어 하나라도 외우길 바라는 마음으로 꾸준히 단어 시험을 봅니다.
단어 시험이 끝난 후에 채점은 교사가 합니다. 그래야 학생 수준을 파악할 수 있기 때문입니다. 채점 결과는 따로 학생 기록일지에 옮겨두고 다음 수업 시작할 때 채점한 시험지를 나눠줍니다. 틀린 단어는 숙제로 3~5번 시험지 위에 반복해서 적어오게 합니다.

단원평가

단원 학습이 끝난 후에는 배운 내용을 점검하기 위해 단원평가를 봅니다. 검정교과서마다 다르지만 'Check-up' 또는 'Review' 등 마지막에 복습하는 부분이 있습니다. 이 부분까지 공부하고 나서 단원평가를 봅니다.
단원평가의 문항은 10문항일 수도 있고 학습 내용에 따라 더 늘어날 수도 있습니다. 단원평가가 일제식 시험이고 과정 중심 평가의 흐름에 맞지 않으니 지양해야 하지 않냐고 물을 수도 있습니다. 단원평가를 수행평가 계획과는 별도로 실시하는데, 정기적으로 단원평가를 하면 얻을 수 있는 장점이 3가지 있습니다.
첫째, 학생들의 현재 학습 상태를 파악할 수 있습니다. 가르친 내용을 한참 뒤에 평가하는 것이 아니라 단원이 끝나자마자 해당 부분을 평가함으로써 얼마나 잘 배웠는지 확연히 알 수 있습니다. 학생들의 학업 성취 정도에 따라 해당 단원을 보충 수업할지도 결정합니다. 흔하게 나타나는 철자나 문법 오류는 단원평가 다음 시간에 바로 가르칩니다.
둘째, 학생들은 자신이 알고 있는 것과 모르는 것을 분명히 깨달을 수 있습니다. 어떠한 방식이든 평가를 하지 않으면 자신이 어느 정도 알고 있는지 파악이 어렵습니다. 단원평가는 스스로 학업 성취를 점검해볼 기회가 됩니다.
셋째, 피드백을 통해 배울 수 있습니다. 단원평가 결과는 점수만 받고 끝나지 않습니다. 과정 중심 평가에서 강조하는 것처럼 학습을 위한 평가가 되어야 하므로 바로 피드백을 제공합니다. 여러 학생이 틀린 부분은 시험지 배부와 동시에 언급하며 다시 가르칩니다.
일부 학생만 틀린 문제라면 개별 지도합니다. 개별 지도라고 해서 특별한 것은 아닙니다. 채점 과정 중 시험지에 펜으로 설명을 적어주거나 시험지를 나눠주면서 한번 언급해줍니다. 채점한 시험지는 오답 정리를 시킵니다. 틀린 문제의 답을 고치게 하거나 공책에 옮겨 적게 합니다.

줄서기 활동 Line-up Activity

공부할 단원에서 익혀야 할 핵심 문장을 칠판 또는 TV 화면에 띄워놓습니다. 학생들은 교사 앞에 줄을 섭니다. 교사가 묻는 말에 학생은 답합니다. 예를 들어 '좋아하는 것 말하기'를 배우고 있다면 교사가 "What is your favorite subject?"로 묻고 학생은 "My favorite subject is science."로 답할 수 있습니다. 답을 제대로 말했다면 자리에 가서 앉고 제대로 하지 못했다면 줄 맨 뒤로 가서 선 후 다시 학습합니다.

두 차례 연속 대답을 틀리는 학생에게는 티 나지 않게 힌트를 주어서 답을 제대로 말하게 하거나 교사가 불러주는 문장을 따라 말한 후 자리에 가서 앉게 합니다. 이 활동의 목적은 창피함, 좌절감을 주기 위함이 아니라 영어 표현 하나라도 더 익히길 바라는 것이기 때문입니다.

공책 검사

학년 초 학생들에게 영어 공책을 준비하게 합니다. 학기 초반에 자기 이름을 영어로 쓰는 법을 학습하고 공책의 앞에는 꼭 자기 이름을 영어로 크게 쓰도록 합니다. 수업 시간에는 1회 이상 공책을 펼쳐서 핵심 단어, 표현 등을 쓰게 합니다. 느린 학습자는 영어 공책의 4선에 익숙하지 않아 시간이 오래 걸릴 수도 있습니다.

수업 활동에서 공책을 자주 사용하기 때문에 수시로 검사합니다. 수업 내 쓰라고 한 내용을 제대로 적었는지, 수업 활동 중 말한 부분을 제대로 이해하고 있는지 확인합니다. 공책에 쓴 문장 몇 개만 읽어도 학생의 수준을 알 수 있습니다. 공책의 앞부분부터 뒷부분까지 보다 보면 학생의 발전 정도도 알 수 있어서 꼼꼼히 검사합니다.

포트폴리오

핵심 표현을 활용한 쓰기 작품 만들기를 매 단원에서 합니다. 이렇게 완성된 학생들의 쓰기 작품을 일정 기간 전시했다가 후에 개인별로 정리합니다. 차곡차곡 모으면 포트폴리오 형식으로 '쓰기 영역' 평가를 할 수 있습니다. 학생의 변화 모습을 살필 수 있기에 과정 중심 또는 성장 중심 평가로 좋습니다.

시간적 여유가 된다면 'Class Dojo' 프로그램을 활용하여 온라인상에 학생들의 포트폴리오를 만듭니다. 학생 개별 포트폴리오에 사진, 파일, 글 등을 남길 수 있습니다.

체크리스트

체크리스트는 관찰 평가, 수시 평가의 단짝입니다. 주로 기록하는 내용은 다음과 같습니다.

① 단어 시험 결과, 단원평가 결과
② 수업 활동 중 학생 행동
③ 기타 학생 행동

수업 활동 시에 열심히 순회 지도하며 학생 활동을 숫자(1~5) 또는 ◎○△(상, 중, 하)로 간략히 기록합니다. 시간 여유가 있을 때는 학생들이 어려워하는 것, 잘하는 것도 함께 기록합니다.
차시마다 꾸준히 하면 좋지만, 관찰하고자 하는 행동을 명확히 정해서 하는 것도 추천합니다. 예를 들어 does, do의 사용에 대해 배웠다면 학생들이 말하기 활동에서 실제로 해당 표현을 바르게 사용하고 있는지만 기록하는 것입니다. 다른 문법 실수는 제쳐 두고 평가하고자 하는 행동만 집중적으로 관찰, 기록합니다.

진단평가

학년 초가 되면 거의 모든 학교가 진단평가를 봅니다. 진단평가를 통해 현재 학생의 수준을 파악하고 학습 결손이 우려되면 보호자의 동의를 구해 따로 보충지도를 합니다. 진단평가 전에 미리 담임교사에게 양해를 구해 채점을 자원해보길 추천합니다. 직접 학생 시험지를 채점하는 과정에서 학생들이 무엇을 어려워하는지, 어느 정도 수준인지 체감할 수 있습니다.
진단평가를 통해 미리 배려해야 할 느린 학습자가 누구인지 파악할 수 있어서 수업 계획을 세우는 데 크게 도움이 됩니다. 다만 4~6학년은 전년도에 학교에서 영어를 공부했기 때문에 진단평가를 보지만 3학년은 영어 진단평가를 보지 않습니다. 수업 시간에 3학년을 대상으로 진단평가를 할 수도 있지만, 시험을 보는 것 자체가 선행학습을 촉진하는 역효과가 날 수 있으므로 지양합니다.

※ 참고 사이트

메이플리프러닝 www.youtube.com/c/Mapleleaflearning

비지비버스 www.youtube.com/c/busybeavers

슈퍼심플송스 www.youtube.com/c/supersimplesongs

노부영 www.youtube.com/c/NoBuYoung

퍼즐메이커 puzzlemaker.discoveryeducation.com

넘젠 numgen.net

온라인스탑워치 www.online-stopwatch.com

온라인PNG툴스 onlinepngtools.com/create-transparent-png

미국수화사이트 www.handspeak.com

국립국어원 www.korean.go.kr

카우보이게임 www.youtube.com/watch?v=yy55ynjjRHE

행복한바오밥 www.happybaobab.com

Tongue Twister 참고 www.engvid.com/english-resource/50-tongue-twisters-improve-pronunciation

조엔 www.joen.co.kr

아이스크림몰 www.i-screammall.co.kr

Seven-Letter-Word www.allscrabblewords.com

배달의 민족 폰트 내려받기 www.woowahan.com

디자인플랫폼 캔버 www.canva.com

위키하우 www.wikihow.com

인디스쿨 www.indischool.net

이모티콘 getemoji.com

사진 pixabay.com

Class-Yes 구호 wholebrainteaching.com/attention-getter

문법 수정 becorrect.com

코카 www.english-corpora.org/coca

스켈 skell.sketchengine.eu

롱맨사전 www.ldoceonline.com

클래스도조 www.classdojo.com